Karin Tafel
Rašid Durić / Radka Lemmen
Anna Olshevska / Agata Przyborowska-Stolz

Slavische Interkomprehension

Eine Einführung

gnv Gunter Narr Verlag Tübingen

Dr. Karin Tafel, Dr. Rašid Durić, Radka Lemmen M.A., Anna Olshevska M.A. und Agata Przyborowska-Stolz M.A. lehren am Seminar für Slavistik/Lotman-Institut der Ruhr-Universität Bochum.

Bibliografische Information der Deutschen Nationalbibliothek

Die Deutsche Nationalbibliothek verzeichnet diese Publikation in der Deutschen Nationalbibliografie; detaillierte bibliografische Daten sind im Internet über <http://dnb.d-nb.de> abrufbar.

Dischingerweg 5 · D-72070 Tübingen

Gedruckt auf chlorfrei gebleichtem und säurefreiem Werkdruckpapier.

Internet: http://www.narr-studienbuecher.de
E-Mail: info@narr.de

Druck: Gulde, Tübingen
Bindung: Nädele, Nehren
Printed in Germany

ISSN 0941-8105
ISBN 978-3-8233-6478-8

narr studienbücher

Inhaltsverzeichnis

Vorwort

„Ein Slavist / eine Slavistin muss alle slavischen Sprachen lesen können“. Bei diesem Satz sind sicher schon viele Slavistik-Studierende zusammengezuckt. Der Anspruch, alle slavischen Sprachen lesen zu können, ist tatsächlich sehr hoch, vielleicht zu hoch. Sich neben einer „Hauptslavine“ aber mit überschaubaren Lernanstrengungen noch eine weitere Slavine wenigstens passiv zu erschließen, das ist machbar und sinnvoll. Eine geeignete Unterrichtsform ist der so genannte **Lesekurs**, der, beginnend mit kurzen, leicht verständlichen Texten und im Zusammenspiel mit ausgewählten Informationen zur Grammatik sowie gezielten Vergleichen mit anderen, bereits bekannten Sprachen, den Lernenden einen schnellen Einstieg in eine Zweit- oder Drittslavine ermöglicht.

Solche Lesekurse, die Fremdsprachenkenntnisse nur rezeptiv, also nur in Teilkompetenzen vermitteln, haben, insbesondere in der Romanistik, eine langjährige Tradition. Neu(er) ist dagegen die theoretische wie praktische Beschäftigung mit dieser Veranstaltungsform im Rahmen des übergeordneten Themas „Interkomprehension“, das seit den 1990er Jahren fremdsprachendidaktische wie linguistische Diskussionen (auch im Hinblick auf mögliche Kommerzialisierungen) befördert.

An der Ruhr-Universität Bochum wurden entsprechende *Lesekurse Weitere Slavine* erstmals nach Einführung des gestuften BA-Studiengangs Slavische Philologie zum Sommersemester 2003 angeboten. Mit der neuen Studienordnung für das Fach Slavische Philologie wurde ein Modul eingeführt, das es bisher am Bochumer Seminar für Slavistik weder in dieser noch in einer anderen Form gab: das einsemestrige, vier Semesterwochenstunden umfassende und mit 5 CP kreditierte Basismodul *Lesekurs Weitere Slavine.*

Zurzeit (2009) umfasst das Bochumer Angebot folgende Sprachen:

- **Bosnisch-Kroatisch-Serbisch**
- **Polnisch**
- **Tschechisch**
- **Russisch**
- **Ukrainisch** (erstmals im WS 2006/07)

Da die TeilnehmerInnen insgesamt sehr unterschiedliche Sprachkenntnisse mitbringen (ihre „Sprachdaten“ werden regelmäßig mithilfe eines Fragebogens (im Anhang S. 251) erhoben) und sich die für solche Lesekurse einsetzbaren Materialien als sehr heterogen, lückenhaft, manchmal veraltet oder sogar fehlerhaft, für Ukrainisch sogar völlig unzureichend darstellten, haben die Lehrenden (Rašid Durić für **Bosnisch-Kroatisch-Serbisch**, Radka Lemmen für **Tschechisch**, Agata Przyborowska-Stolz für **Polnisch** und Anna Olshevska für **Russisch** und **Ukrainisch**) eigene, modularisierte Lehr- und Lerneinheiten entwickelt. Darüber hinaus hatten auch die Studierenden die Möglichkeit, im Wintersemester 2007/08 in einem von Karin Tafel angebotenen Seminar zur „Slavischen Interkomprehension“ (im Allgemeinen) an der Gestaltung der Lesekurse mitzuwirken und ihre

Wünsche zu formulieren. Das vorliegende Studienbuch, das von Karin Tafel zusammengestellt wurde, ist das Ergebnis dieser Zusammenarbeit.

Unser Anliegen war es, eine strukturelle und inhaltliche Vergleichbarkeit der Lesekurse zu erreichen und zu diesem Zweck eine möglichst einheitliche Materialbasis zu schaffen, die in allen fünf Lesekursen, darüber hinaus aber auch punktuell in anderen Lehrveranstaltungen einsetzbar ist. Wir geben mit diesem Studienbuch, das sowohl gelesen als auch als Nachschlagewerk genutzt werden kann, Studierenden (und allen Interessierten) neben kurz gefassten sprachwissenschaftlichen Erläuterungen und ersten Übungstexten insbesondere Tabellen und Wortlisten an die Hand, die die Orientierung in der neuen Slavine erleichtern sollen und die, trotz des parallelen Aufbaus, durchaus individuell, „nach Bedarf" genutzt werden können. Über die Web-Site www.narr-studienbuecher.de sind einige unserer Übungstexte sowie Aussprachemuster auch als Audiodateien verfügbar.

Die Erarbeitung und Vermittlung spezieller Erschließungsstrategien und -techniken war nicht unser vorrangiges Thema. Auch war es nicht unser Ziel, eine vergleichende Grammatik slavischer Sprachen zu verfassen (wenngleich wir bei der Material- und Beispielsuche gerade in diesem Bereich auf zahlreiche interessante und offene Fragen gestoßen sind, die jedoch an anderer Stelle zu behandeln wären).

Das vorliegende Studienbuch entstand auf Anregung von Prof. Dr. Tanja Anstatt, der wir hier für ihre Initiative, ihre Unterstützung bei der Vorbereitung und Umsetzung dieses Projekts sowie ihre hilfreichen Kommentare und Hinweise herzlich danken.

Ebenso danken wir all denjenigen Kolleginnen und Studierenden, die unsere Arbeit mit kritischem Blick, wertvollen Anmerkungen und auch materiell durch Überlassung nützlicher Seminarunterlagen unterstützt haben.

Ein besonderer Dank gilt dem Gunter Narr Verlag für die spontane Aufnahme unserer Arbeit in die Reihe der ***narr studienbücher***.

Karin Tafel
Rašid Durić
Radka Lemmen
Anna Olshevska
Agata Przyborowska-Stolz

Bochum, im März 2009

Abkürzungen

A	Akkusativ
adj	Adjektiv
adv	Adverb
ahdt.	althochdeutsch
ai.	altindisch
Akk.	Akkusativ
AKS	Altkirchenslavisch
aksl.	altkirchenslavisch
Akt.	Aktiv
augm	Augmentativ
B	Bosnisch
bel.	belebt
best.	bestimmt
B-H	Bosnien-Herzegowina
BiH	Bosna i Hercegovina
BKS	Bosnisch-Kroatisch-Serbisch
bks.	bosnisch-kroatisch-serbisch
bs.	bosnisch
D	Dativ
dim	Diminutiv
dt.	deutsch
engl.	englisch
f	feminin
fem.	feminin
Fn.	Fußnote
frz.	französisch
G	Genitiv
got.	gotisch
gramm.	grammatisch
grch.	griechisch
I	Instrumental
idg.	indogermanisch
Imp.	Imperativ
Impf.	Imperfekt
Inf.	Infinitiv
ipf.	imperfektiv
italien.	italienisch
iter.	iterativ
jur.	juristisch
K	Kroatisch
koll.	kollektiv
Komp.	Komparativ
Kons.	Konsonant(en)
kr.	kroatisch
ksl.	kirchenslavisch
L	Lokativ
lit.	litauisch
litwiss.	literaturwissenschaftlich
m	maskulin
mask.	maskulin
math.	Mathematik
mb	maskulin belebt (tsch.)
milit.	Militär
mp	maskulin-personal (poln.)
mu	maskulin unbelebt (tsch.)
n	neutral (Neutrum)
N	Nominativ
neutr.	neutral (Neutrum)
nmp	nicht maskulin-personal (poln.)
Nom.	Nominativ
P	Präpositiv
Part.	Partizip
pf.	perfektiv
phonol.	phonologisch
Pl.	Plural
poet.	poetisch
poln.	polnisch
PPP	Partizip Präteritum Passiv
Prs.	Präsens
Ps.	Person
Ptkl.	Partikel
refl.	reflexiv
relig.	religiös
RU	Russe, Russin
russ.	russisch
S	Serbisch
Sg.	Singular
sr.	serbisch
tsch.	tschechisch
UA	Ukrainer, Ukrainerin
ugs.	umgangssprachlich
ukr.	ukrainisch
unbel.	unbelebt
ursl(av).	urslavisch
V	Vokativ
veralt.	veraltet
wiss.	wissenschaftlich

Hinweise zur Nutzung

Fünf Slavinen

Die fünf Slavinen sind durchgehend in der Reihenfolge **BKS** (Südslavisch), **Polnisch**, **Tschechisch** (Westslavisch), **Russisch**, **Ukrainisch** (Ostslavisch) angeordnet. Für eine schnellere Orientierung sind die Namen der fünf Slavinen halbfett gesetzt.

Wir gehen davon aus, dass für die meisten LeserInnen nur der Vergleich zweier Slavinen (der Brücken- und der Zielsprache) interessant ist. Für sie empfiehlt es sich unter Umständen, in den Tabellen die jeweils „redundanten Spalten“ abzukleben.

Die **tschechischen** Sprachbeispiele orientieren sich an der *spisovná čeština* (siehe S. 25).

Deutsche Übersetzungen

Für alle sprachlichen Beispiele werden die deutschen Übersetzungen angegeben, im Kapitel *VII Syntax* anstelle einer unübersichtlichen Formenbestimmung zum Teil auch die Wort-für-Wort-Übersetzungen (aus denen die Formen erschlossen werden können).

Aussprache / Betonung

Russische und **ukrainische** Beispiele sind mit Akzentzeichen versehen, da die Kenntnis der Akzentstelle unabdingbar für eine korrekte Aussprache ist und sich beim Lesen der Texte keine „individuelle Phonetik“ einschleichen sollte. Für **BKS** gilt dies zwar im Prinzip auch, hier wurde jedoch aus Gründen der besseren Lesbarkeit auf die Kennzeichnung der vier verschiedenen Akzente und der Vokallängen verzichtet. Im **BKS** hilft zudem die Regel, dass mehrsilbige Wörter nie auf der letzten Silbe betont werden – und die Erfahrung, dass „falsche Töne“ die Kommunikation nicht allzu sehr stören. **Polnisch** und **Tschechisch** weisen feste Akzente auf, die nicht markiert werden müssen.

Ist ein **russisches** oder **ukrainisches** Beispiel mit zwei Akzentzeichen versehen (z. B. **russ.** *tvóróg* ‚Quark‘), so bedeutet dies, dass hier zwei Varianten vorliegen, also sowohl *tvórog* als auch *tvoróg* möglich ist.

Angaben zur Grammatik

Die Darstellungen zur Laut- und Formenlehre sind weitgehend vereinfacht und vereinheitlicht. Allerdings wird die Angabe der Genusformen der Adjektive zum Teil uneinheitlich gehandhabt. Dort, wo wir annehmen, dass die Genusformen leicht erschließbar sind, haben wir auf eine entsprechende Aufzählung verzichtet und nennen nur die Form *Nominativ Singular maskulin*. In den Fällen, in denen Stammveränderungen das Verstehen erschweren könnten, was meist im **BKS** der Fall ist, werden alle drei Formen genannt.

Slavische Alphabete

Alle Beispiele für **BKS** werden (mit wenigen Ausnahmen) in Latinica wiedergegeben. Formen in (i)jekavischer und ekavischer Variante stehen, durch Komma getrennt, ohne weitere Kennzeichnung neben- oder untereinander. Wo es darüber hinausgehende Unterschiede zwischen den einzelnen Varianten gibt, sind diese als bs. (bosnisch), kr. (kroatisch) und sr. (serbisch) markiert.

Russische und **ukrainische** Beispiele sind kyrillisch geschrieben (und nur in Ausnahmefällen transliteriert).

Schwarze und graue Schrift

Grau gesetzt sind in den Tabellen Angaben zur Grammatik, deutsche Übersetzungen, urslavische Entsprechungen sowie einzelsprachliche Beispiele, die nicht ins jeweilige „Raster" passen, der (lexikalischen) Vollständigkeit wegen aber mit aufgeführt werden.

Benutzte Vorlagen / Beispielmaterial

Für die Konzeption dieses Studienbuchs haben wir auf eine Vielzahl an Quellen zurückgegriffen: auf vergleichende (diachrone und synchrone) sowie auf einzelsprachliche Grammatiken und Überblicksarbeiten. Das dort gebotene Material hat sich zum Teil als heterogen, manchmal widersprüchlich, manchmal für einige der fünf Slavinen lückenhaft erwiesen. Die meisten der im Kapitel *VII Syntax* verwendeten Beispiele haben wir den im Literaturverzeichnis und in den Fußnoten genannten Werken entnommen und, wo nötig, in die anderen Slavinen übersetzt.

Wir haben gezielt Beispielmaterial mit möglichst vielen Parallelen zwischen den einzelnen Slavinen ausgewählt – und waren selbst überrascht, wie schwierig sich diese Suche gestaltete. Kaum ein Wort, ein Paradigma, eine syntaktische Konstruktion, in der nicht mindestens eine Slavine eine „Abweichung" aufwies. Die hier präsentierten, zum Teil sehr „einheitlichen" (genauer: auf „Einheitlichkeit getrimmten") Tabellen sollten also nicht darüber hinwegtäuschen, dass wir es trotz aller Gemeinsamkeiten mit fünf Einzelsprachen und fünf Sprachgeschichten zu tun haben.

Urslavische Beispiele

Die grafische Wiedergabe der hier aufgeführten **urslavischen** Formen ist mit einer gewissen Vorsicht zu genießen, da innerhalb der Slavistik verschiedene Schreibweisen (und Periodisierungen) verwendet werden. So findet man für ‚Hirschkuh' bei Trunte urslav. **ălni*, bei Townsend/Janda dagegen **olni(ь)*, um nur ein Beispiel zu nennen.

Prinzipiell wurde für dieses Studienbuch der *Ėtimologičeskij slovar' slavjanskich jazykov* (Trubačev (ed.) 1974ff.) als Vorlage benutzt, der jedoch erst bis zum Buchstaben N erschienen ist. Weitere, im Text nicht gesondert gekennzeichnete Quellen waren Townsend/Janda, Trunte, Leskien u. a.

Glossar

Ausdrücke und Termini, die Schwierigkeiten für das Verständnis bereiten können, werden in einem Glossar erläutert. Sie sind im Text mit einem → Pfeil gekennzeichnet.

Erwähnte Web-Sites

Alle hier (im Text und im Literaturverzeichnis) erwähnten Web-Sites waren am 17.3.2009 aufrufbar.

Audiodateien

Einige unserer Übungstexte können Sie auch hören – über die Web-Site www.narr-studienbuecher.de.

I Interkomprehension – Einführung und Grundbegriffe

1 Interkomprehension

Unter *Interkomprehension*, ‚gegenseitige Verständlichkeit' (frz. *intercompréhension*, engl. *mutual intelligibility*, *intercomprehension*), versteht man eine Kommunikationstechnik, die es gestattet, in der eigenen Muttersprache mit einem Sprecher einer anderen Sprache zu sprechen. Sprecher A spricht z. B. **Russisch** und versteht **Ukrainisch**, Sprecher B spricht Ukrainisch und versteht Russisch. Beide produzieren Texte in ihren Muttersprachen, verstehen aber gleichzeitig die Texte des anderen, was etwa so aussehen könnte (hier transliteriert[1]):

A (RU):	Izvinite požalujsta, kak projti k vokzalu?
B (UA):	Do vokzalu? Jdit' prjamo do nastupnoho svitlofora, potim napravo i za teatrom nalivo. Tam vy vidrazu pobačyte vokzal.
A:	Značit, prjamo do sledujuščego svetofora, potom napravo i za teatrom nalevo. Tam ja srazu uvižu vokzal. Tak?
B:	Tak.
A:	Bol'šoe spasibo.
B:	Bud' laska. Nema za ščo.

Eine allgemein akzeptierte Definition für Interkomprehension existiert bislang nicht, und auch Definitionsversuche sind in der Literatur überraschend rar. Doyé 2005 liefert die folgende kurze Formel:

> "Intercomprehension is a form of communication in which each person uses his or her own language and understands that of the other."[2]

Diese Technik, die auch als „Tandemkommunikation" bezeichnet wird, soll im Rahmen der so genannten *Interkomprehensionsdidaktik* systematisch ausgebaut und für den Fremdsprachenunterricht nutzbar gemacht werden, um so die Mehr-

---

[1] *Kyrillisch*: A: Извините пожалуйста, как пройти к вокзалу? Б: До вокзалу? Йдіть прямо до наступного світлофора, потім направо і за театром наліво. Там ви відразу побачите вокзал. A: Значит, прямо до следующего светофора, потом направо и за театром налево. Там я сразу увижу вокзал. Так? Б: Так. A: Большое спасибо. Б: Будь ласка. Нема за що. *Deutsche Übersetzung*: A: Entschuldigen Sie bitte, wie komme ich zum Bahnhof? B: Zum Bahnhof? Gehen Sie geradeaus bis zur nächsten Ampel, dann rechts und hinter dem Theater links. Da sehen Sie schon den Bahnhof. A: Also geradeaus bis zur nächsten Ampel, dann rechts und hinterm Theater links. Da sehe ich gleich den Bahnhof. Ist das so richtig? B: Ja. A: Vielen Dank. B: Bitte. Keine Ursache.

[2] Doyé, P. (2005), *Intercomprehension.* Guide for the development of language education policies in Europe: from linguistic diversity to plurilingual education. Reference study. Manuskript, Strasbourg, 7.

sprachigkeit zu fördern (*siehe unten*). Dementsprechend ist auch ein gezielter *Interkomprehensionsunterricht* möglich.[3]

Inzwischen macht der Ausdruck *Interkomprehensionswissenschaft* die Runde. Ob eine solche (linguistisch-interdisziplinäre) Teildisziplin bereits als existent angesehen werden kann, ist wohl noch offen. (Als etabliert gelten neue Forschungsrichtungen, wenn sie – z. B. in Form von Lehrstühlen und Studiengängen – institutionalisiert sind.)

2 Mehrsprachigkeit / Multilingualismus – Englisch

Multilingualismus oder *Mehrsprachigkeit* ist eine Eigenschaft einzelner Personen, seltener auch sozialer Gemeinschaften, die sich in der alltäglichen Kommunikation mehrerer (mehr als zwei) Sprachen bedienen. In der Realität häufiger ist allerdings der *Bilingualismus* bzw. die *Zweisprachigkeit*. Während die Ausdrücke *Zwei-* oder *Mehrsprachigkeit* eigentlich auf den *tatsächlichen Gebrauch* zweier oder mehrerer Sprachen abheben, geht es im Fremdsprachenunterricht, und damit auch in der Interkomprehensionsdidaktik, eher um den *Erwerb von Mehrsprachigkeit*. Anwendungsmöglichkeiten bieten inzwischen ausdrücklich multilinguale Chat-Rooms (*siehe unten*).

Auf der Basis gegenseitiger Verständlichkeit und spontaner wie auch geleiteter Transferaktionen der Lernenden sollen nicht nur Kommunikations- und Sprachbarrieren überwunden werden – die Technik der Interkomprehension rückt auch ab von einer weltweit einheitlichen Verkehrssprache. Einige sehen daher in dieser Methode durchaus einen Versuch, insbesondere das *Englische* in seiner Rolle als Weltsprache zurückzudrängen. In der Literatur zum Thema Interkomprehension finden sich immer wieder Angriffe gegen Englisch als (oftmals defizitäre) Verkehrssprache (von bösen Zungen auch als *bad English* bezeichnet) einerseits und als erste Fremdsprache im Schulunterricht andererseits, u. a. weil dadurch das weitere Fremdsprachenlernen erschwert werde, „denn nach der zumindest am Anfang ‚leichten' und scheinbar universell brauchbaren Sprache fehlt die Motivation, andere Sprachen zu lernen" (Krumm[4]). Generell sehen die Befürworter in der Interkomprehensionstechnik eine Alternative zur Verwendung einer *lingua franca*.[5]

---

3 Vgl. z. B. Meißner, F.-J. (2004), Transfer und Transferieren. Anleitungen zum Interkomprehensionsunterricht, in: Klein, H. G./ Rutke, D. (eds.), *Neuere Forschungen zur Europäischen Interkomprehension*. Aachen, 39-66.

4 Krumm, H.-J. (2002), Die Zukunft des Fremdsprachenunterrichts an Europas Schulen, in: *Die Union*. Vierteljahreszeitschrift für Integrationsfragen 1, 71-78, hier: 75; zit. nach Duke, J. et al. (2004), Die sieben Siebe des EuroCom für germanische Sprachen, in: Klein, H. G./ Rutke, D. (eds.), *Neuere Forschungen zur Europäischen Interkomprehension*. Aachen, 110.

5 Vgl. Doyé, P. (2005), *Intercomprehension*. Guide for the development of language education policies in Europe: from linguistic diversity to plurilingual education. Reference study. Manuskript, Strasbourg, 7.

3 Projekte

Während die oben vorgestellten Sprecher A und B gewissermaßen spontane Interkomprehension betreiben, versuchen SprachlehrforscherInnen, die von A und B intuitiv und in unserem Beispiel erfolgreich angewendeten Verfahren systematisch nutzbar zu machen für eine neue Form des Fremdsprachenunterrichts. Dabei geht es nicht in erster Linie darum, „sprechen zu lernen", die neue Fremdsprache, wie man meinen sollte, aktiv zu beherrschen. Vielmehr wird der Schwerpunkt auf die passive Beherrschung, auf das Verstehen, genauer auf das Lesen von Texten verlegt. (Ein späterer Ausbau der Kenntnisse hin zu aktiver Kommunikationsfähigkeit und zum erfolgreichen Hörverstehen ist natürlich nicht ausgeschlossen.) Als besonders „ergiebig" erweisen sich dabei verwandte Sprachen wie die romanischen, die germanischen – und auch die slavischen Sprachen.

Vor diesem Hintergrund und im Zuge des Ausbaus einer (europäischen[6]) Mehrsprachigkeit wurden seit den 1990er Jahren verschiedene Projekte gestartet – zum Beispiel die Hagener Interkulturellen Lesekurse (ein 1995-98 von der EU gefördertes Pilotprojekt), das IGLO-Pojekt und „Lernen für Europa" (beide an der FU Hagen). Ziel des zuletzt genannten Projekts war es, die „rezeptive Mehrsprachigkeit für die wissenschaftliche Kommunikation mit mittel- und osteuropäischen Ländern zu vermitteln. Das Projekt fokussiert geistes- und sozialwissenschaftliche Fachtexte und umfaßt neben dem Deutschen und Niederländischen das Polnische und Tschechische" (Klein 2002a, 41). Für den Bereich der Romanistik sind zu nennen: EUROM4[7], GALATEA, GALANET, sowie diverse skandinavische Projekte. Ergebnisse dieser Projekte liegen z. T. als Buch bzw. CD-ROM vor oder sind online verfügbar.[8] Besonders interessant ist das Projekt EuroCom, darunter auch EuroCom*Slav* im Bereich der Slavistik, das unter Punkt 4 vorgestellt wird.

Innerhalb der Slavistik entsteht zurzeit als Gemeinschaftsprojekt von Holger Kuße (TU Dresden) und Christof Heinz (Wirtschaftsuniversität Wien) eine nicht nur philologisch, sondern auch auf den sprachpraktischen Unterricht (d. h. nicht nur auf Rezeption) ausgerichtete *Historisch-vergleichende Grammatik des Slavischen für die Praxis*, die die Sprachen Russisch, Tschechisch, Polnisch, Bosnisch-Kroatisch-Serbisch und Bulgarisch berücksichtigt.

4 EuroCom

Interkomprehension plus *Europa* ergibt „europäische Interkomprehension" oder kurz **Eurocomprehension** (bzw. noch kürzer **EuroCom**; *siehe unten*). Diese spezielle Methode zur gegenseitigen Verständigung erfasst die „drei großen Sprachengruppen Europas": die germanische, die romanische und die slavische. Der Eurocomprehension geht es darum, unter EU-konformen sprachpolitischen Ziel-

6 Im Folgenden geht es um die europäische Interkomprehension bzw. die europäische Mehrsprachigkeit. Entsprechende Bestrebungen gibt es aber natürlich auch in Asien oder Amerika (z. B. einen multilingualen Chat auf http://www.dialogam.org (17.3.2009)).

7 Vgl. http://www.up.univ-mrs.fr/delic/Eurom4/Eurom4-Valparaiso.pdf (17.3.2009).

8 Ausführlichere Informationen bietet Klein 2002a.

setzungen[9] *Mehrsprachigkeit*, genauer: rezeptive Kompetenzen, zu erreichen, und zwar modularisiert, mithilfe der linguistischen Interkomprehensionsforschung und der „kognitiven Nutzung von Verwandtschaftsbeziehungen in Sprachgruppen“[10]. Des Weiteren kann die Methode – optional – als Vorschlag für eine Reform des Sprachunterrichts an Schulen aufgefasst werden.

Bei **EuroCom** handelt es sich um eine Forschergruppe, die sich 1998 nach einem von der Fernuniversität Hagen organisierten Workshop („Wege zur Mehrsprachigkeit“) gebildet hat und 1999 mit dem Europäischen Sprachensiegel für innovative Sprachenprojekte ausgezeichnet wurde. Ihr Sprecher ist der Romanist H. G. Klein.[11] EuroCom® ist ein geschütztes Markenzeichen. Die Methode[12], die zunächst für die romanische Sprachfamilie entwickelt wurde, soll auf *alle* Sprachen einer Sprachfamilie übertragbar und anwendbar sein. Lernende und Lehrende in Hochschulen und höheren Schulen (in Europa) sowie allgemein Sprachinteressierte sollen auf der Grundlage einer bereits erworbenen Kompetenz in einer so genannten *Brückensprache* (*siehe unten*) rezeptive Fähigkeiten (Lesefähigkeiten) in einer unbekannten Sprache der betreffenden Sprachfamilie erwerben. Die Vorteile sehen die EuroCom-Forscher in einer reduzierten Lernanstrengung und im Verzicht auf maximalistische Kompetenzanforderungen (wie etwa im schulischen Sprachunterricht). Wünschenswert sind demnach mehr Teilkompetenzen in vielen Sprachen anstelle von „illusionärem Perfektionismus in einer oder zwei Sprachen“[13] (eine *near native language competence* wird nicht angestrebt). Die Lesekompetenz dient in einem nächsten Schritt als Basis für Hörkompetenz, z. B. für das Verstehen von Fernsehsendungen oder von Äußerungen von MuttersprachlerInnen.

Den Lernenden sollen außerdem die beim Sprachenlernen typischen Ängste genommen werden. Fehler und Fehlerkorrektur stehen nicht im Vordergrund, zumal Fehler bei dieser *trial and error*-Methode „nur“ durch fehlgeschlagene Schlüsse („falsches Raten“) bedingt sind. Ziel ist somit auch eine generelle Verbesserung der Motivation der Lernenden. Der Anfang wird den Lernenden leicht gemacht: sie beginnen mit dem, was sie schon wissen (von dem sie aber nicht wussten, dass sie es wissen), d. h., sie erfahren zu Beginn, was sie *nicht* mehr lernen müssen. Auf produktive Leistungen wie Sprechen und Schreiben wird verzichtet. Stattdessen sollen sie in einfachen Gebrauchstexten nach Bekanntem suchen – auf den beiden Grundlagen *Sprachverwandtschaft* und *Internationalismen*.

Die Methode arbeitet mit den so genannten „sieben Sieben“ (*siehe unten*), mit deren Hilfe aus jedem Text durch siebenmaliges „Durchsieben“ Bekanntes herausgefiltert werden soll. Ziel ist somit das optimierte Erschließen (analoges Schließen und Assoziieren).

---

9 Amt für amtliche Veröffentlichungen der Europäischen Gemeinschaften (ed.) (1996), *Weißbuch zur allgemeinen und beruflichen Bildung*. Lehren und Lernen. Auf dem Weg zur kognitiven Gesellschaft. Brüssel/ Luxemburg.

10 Klein 2002a, 40.

11 Vgl. Klein 2002a, 40.

12 Nach Klein, H. G./ Stegmann, T. D. (^{3}2000), *EuroComRom – Die sieben Siebe*: Romanische Sprachen sofort lesen können. 3., korr. Auflage. Aachen, 9-21.

13 Klein, H. G./ Stegmann, T. D. (^{3}2000), *EuroComRom – Die sieben Siebe*: Romanische Sprachen sofort lesen können. 3., korr. Auflage. Aachen, 19.

EuroCom*Slav* bezeichnet den Versuch einer Übertragung des EuroCom-Modells auf slavische Sprachen nach dem Vorbild der bereits weiter ausgebauten Modelle EuroCom*Rom* und EuroCom*Germ*. Die Leitung liegt bei Lew Zybatow.

Völlig neu ist wohl keine der oben skizzierten Ideen. Neu ist aber die gezielte Methoden-Suche, die Theoriebildung und ihre praktische, multimediale und interaktive (auch kommerzielle) Aufbereitung[14], der griffige Markenname sowie das seit einigen Jahren zunehmende Interesse an diesem Thema an sich. Alles in allem beleben die EuroCom-Methode bzw. die Interkomprehensionswissenschaft eine jahrhundertealte Diskussion darüber, wie guter Fremdsprachenunterricht aussehen soll:

- Soll man nach dem Ideal der muttersprachlichen (produktiven) Kompetenz in einer Sprache streben oder die Förderung (eher rezeptiver) Teilkompetenzen in mehreren Sprachen forcieren?
- Ist rein synchrones Vorgehen besser oder sollte auch die Diachronie (inklusive Sprachvergleich) einbezogen werden?
- Soll die Vermittlung der Fremdsprache in der Fremdsprache ablaufen, oder ist ein Rückgriff auf Bekanntes (in anderen Sprachen) vorzuziehen?
- Soll eher die Schriftlichkeit oder die Mündlichkeit betont werden?

Die Antworten der Methode EuroCom – rezeptive Teilkompetenzen, Einbezug von Diachronie und Sprachvergleich, Rückgriff auf Bekanntes (auch in anderen Sprachen) und Betonung der Schriftlichkeit – stehen dabei im Gegensatz zu den in den letzten Jahrzehnten im Sprachunterricht praktizierten Verfahren.

5 Die sieben (EuroCom-) Siebe[15] / Vorhandenes Wissen

Die Suche nach Bekanntem in einem fremdsprachigen Text wird in der Methode EuroCom in sieben Bereiche gegliedert, die metaphorisch als „sieben Siebe“ bezeichnet werden. Diese Bereiche betreffen:

1. Internationaler Wortschatz
2. Pan(germanischer, romanischer, slavischer) Wortschatz
3. Lautentsprechungen
4. Grafien und Aussprache
5. Pan(germanische, romanische, slavische) syntaktische Strukturen
6. Morphosyntaktische Elemente
7. Prä- und Suffixe: «Eurofixe»

Die Lernenden sollen in den genannten Bereichen sieben Mal das heraussieben, was sie schon kennen (in der Praxis allerdings nicht nacheinander, sondern gleichzeitig und ohne hierarchische Trennung).

---

[14] Vgl. die online-Angebote und die weiterführenden Links unter http://www.eurocomcenter.com (17.3.2009).

[15] Klein, H. G./ Stegmann, T. D. (^{3}2000), *EuroComRom – Die sieben Siebe*: Romanische Sprachen sofort lesen können. 3., korr. Auflage. Aachen.

Das vorhandene Wissen, das jeder Lernende mitbringt, geht aber noch über diese sieben Bereiche hinaus, denn auch die folgenden von Doyé (2005, 14) unterschiedenen Wissensarten können genutzt, gefördert oder ergänzt werden:

- Allgemeinwissen (Weltwissen, enzyklopädisches Wissen)
- Kulturelles Wissen (Wissen über andere Kulturen (Orte, Namen etc.), das auch stereotyp sein kann)
- Situationswissen (gemeint ist die Situation, in die ein gegebener Text einzuordnen ist: Zeit, Ort, Produzent, Intention usw.)
- Verhaltensbezogenes Wissen (non-verbale Kommunikationsmittel: Gestik, Mimik etc. in *face-to-face*-Kommunikation, Text-Design geschriebener Texte)
- Pragmatisches Wissen (dient dem Erschließen der Textfunktion; enger Zusammenhang mit Situations- bzw. verhaltensbezogenem Wissen)
- Grafie-Wissen (grundlegendes Wissen über Groß- und Kleinschreibung, Interpunktion usw.)
- Phonologisches Wissen (in der Regel schwach ausgeprägt; hier ist weitere Hilfe durch die Lehrenden erforderlich)
- Grammatisches Wissen (Wissen um Satzstrukturen (z. B. Erwartbarkeit der Wortfolge Subjekt – Prädikat – Objekt (SVO)), Wortarten, Formenbildung usw.)
- Lexikalisches Wissen (internationaler Wortschatz oder Vergleich mit bereits bekannten Sprachen)

Diese Arten von Wissen sind nicht scharf voneinander abgrenzbar, d. h., es gibt durchaus Überschneidungen – etwa zwischen Welt- und Kulturwissen, zwischen Situations- und pragmatischem Wissen.

Und *last, but not least* gewinnen Lernende mit jedem Text, den sie lesen, neues Wissen hinzu, denn schon bei der ersten Begegnung mit einer neuen „einigermaßen interkomprehensiblen oder transparenten Sprache“[16] erkennen sie spontan erste Regularitäten, vergleichen die neue Sprache mit ihnen bereits bekannten Sprachen. Auf diese Weise entwickeln sie eine Art Spontangrammatik bzw. Hypothesengrammatik, die sich durch Fragen wie die folgenden erfassen lässt:[17]

- Welche Endung markiert den Plural?
- Wie wird der Genitiv markiert?
- ...

Allerdings werden Spontan- bzw. Hypothesengrammatik nur im Kurzzeitgedächtnis gespeichert.[18]

---

[16] Meißner, F.-J. (2004), Transfer und Transferieren. Anleitungen zum Interkomprehensionsunterricht, in: Klein, H. G./ Rutke, D. (eds.), *Neuere Forschungen zur Europäischen Interkomprehension.* Aachen, 43.

[17] Reissner, C. (2004), Fachsprachen und Interkomprehension, in: Klein, H. G./ Rutke, D. (eds.), *Neuere Forschungen zur Europäischen Interkomprehension.* Aachen, 135-154, hier: 148.

[18] Nach dem Gießener Interkomprehensionsmodell werden beim Mehrsprachenerwerb drei Verarbeitungsstadien unterschieden: die Spontangrammatik, der Mehrsprachenspeicher und der Didaktische Monitor.

6 Umfang der Mehrsprachigkeit

Mehrsprachigkeit zu erreichen oder auszubauen ist das Ziel aller Projekte. Unterschiede ergeben sich jedoch, wenn es um die Frage geht, „wie viel Mehrsprachigkeit“ angestrebt wird: Sollen die vorhandenen Kenntnisse einer zum Beispiel slavischen Sprache genutzt werden, um rezeptive Fähigkeiten in *einer* anderen Slavine zu erwerben? Oder heißt das Ziel: „Alle slavischen (romanischen, germanischen) Sprachen sofort lesen können?“[19] Beide Ansätze werden zurzeit erprobt. Auf nur *eine* weitere Fremdsprache konzentrieren sich die Bochumer Lesekurse, bei EuroCom haben die Lernenden die Wahl.

7 Brückensprache

Basis eines Lesekurses sind meist (so auch bei EuroCom) Kenntnisse in *einer* bestimmten Sprache, die als „Brückensprache“ bezeichnet und systematisch und gezielt für Transferprozesse eingesetzt wird. In Projekten mit Bezug auf slavische Sprachen wird in der Regel das Russische als Brückensprache gewählt; Zielgruppe sind eher deutsche MuttersprachlerInnen (so auch bei EuroCom*Slav*).

Für die ***Bochumer Lesekurse*** gelten in der Praxis andere Bedingungen: hier ist von unterschiedlichen, d. h. innerhalb eines Kurses auch von *mehreren* Brückensprachen auszugehen, darunter aber nicht unbedingt Russisch. Ferner ist zu berücksichtigen, dass die Lernenden auch verschiedene Muttersprachen (Deutsch, slavische Sprachen, Georgisch, Turksprachen u. a. m.) mitbringen. Ein Nachteil ist das keineswegs: verschiedene Untersuchungen (und auch eigene Tests mit Studierenden) haben gezeigt, dass das Erschließen eines fremdsprachigen Textes umso erfolgreicher funktioniert, je mehr Fremdsprachen (auch aus verschiedenen Sprachfamilien) jemand beherrscht (oder kennt).[20] Allerdings muss sich diese Brücken- und Muttersprachenvielfalt auf die Konzeption des Lesekurses und des Unterrichtsmaterials auswirken (siehe den Fragebogen zur Erhebung der „Sprachdaten“ im Anhang, S. 251).

---

[19] Vgl. zur Romanistik die Beschreibung in Mahlmeister, S. (2004), Empirische Untersuchung zum Erfolg eines EuroComRom-Kurses, in: Klein, H. G./ Rutke, D. (eds.), *Neuere Forschungen zur Europäischen Interkomprehension*. Aachen, 155-163.

[20] Vgl. Mahlmeister, S. (2004), Empirische Untersuchung zum Erfolg eines EuroComRom-Kurses, in: Klein, H. G./ Rutke, D. (eds.), *Neuere Forschungen zur Europäischen Interkomprehension*. Aachen, 155-163.
In einem analogen, im WS 2007/08 mit 15 Bochumer Studierenden durchgeführten (nicht repräsentativen) Test wurden die in Mahlmeister 2004 gemachten Angaben bestätigt. Die Studierenden sollten je einen slovakischen und einen slovenischen Text (Zeitungsartikel) lesen und Fragen zu Inhalt und „Spontangrammatik“ beantworten. Die besten Ergebnisse erzielten diejenigen, die die meisten Fremdsprachen (darunter Englisch, Französisch, Japanisch u. a. m.) vorweisen konnten. Die jeweilige Muttersprache – Deutsch oder eine slavische Sprache – hatte offenbar so gut wie keinen Einfluss auf das Ergebnis.

8 Ein Lesekurs Weitere Slavine

Den Anfang eines Lesekurses bilden grundlegende Informationen über die Zielsprache, ihr Laut- und (Ortho-)Grafiesystem. Zwar ist ein *Lese*kurs kein klassischer Sprachkurs, dennoch sollten gezielte, regelmäßige Ausspracheübungen und kleinere Kommunikationsübungen auch hier ihren festen Platz haben. So könnten beispielsweise Begrüßung und Abschied, Arbeitsanweisungen oder typische Smalltalk-Sequenzen in der Fremdsprache geübt werden.

Der Einstieg sollte über kurze, einfache Texte erfolgen, die schnell kleinere Erfolgserlebnisse ermöglichen. Hier bieten sich zum Beispiel kurze Gebrauchstexte mit einem relativ hohen Anteil an Internationalismen an, anhand derer (Ortho-)Grafie und Aussprache der Zielsprache leicht illustriert werden können. Als gesonderte Trainingseinheit dagegen sind Internationalismen eher zu vernachlässigen. Als hilfreich empfinden Studierende auch multimediale Texte, die durch Illustrationen (Bilder, Grafiken) weitere wichtige Hinweise auf den Textinhalt geben. Und auch Töne sind beliebt: wenigstens einige der behandelten Übungstexte sollten daher für das Selbststudium als Audiodateien verfügbar sein.

Der sprachliche Schwerpunkt sollte nach einem eher „internationalen Einstieg" möglichst schnell auf das Slavische verlegt werden – zunächst auf das Gemeinsame, das schon (unbewusst) Bekannte, das Übertragbare in den Bereichen Lautentsprechungen, Wortschatz, Grammatik und Syntax. Hier setzt unser Studienbuch an, das für die fünf Slavinen **BKS**, **Polnisch**, **Tschechisch**, **Russisch** und **Ukrainisch** entsprechende Übersichten liefert, die das Sich-Einlesen in die neue Slavine erleichtern und das lästige Nachschlagen in verschiedenen Quellen (Grammatiken und Wörterbüchern) reduzieren sollen.

Doch leider kann, wie auch das vorliegende Studienbuch – insbesondere in den Fußnoten und Anmerkungen – zeigt, nicht alles aus vorhandenen Kenntnissen erschlossen und übertragen werden, weshalb die Behandlung einzelsprachlicher Besonderheiten als Ergänzung zu „panslavischen" Hilfsmitteln unerlässlich ist. Insbesondere ist auf das hinzuweisen, was vielleicht „erwartbar" scheint, aber eben doch nicht gleich oder vergleichbar ist und zu unerwünschten Interferenzen führen kann (z. B. je nach Perspektive *Im **BKS** die Konsonanten vor* e *und* i *nicht palatalisieren! – Im **Russischen** die (meisten) Konsonanten vor* e *und* i *palatalisieren!*, *Kein Akanje im **Ukrainischen**! – Akanje im **Russischen**!* usw.).

Am Ende eines Lesekurses sollten die Lernenden in der Lage sein, einen möglichst großen Teil, vor allem aber die zentrale Aussage eines „normal schwierigen" Textes spontan, ohne Rückgriff (oder zumindest ohne allzu häufige Rückgriffe) auf Hilfsmittel wie Wörterbücher und Grammatiken zu erfassen. Ein Artikel über Pro und Contra der Gentechnik wäre im Prinzip dann ausreichend verstanden, wenn beispielsweise die Befürworter und Gegner genannt und ihre jeweiligen Argumente referiert werden könnten.

Dies kann umso besser funktionieren, je mehr „kleine", aber wichtige Wörter wie Pronomen, Konjunktionen, Präpositionen und Prädikative sowie frequente Einheiten des Grundwortschatzes[21] abrufbar sind und wenn die grundlegenden grammatischen Formen und syntaktischen Konstruktionen erkannt werden.

---

21 Bei EuroCom als „Profilwörter" bezeichnet.

Auch in einem Lesekurs muss neues Wissen in die „Köpfe“ der Lernenden hinein, und das schon „unbewusst Bekannte“ muss neu bewertet werden. Mit anderen Worten: gänzlich ohne Lernanstrengungen (Nachschlagen, Vokabellernen, Weiterlesen, Weiterlernen ...) führt auch Interkomprehension nicht zum gewünschten Erfolg – der im Übrigen überprüfbar ist: durch eine schriftliche Arbeit unter Aufsicht, vielleicht vergleichbar mit unserem Übungsteil in Kapitel IX, der Fragen zu Inhalt und Grammatik eines ausgewählten Textes enthält (denkbar sind auch Multiple-Choice-Verfahren[22]), und/oder eine mündliche Prüfung, in der ein Text laut vorzulesen und ein Fragen- und Aufgabenkatalog mündlich (in der Unterrichtssprache) zu beantworten ist.

Im Anhang zu diesem Studienbuch (S. 249) findet sich ein Vorschlag für den Aufbau eines einsemestrigen Lesekurses (mit einem Umfang von vier Semesterwochenstunden).

Aufgabe 1: Diskutieren Sie die am Ende von Abschnitt 4 aufgeführten Fragen.

Aufgabe 2: Förderung von Multilingualismus in Europa oder Konzentration auf eine einzige gemeinsame Verkehrssprache (z. B. Englisch)? Wie ist Ihre Einstellung zu dieser Frage?

Aufgabe 3: Die Methode EuroCom soll zu einer „europäischen Kompetenz“ führen. Halten Sie dieses Ziel für realistisch / realisierbar? Welcher Stellenwert käme in diesem Zusammenhang den slavischen Sprachen zu?

Aufgabe 4: Die Methode EuroCom soll zu einem „Bewusstsein der Zusammengehörigkeit und des Miteinanders europäischer Kulturen“[23] führen. Wie beurteilen Sie diesen Anspruch?

Aufgabe 5: Skizzieren Sie kurz Ihre (positiven und negativen) Erfahrungen mit den Formen und Resultaten des Fremdsprachenunterrichts, die Sie bisher kennengelernt haben.

Aufgabe 6: Finden Sie Beispiele für (europäische oder nicht-europäische) Sprachen (Sprachfamilien, Sprachenpaare usw.), deren SprecherInnen Interkomprehension „praktizieren“.

---

[22] Schöne Beispiele für das Selbststudium bietet die EuroCom*Rom*-Web-Site.

[23] Klein, H. G./ Stegmann, T. D. (^{3}2000), *EuroComRom – Die sieben Siebe*: Romanische Sprachen sofort lesen können. 3., korr. Auflage. Aachen, 19.

II Fünf Slavinen: Zahlen, Fakten, Alphabete, Aussprache

Die fünf Slavinen werden kurz charakterisiert nach den Parametern *Sprecherzahl* (nur Näherungswerte, da die Angaben auch in verschiedenen vertrauenswürdigen Quellen schwanken), *geografische Verbreitung*, *Klassifikation* (Einordnung in die slavische Sprachfamilie), *Dialekte*, *Status* (hier ist der *linguistische Status*, nicht der politische als Staats- oder Amtssprache gemeint) und *sprachliche Besonderheiten*. Im Anschluss finden sich Beschreibungen der jeweiligen Schriftsysteme sowie ein Überblick über Gemeinsamkeiten in der Aussprache. Die einzelsprachlichen phonetischen Besonderheiten sollten jedoch in den jeweiligen Lesekursen thematisiert werden.

Laute und Buchstaben / Phoneme und Grapheme

Die slavischen Sprachen verwenden phonologische, meist morphonologische Schriftsysteme, die zum alphabetischen Schrifttyp gehören. Zwei Schriftarten kommen zum Einsatz: ein Teil (Russisch, Weißrussisch, Ukrainisch, Bulgarisch, Makedonisch, Serbisch[1]) ist kyrillisch, ein Teil dagegen lateinisch basiert (Polnisch, Tschechisch, Slovakisch, Slovenisch, Kroatisch, Bosnisch, Montenegrinisch[2], Kaschubisch).

Unsere Übersichten gehen – entsprechend den Zielen eines *Lesekurses* – von der Schrift, von den Graphemen, nicht von den Phonemen aus. Wir verzichten auf die Darstellung der jeweiligen Phonemsysteme, weisen aber an dieser Stelle auf gewisse Abgrenzungs- und Darstellungsprobleme hin. Bezugselemente phonografischer Schriften sind die einzelnen artikulierten Sprachlaute, die mithilfe grafischer Zeichen wiedergegeben werden – und hier wird es praktisch wie metasprachlich kompliziert. *Laut* kann in diesem Zusammenhang sowohl ‚Phonem' als auch ‚Phonemvariante (Allophon)' bedeuten, und Grapheme geben *de facto* sowohl Phoneme, Phonemfolgen als auch Varianten von Phonemen wieder. Die Abgrenzung dieser Einheiten ist nicht immer zufriedenstellend darstellbar, da sich – nicht zuletzt aufgrund unterschiedlicher Klassifikationen und Theorien – Ambiguitäten sowohl auf Laut- als auch auf Schriftebene ergeben.[3] Für eine möglichst übersichtliche und intuitiv verständliche Darstellung greifen wir daher auch für Angaben zur Aussprache in der Regel auf Grapheme zurück. Wir unterscheiden hier außerdem zwischen *Mehrgraphen* (meist *Digraphe*) und *Buchstabenkombinationen*: *Mehrgraphe* sind Einheiten, die Graphemstatus haben, aber aus mehr als einem grafischen Zeichen bestehen; mit *Buchstabenkombinationen* sind typische oder frequente Folgen grafischer Zeichen ohne Graphemstatus gemeint.

---

1 **Serbisch** kann sowohl lateinisch als auch kyrillisch geschrieben werden. Zurzeit dominiert das Kyrillische.

2 **Montenegrinisch** kann sowohl lateinisch als auch kyrillisch geschrieben werden.

3 Vgl. Spraul, H. (1999), Graphemik, in: Jachnow, H. (ed.), *Handbuch der sprachwissenschaftlichen Russistik und ihrer Grenzdisziplinen*. Wiesbaden, 66-86.

Der Idealzustand einer alphabetischen / phonografischen Schrift – ein 1 : 1-Verhältnis von Laut (Phonem) und Schriftzeichen (→ Graphem) – ist in keiner slavischen Sprache erreicht. Am nächsten kommt diesem Ideal hier das **BKS**.

1 Bosnisch, Kroatisch, Serbisch (Montenegrinisch)

Die nachfolgende Darstellung ist in vier Abschnitte gegliedert, die sich einer einzigen Sprache (linguistisch gesehen) widmen, auch wenn diese Sprache dialektale Varianten und gewisse Unterschiede u. a. in Lexik und Syntax aufweist. Sie wird gesprochen von Bosniern / Bosniaken (*siehe unten*), Kroaten, Montenegrinern und Serben.

Aus politischen Gründen ist in der jüngeren Vergangenheit das in seiner Benennung schon immer umstrittene „Serbokroatische", „Kroatoserbische", „Serbisch-Kroatische", „Kroatisch-Serbische" um die explizite Bezeichnung „Bosnisch" erweitert worden, was inzwischen die alphabetisch geordnete Sammelbezeichnung „Bosnisch-Kroatisch-Serbisch" oder kurz „BKS" hervorgebracht hat. Seit einiger Zeit wird zudem noch das Montenegrinische namentlich unterschieden – die Sammelbezeichnung wäre also eigentlich „BKMS". Wir beschränken uns hier jedoch auf „BKS" und einige kurze Informationen zum Montenegrinischen am Ende dieser Ausführungen.

Grundlage für die heutigen Standardsprachen Kroatisch, Serbisch und Bosnisch ist der so genannte *štokavische* Dialekt (benannt nach dem Fragepronomen *što* ‚was'). Innerhalb dieses Dialekts können drei Varianten unterschieden werden – je nachdem, wie sich der Laut *ě* (→ Jat') entwickelt hat: im Ijekavischen bzw. Jekavischen wurde *ě* zu *ije* (langes *ě*) bzw. *je* (kurzes *ě*), im Ekavischen wurde es zu *e* und im Ikavischen (das keine Standardvariante ist) zu *i*. Aus urslav. **melko* ‚Milch' entstand über *mlěko* (mit langem *ě*) also entweder *mlijeko*, *mleko* oder *mliko*, aus **věra* ‚Glaube' (mit kurzem *ě*) wurde *vjera*, *vera* oder *vira*.

Kroatisch, Bosnisch und Montenegrinisch beruhen im Prinzip auf der (i)jekavischen, Serbisch auf der ekavischen Variante. Es heißt also zum Beispiel *mlijeko* im Kroatischen, Bosnischen und Montenegrinischen gegenüber *mleko* im Serbischen. Nachfolgend werden unter „BKS" immer beide Varianten angegeben.

Die Grenzen zwischen „Sprach-Namen", dialektalen Varianten (die Dialektgebiete sind durch „wechselseitige Sprachinseln" gekennzeichnet) und auch Schriftsystemen sind fließend, eine 1 : 1-Zuordnung ist nicht möglich. So gibt es auch ein Serbisch mit (i)jekavischer Variante, kann Kroatisch auch in Kyrillica (Ćirilica / Ћирилица) geschrieben werden usw.

Bosnisch

Sprecherzahl: ca. 2 Millionen in Bosnien-Herzegowina (kroatische, serbische und muslimische[4] *Bosnier*; letztere bezeichnen sich auch als *Bosniaken*) und ca. 50.000 in der Diaspora, wohl überwiegend bosnische Muslime (Bosniaken)

[4] Im ehemaligen Jugoslawien hatten die Muslime – neben Kroaten, Serben, Slowenen, Montenegrinern und Makedoniern – den Status einer *Nation*.

Geografische Verbreitung:	Bosnien-Herzegowina (Federacija Bosne i Hercegovine) und in der Diaspora
Klassifikation:	Südslavisch (westliche Gruppe)
Dialekte:	Štokavisch mit (i)jekavischer (kroatische und muslimische Bosnier) und ekavischer Variante (serbische Bosnier)
Status:	Ausbau zur Standardsprache (allerdings mit nicht eindeutiger Abgrenzung der einzelnen Varianten); laufender Normierungsprozess
Besonderheiten:	Der štokavische Dialekt mit ijekavisch-jekavischer Variante ist die Basis der bosnischen Standardvariante. Das Bosnische ist insofern vergleichbar mit dem Kroatischen (allerdings gibt es auch eine (i)jekavische Variante des Serbischen). Im Bereich der Lexik und der Syntax finden sich Gemeinsamkeiten / Überschneidungen sowohl mit dem Kroatischen als auch mit dem Serbischen – neben individuellen bosnischen Entwicklungen. Charakteristisch für das Bosnische ist ein relativ hoher Anteil an (wiederbelebten oder neu eingeführten) Turzismen: etwa 15.000 Wörter sind türkisch-arabisch-persischen Ursprungs. Lautlich auffällig ist eine „Chiisierung", d. h. eine bewusste Wiederbelebung des Phonems /h/, zum Beispiel *kahva* statt *kafa / kava* ‚Kaffee', *lahko* statt *lako* ‚leicht'. Zum Teil wird /h/ auch dort eingefügt (und normiert), wo es etymologisch nicht berechtigt ist (*hudovica* für *udovica* ‚Witwe').[5] Latinica und Kyrillica sind offiziell gleichberechtigte Schriften, allerdings wird Latinica häufiger verwendet.

Kroatisch

Sprecherzahl:	rund 6,5 Millionen, davon ca. 5 Millionen in Kroatien, ca. 500.000 in Bosnien-Herzegowina und ca. 1 Million in der Diaspora
Geografische Verbreitung:	Republik Kroatien (Republika Hrvatska), Bosnien-Herzegowina (bosnische Kroaten) und in der Diaspora. Burgenlandkroatisch (Österreich) und Moliseslavisch (Italien, Region Molise) gelten als eigene Mikrostandardsprachen.
Klassifikation:	Südslavisch (westliche Gruppe)
Dialekte:	Štokavisch in der ijekavisch-jekavischen Variante; Kajkavisch (z. B. in und um Zagreb) und Čakavisch (z. B. in Istrien, Teilen von Dalmatien)

[5] Z. T. nach Rehder (1998a, 299).

Status: Standardsprache

Besonderheiten: Das Štokavische in der ijekavisch-jekavischen Variante ist die Basis des Standards. Das Kroatische weist etwa 30.000 „eigene“ Wörter auf, durch die es sich vom Serbischen, Bosnischen und Montenegrinischen unterscheidet.
Die Schrift ist (überwiegend) Latinica.

Serbisch

Sprecherzahl: knapp 11 Millionen, davon ca. 8 Millionen in Serbien, 1,5 Millionen in Bosnien-Herzegowina, 250.000 in Montenegro und etwa 1 Million in der Diaspora

Geografische Verbreitung: Republik Serbien (Republika Srbija / Република Србија), Bosnien-Herzegowina (bosnische Serben), Montenegro und in der Diaspora

Klassifikation: Südslavisch (westliche Gruppe)

Dialekte: Štokavisch in der ekavischen, aber auch in der ijekavisch-jekavischen Variante; Torlakisch oder Prizren-Timok-Dialekt (Übergangsdialekt zum Bulgarischen in Südostserbien)

Status: Standardsprache

Besonderheiten: Štokavisch in der ekavischen Variante ist die Basis des Standards in Serbien, in der ijekavisch-jekavischen Variante in Bosnien-Herzegowina und Montenegro.
Die Schrift ist (überwiegend) Kyrillica in Serbien, in Bosnien-Herzegowina und Montenegro werden Latinica und Kyrillica verwendet, in Bosnien wird allerdings Latinica bevorzugt.

Montenegrinisch[6]

Sprecherzahl: rund 500.000, davon ca. 400.000 in Montenegro und ca. 100.000 in der Diaspora

Geografische Verbreitung: Montenegro (Republika Crna Gora / Република Црна Гора) und in der Diaspora

Klassifikation: Südslavisch (westliche Gruppe)

Status: Laufender Standardisierungsprozess; Bestrebungen, regionale Merkmale zu stärken.

6 Z. T. nach Schubert, G. 2002.

Besonderheiten: Štokavisch (Serbisch) in der ijekavisch-jekavischen Variante. Vom **BKS** unterscheiden sich u. a. die jotierten Laute *sj, zj, tj, dj*, die wie *ś, ź, đ, ć* gesprochen werden; vgl.: *śekira* ‚Axt',*źenica* ‚Pupille', *đed* ‚Großvater', *ćerati* ‚(ver)treiben' (**bks.** *sjekira, zjenica, djed, tjerati*). Diskutiert wird eine entsprechende Schreibung mit *ś, ź, đ, ć*.

Daneben gibt es ein spezielles hartes *z* (z. B. in *zavala* ‚kleiner Hafen', *bronzin* ‚eine Teigart').

Latinica und Kyrillica sind wohl als gleichberechtigte Schriften anzusehen.

Das montenegrinische kyrillische Alphabet weist außerdem ein spezielles Graphem *ʒ* (*dz* – z. B. in *ʒинʒула*) auf.

Alphabete

Für die drei – dem Namen nach unterschiedenen – Sprachen Bosnisch, Kroatisch und Serbisch werden zwei Alphabete verwendet: das lateinische und das kyrillische. Im Kroatischen wird Latinica verwendet, während Serbisch prinzipiell sowohl in Latinica als auch in Kyrillica geschrieben werden kann. Allerdings dominiert die kyrillische Schrift. Bosnisch wird in Latinica geschrieben.

Die Zeichensätze der beiden Alphabete sind deckungsgleich und daher in einem 1 : 1-Verhältnis übertragbar. Zu beachten ist, dass die Buchstabeninventare von Latinica und Kyrillica jeweils anders geordnet sind. Den 30 grafischen Zeichen stehen 32 Phoneme gegenüber (5 → Monophthonge mit bis zu 36 Varianten, 1 → Diphthong (jekavisch, kroatisch), 1 → silbische Liquida, 25 Konsonanten und ihre Allophone (vor allem bedingt durch die regressive Stimmtonassimilation; *siehe unten*)).

Fremdwörter, die ursprünglich in Latinica geschrieben sind, können im Kroatischen und Bosnischen in ihrer Originalgrafie übernommen werden (*William Shakespeare*), während sie im Serbischen transliteriert werden müssen (*Вилијам Шекспир / Vilijam Šekspir*). In der Latinica ist dann auch die Wiedergabe von *Q q, W w, X x, Y y* möglich.

Die „serbo-kroatische Sprache" wurde im 19. Jahrhundert reformiert – getreu dem Motto des serbischen Sprachreformers Vuk Karadžić (1787-1864) *Piši kao što govoriš, a govori kao što je napisano* (‚Schreib, wie du sprichst, und sprich, wie es geschrieben ist').

Das kyrillische Alphabet:

Karadžić schuf in der ersten Hälfte des 19. Jahrhunderts das serbisch-kyrillische Alphabet mit 30 Buchstaben. Das *j* übernahm er aus der Lateinschrift.

А а	Е е	Л л	П п	Ф ф
Б б	Ж ж	Љ љ	Р р	Х х
В в	З з	М м	С с	Ц ц
Г г	И и	Н н	Т т	Ч ч
Д д	Ј ј	Њ њ	Ћ ћ	Џ џ
Ђ ђ	К к	О о	У у	Ш ш

Das lateinische Alphabet:

Das lateinische Alphabet umfasst 30 Zeichen – 27 Mono- und 3 Digraphe (*dž, lj, nj*). Verwendet werden diakritische Zeichen, von denen einige (*č, š, ž, ć, dž*) von Ljudevit Gaj (1809-1872) aus dem Tschechischen und Polnischen übernommen wurden. Đuro Daničić (1825-1882) fügte 1882 noch das *Đ đ* (manchmal auch *Dj dj* geschrieben) hinzu.

A a	Dž dž	I i	N n	Š š
B b	Đ đ	J j	Nj nj	T t
C c	E e	K k	O o	U u
Č č	F f	L l	P p	V v
Ć ć	G g	Lj lj	R r	Z z
D d	H h	M m	S s	Ž ž

Die Buchstabeninventare beider Alphabete im Vergleich:

А а	A a	Е е	E e	Л л	L l	П п	P p	Ф ф	F f
Б б	B b	Ж ж	Ž ž	Љ љ	Lj lj	Р р	R r	Х х	H h
В в	V v	З з	Z z	М м	M m	С с	S s	Ц ц	C c
Г г	G g	И и	I i	Н н	N n	Т т	T t	Ч ч	Č č
Д д	D d	Ј ј	J j	Њ њ	Nj nj	Ћ ћ	Ć ć	Џ џ	Dž dž
Ђ ђ	Đ đ	К к	K k	О о	O o	У у	U u	Ш ш	Š š

Aussprache

Akzent: musikalisch, kurz (fallend oder steigend) oder lang (fallend oder steigend), bei mehrsilbigen Wörtern kein Akzent auf der letzten Silbe

môre	(langfallend)	‚Meer'
sȍba	(kurzfallend)	‚Zimmer'
rúka	(langsteigend)	‚Hand, Arm'
žèna	(kurzsteigend)	‚Frau'

Der Akzent kann auch distinktive Funktion haben:

lȕk ‚Zwiebel' vs. *lûk* ‚Bogen'.

Vokale: 5 Vokale, die sich in der Grafie wie folgt darstellen:

a e i o u

mittlere Artikulation, keine Reduktion in unbetonter Position

Diphthong: **ie** in der (i)jekavischen (kr. bzw. bs.) Varietät (grafisch *-ije-*; z. B. in kr. / bs. *mlijeko;* dagegen sr. *mleko* ‚Milch')

Konsonanten:

Unterschieden werden stimmhafte und stimmlose, weiche und harte Konsonanten, die sich in der Grafie wie folgt darstellen:

stimmhaft:	**b**	**d**	**dž**	**đ**	**g**	**v**	**z**	**ž**		
stimmlos:	**p**	**t**	**c**	**ć**	**k**	**f**	**s**	**š**	**č**	**h**
hart:	**b**	**d**	**dž**	**g**	**k**	**l**	**m**	**n**	**p**	**r**
	s	**š**	**t**	**v**	**z**	**ž**				
weich:	**lj**	**nj**	**ć**	**đ**						

Die Distinktivität von harten und weichen Konsonanten spielt eine untergeordnete Rolle. Hier stehen sich lediglich **l – lj**, **n – nj** gegenüber. Weich, aber in Bezug auf die Palatalität unpaarig sind außerdem **ć** und **đ**.

Keine Palatalisierung der Konsonanten vor *e* und *i*.

Kein Verlust der Stimmhaftigkeit im Auslaut – *rad* ‚Arbeit' und *rat* ‚Krieg' werden lautlich unterschieden.

Regressive Stimmtonassimilation, die in der Grafie wiedergegeben wird; vgl. die drei Formen (m, f, n) des Adjektivs *težak, teška, teško* ‚schwer', *sudac* ‚Richter' (N. Sg.) vs. *suca* (G. Sg. < *sut-ca* < *sud-ca*) oder **serbisch** *fudbal* ‚Fußball'. Allerdings kommen auch etymologische Schreibungen vor: *mladac* ‚junger Mann', G. Sg. *mladca, sredstvo* ‚Mittel'.

Silbenbildende Liquida:

r kann silbenbildend sein: *vrlo* ‚sehr', *vrt* ‚Garten', die Insel *Krk*

Digraphe:

dž, **lj** und **nj** bezeichnen jeweils *einen* Laut: [dʒ], [ʎ] und [ɲ]

Dubletten:

đ wird manchmal auch **dj** geschrieben (*takođe(r)* oder *takodje(r)* ‚auch')

Lautwerte der einzelnen Buchstaben[7]**:**

A a	Mann	**L l**	Land
B b	bald	**Lj lj**	italien. *gl* in fi**gl**io
C c	**Z**eit	**M m**	**M**utter
Č č	deu**tsch**	**N n**	nein
Ć ć	**tsch**, aber weicher	**Nj nj**	Co**gn**ac
D d	Dach	**O o**	oft
Dž dž	John	**P p**	**P**ause
Đ đ	weicher als *dž*	**R r**	**R**at (Zungenspitzen-R)
E e	letzt	**S s**	la**ss**en (stimmlos)
F f	fünf	**Š š**	**Sch**ule
G g	**g**anz	**T t**	We**tt**er
H h	Bu**ch**	**U u**	Luft
I i	v**ie**l	**V v**	**W**ein
J j	**j**ung	**Z z**	Ro**s**e (stimmhaft)
K k	**k**aum	**Ž ž**	**J**ournal

2 Polnisch

Sprecherzahl: 54 oder 58 Millionen, davon ca. 39 Millionen in Polen, etwa 15 bis 18 Millionen in der Diaspora

Geografische Verbreitung: Republik Polen (Rzeczpospolita Polska); in der Diaspora (vor allem in den Nachbarstaaten, Westeuropa, in den USA und Kanada)

Klassifikation: Westslavisch. Lechisch (mit Pomoranisch und Polabisch).

Dialekte: Großpolnisch, Kleinpolnisch, Masowisch, Schlesisch.

Status: Standardsprache

Besonderheiten: Im Polnischen gibt es zwei nasale Vokale ą (gesprochen ǫ wie in frz. *Bonbon*) und ę (wie in frz. *fin*).

Alphabet

Das heutige polnische Alphabet umfasst 32 Buchstaben. Verwendet werden sowohl diakritische Zeichen (z. B. *ż* (*z* z kropką ‚z mit Punkt'), *ź* (*z* z kreską ‚z mit Strich')) als auch Digraphe (*rz, cz, sz,* ferner *ci, dzi, ni, si, zi* vor Vokalen), um bestimmte Laute (Phoneme) zu bezeichnen. Für einige Laute gibt es – historisch bedingt – Dubletten (*rz* und *ż*, *ó* und *u*). Je nach Klassifikation werden 5–8 vokalische und 33 konsonantische Phoneme angenommen.

[7] Nach Drilo, St. (^{4}1984), *Kroatisch-Serbisch.* Teil I. Lehrbuch für Anfänger. Heidelberg.

A a	Ę ę	L l	P p	Y y
Ą ą	F f	Ł ł	R r	Z z
B b	G g	M m	S s	Ź ź
C c	H h	N n	Ś ś	Ż ż
Ć ć	I i	Ń ń	T t	
D d	J j	O o	U u	
E e	K k	Ó ó	W w	

Aussprache

Akzent: dynamisch, beweglich, nicht frei, d. h. in der Regel auf der vorletzten Silbe (Pänultima), Ausnahmen bei Fremdwörtern auf *-ika/ -yka* wie *klínika, gramátyka* sowie in einigen Präteritum- und Konjunktivformen im Plural wie *zabrálišmy* ‚wir haben genommen', *zabrálibyśmy* ‚wir hätten genommen'

Vokale: Unterschieden werden orale und nasale Vokale, die sich in der Grafie wie folgt darstellen:

6[8] orale Vokale: **a e i y o u**
2 Nasalvokale: **ą** [ǫ] und **ę**

kurz und (außer **i** und **u**) offen

keine Reduktion von unbetonten Vokalen

Konsonanten: Unterschieden werden stimmhafte und stimmlose, weiche und harte Konsonanten, die sich in der Grafie wie folgt darstellen:

Monographe:

stimmhaft:	**b**	**d**	**g**	**z**	**w**	**ź**	**ż**		
stimmlos:	**p**	**t**	**k**	**s**	**f**	**ś**	**c**	**ć**	**h**
hart:	**b**	**d**	**f**	**g**	**h**	**k**	**l**	**ł**	**m**
	n	**p**	**r**	**s**	**t**	**w**	**z**	**ż**	
weich:	**ć**	**ń**	**ś**	**ź**					
vor i palatalisiert:	**b**	**p**	**d**	**f**	**g**	**k**	**h**	**s**	**w**
	z								

ł ist ein bilabialer Gleitlaut; wie engl. *w* [u̯] gesprochen

[8] Abhängig von der jeweils zugrunde gelegten Theorie und Klassifizierung. Siehe auch S. 103, Fn. 19ff.

Digraphe:

stimmhaft: **dz dź dż rz**

stimmlos **ch cz sz**

hart: **ch cz dz dż rz sz**

weich: **dź**

Positionsbedingte Besonderheiten:

vor i palatalisiert: **ci dzi ni si zi**

Verlust der Stimmhaftigkeit im absoluten Auslaut

Regressive Stimmtonassimilation: *babka* [bapka] ‚Großmutter; Sandkuchen'; *jak długo* [jag-d...] ‚wie lange'

Progressive Stimmtonassimilation: *kwiat* [kf'at] ‚Blume'; *przy* [pšy] ‚bei'

Mehrgraphe: **ch, cz, dz, dź, dż, rz, sz;**
ci, dzi, ni, si, zi vor Vokalen anstelle von *ć, dź, ń, ś, ź*

Dubletten: **rz** und **ż**, **ó** und **u**

Lautwerte der einzelnen Buchstaben[9]**:**

A a	**A**tlas	**M m**	**M**ai
Ą ą	Bonb**on**	**N n**	**N**arkose
B b	**B**ox	**Ń ń**	Co**gn**ac
C c	**Z**ucker	**O o**	**O**ktett
Ć ć	**tj**a	**Ó ó**	**u**nd
D d	**D**ollar	**P p**	**P**salm
E e	**E**llipse	**R r**	**R**um
Ę ę	Cous**in**	**S s**	**S**ketch
F f	**F**arbe	**Ś ś**	~ El**ch**
G g	**G**olf	**T t**	**T**aktik
H h	Fa**ch**	**U u**	**U**niform
I i	**I**ntellekt	**W w**	**W**anne
J j	**J**utta	**Y y**	~ S**i**nn
K k	**K**okarde	**Z z**	**S**uppe
L l	**L**ampe	**Ź ź**	--- (poln. **ź**le schlecht)
Ł ł	**W**estern (in der engl. Aussprache)	**Ż ż**	**J**ournal

[9] Nach Lewicki, R. (2002), *Grammatik Polnisch kurz & bündig*. Stuttgart.

Lautwerte der Digraphe[10]**:**

ch	Fa**ch**	dź	[dʑ]	dźwięk ‚Klang‘
cz	Ki**tsch**	dz	[dz]	dzban ‚Krug‘
sz	**Sch**ach			
rz	**J**ournal			
rz (nach p, t, k)	**Sch**ach / trzy drei			
dż	**Dsch**ungel			

3 Tschechisch[11]

Sprecherzahl: ca. 11,6 Millionen, davon rund 10 Millionen in Tschechien und 1,6 Millionen in der Diaspora

Geografische Verbreitung: Tschechische Republik (Česká republika) und in der Diaspora

Klassifikation: Westslavisch. Südlicher Zweig (zusammen mit Slovakisch).

Dialekte: Unterschieden werden die vier Obergruppen Böhmisch, Zentralmährisch, Ostmährisch und Schlesisch, die sich in weitere Untergruppen untergliedern

Status: Standardsprache

Besonderheiten: Unterschieden wird zwischen einer (vorwiegend geschriebenen) Hochsprache auf der Basis des Zentralböhmischen, der so genannten *spisovná čeština*, und diversen mündlichen (umgangssprachlichen) Varietäten. Der *spisovná čeština* wird oft die *obecná čeština* gegenübergestellt – die gemeinböhmische gesprochene Sprache, die von der Mehrheit der Sprecher (aber nicht von allen) benutzt wird.[12] Die Unterschiede sind zum Teil recht ausgeprägt und bereiten Tschechisch-Lernenden durchaus Schwierigkeiten.

Alphabet

Das heutige tschechische Alphabet umfasst 42 Buchstaben. Verwendet werden lateinische Buchstaben in Kombination mit diakritischen Zeichen – den so genannten Hačeks, ‚Häkchen‘[13], die auch in die Grafien anderer slavischer Sprachen und für die Transliteration kyrillischer Zeichen übernommen wurden. Im Tsche-

[10] Nach Lewicki, R. (2002), *Grammatik Polnisch kurz & bündig*. Stuttgart.
[11] Nach Šlosar 2002.
[12] Vgl. Vintr (2001, 132).
[13] Die Hačeks gehen zurück auf den tschechischen Reformator Jan Hus (ca. 1370-1415).

chischen nennt man die Diakritika: ´ *čárka* (Strich), ° *kroužek* (Kringel) und ˇ *háček* (Häkchen).

Das Alphabet ist phonologisch aufgebaut, aber es gibt kein 1 : 1-Verhältnis von Phonemen und Graphemen. Phoneme (10 Vokale, 24 Konsonanten) und Phonemvarianten werden grafisch nicht unterschieden (z. B. *knížka*, gesprochen wird [-šk-]). Es gibt ein Übergewicht auf der grafischen Ebene.

A a	E e	I i	Ň ň	S s	V v
Á á	É é	Í í	O o	Š š	W w
B b	Ě ě	J j	Ó ó	T t	X x
C c	F f	K k	P p	Ť ť	Y y
Č č	G g	L l	Q q	U u	Ý ý
D d	H h	M m	R r	Ú ú	Z z
Ď ď	Ch ch	N n	Ř ř	Ů ů	Ž ž

Die Buchstaben *Q q*, *W w*, *X x* kommen im Tschechischen eigentlich nicht bzw. nur in Fremd- und Lehnwörtern vor. Anstelle von (dt.) *q* wird z. B. *kv* geschrieben (z. B. *kvalita* ‚Qualität').

Aussprache

Akzent: dynamisch, fest: auf der ersten Silbe (Initialakzent)

Vokale: 10 Vokale, die sich in der Grafie wie folgt darstellen:

a	**e**	**i / y**	**o**	**u**	(kurz)
á	**é**	**í / ý**	**ó**	**ú / ů**	(lang)

lang und kurz; die Qualität ist – wie im Deutschen (*Kamm* vs. *kam*) – distinktiv; anders als im Deutschen gibt es auch unbetonte lange Vokale
Die Vokallänge wird mit *čárka* markiert: *dal* ‚er gab' vs. *dál* ‚weiter'.

Unbetonte Vokale werden nicht reduziert.

i und **y** (bzw. **í** und **ý**) werden nur grafisch, aus historischen Gründen, nicht aber lautlich unterschieden

ě bezeichnet /je/ nach Labial (*pět* ‚fünf' [pjet]), die Verbindung **mě** wird [mn'e] gesprochen: *město* ‚Stadt' [mn'esto]

ů (u s kroužkem) ist ein langes *u*[14] (*dům* ‚Haus')

Diphthonge: **ou**, **au**, **eu** (*siehe unten*)

[14] Das *ů* ist historisch aus *o* entstanden und alterniert in den Paradigmen mit *o*: *dům* – *domu* (N. Sg. – G. Sg. ‚Haus').

Konsonanten: Unterschieden werden stimmhafte und stimmlose sowie (orthografisch) harte, weiche und ambivalente Konsonanten, die sich in der Grafie wie folgt darstellen:

stimmhaft:	**b d ď g h v z ž**
stimmlos:	**p t ť k ch f s š c č**
immer hart:	**d g h ch k n r t** (danach steht nur *y* / *ý*, nie *i* / *í*)
immer weich:	**ď ť ň; č ř š ž c j**[15] (danach steht nur *i* / *í*, nie *y*/ *ý*)
ambivalent:	**b f l m p s v z** (danach sind sowohl *i* / *í* als auch *y* / *ý* möglich)

vor **i** und **ě** palatalisiert: **d t n**[16]

vor **ě** mit *j* gesprochen, sonst immer hart: **b p v f**
[bje] [pje] [vje] [fje]

ř ist eine Mischung aus *r* + *ž* + *š*

m vor **ě** wird [mn'e] gesprochen: *město* ‚Stadt' [mn'esto]

Stimmhafte Konsonanten werden im Wortauslaut stimmlos: *led* ‚Eis' [let].

In Konsonantengruppen kommt es zu einer regressiven Assimilation: ist der letzte Konsonant stimmhaft, werden auch die vorausgehenden stimmhaft (*kdo* ‚wer' [gdo], *prosba* ‚Bitte' [prozba]), ist er stimmlos, werden die vorausgehenden ebenfalls stimmlos gesprochen (*vzpomínka* ‚Erinnerung' [fspomínka], *pohádka* ‚Märchen' [pohátka]).

Silbenbildende Liquiden: **l** und **r** können im Tschechischen silbenbildend sein: *krk* ‚Hals', *blb* ‚Blödmann', *Strč prst skrz krk.* ‚Steck den Finger durch den Hals'[17].

---

15 Als Faustregel: Weich sind alle „Konsonanten mit Häkchen, außerdem *c* und *j*" (genauer: alle Konsonantengrapheme). Dies ist von Bedeutung für die Deklination der Substantive, d. h., Wörter wie *muž* ‚Mann' oder *stroj* ‚Maschine' folgen der weichen Deklination. Siehe S. 138.

16 Z. B. *ty* ‚du' [ti], aber *ti* ‚dir' bzw. ‚diese (Pl. mask. bel.)' [t'i]. Andere Konsonanten bleiben auch vor *i* hart: *byl* ‚er war' und *bil* ‚er schlug' werden beide [bil] gesprochen. Siehe S. 103.

17 Beispiel aus: Vater, H. (^{3}1999), *Einführung in die Sprachwissenschaft*. München, 21.

Buchstabenkombinationen:

mě wird [mn'e] gesprochen: *město* ‚Stadt' [mn'esto]

-m wie in *sedm* ‚sieben' oder *osm* ‚acht' wird mit einem vorangehenden *u*-Laut gesprochen: [os^{u}m]

Doppelkonsonanten wie in *Anna*, *slezský* ‚schlesisch' werden nicht doppelt gesprochen.

Dubletten:

ů und **ú** werden aus historischen Gründen in der Grafie unterschieden; ihr Lautwert ist derselbe.

Gleiches gilt für **i** / **y** bzw. **í** / **ý**.

Lautwerte der einzelnen Buchstaben[18]:

A a	Fall	**Ň ň**	Champagner
Á á	Saal	**O o**	Trott
B b	Bahn	**Ó ó**	Ton
C c	Zucker	**P p**	Post
Č č	Kutsche	**Q q**	quengeln
D d	danke	**R r**	Rettich (Zungenspitzen-R)
Ď ď	Nadja	**Ř ř**	Dvořák, evtl. dt. Barsch
E e	Netto	**S s**	nass
É é	Ähre	**Š š**	rasch
Ě ě	Jäger	**T t**	Tisch
F f	Fenster	**Ť ť**	Matjes
G g	Gold	**U u**	Schuss
H h	halten (weiter vorn als im Dt.)	**Ú ú**	Uhr
Ch ch	ach	**Ů ů**	Uhr
I i	Diplom	**V v**	Wissenschaft
Í í	Miete	**W w**	Witz (kurzes, hartes *w*)
J j	Jagd	**X x**	extra
K k	Kamm	**Y y**	Diplom
L l	lange	**Ý ý**	Miete
M m	Mensch	**Z z**	singen
N n	Natur	**Ž ž**	Journal

Lautwerte der Digraphe / Buchstabenkombinationen[19]:

ou	engl. show
au	dt. Auto
eu	dt. Aleuten

[18] Z. T. nach: http://www.grammatiken.de/tschechische-grammatik/sprache10.html (17.3.2009).

[19] Tsch. *au* und *eu* sind entlehnte Diphthonge.

4 Russisch

Sprecherzahl: ca. 146 Millionen, davon etwa 122 Millionen in Russland, rund 24 Millionen in der Diaspora[20]

Geografische Verbreitung: Russische Föderation (Rossijskaja Federacija / Российская Федерация) und in der Diaspora (in den Staaten der ehemaligen Sowjetunion (vor allem Ukraine, Kasachstan, Usbekistan, Weißrussland u. a.), ferner USA, Israel und Westeuropa)

Klassifikation: Ostslavisch

Dialekte: Allgemein werden nord-, mittel- und südrussische Dialektgruppen unterschieden, deren Verbreitung wohl rückläufig ist.

Status: Standardsprache

Besonderheiten: Verbreitung als Zweitsprache („vtorój rodnój jazýk" ‚zweite Muttersprache') auf dem Gebiet der ehemaligen Sowjetunion.

Alphabet

Das heutige russische Alphabet umfasst 33 Buchstaben – 31 „echte" Grapheme und zwei Zeichen ohne Graphemstatus (Weichheitszeichen ь und hartes Zeichen ъ; so genannte Hilfsgraphe). Der Buchstabe *Ё ё* (*Jo*) kann auch *E e* geschrieben werden (*ёлка* oder *елка* ‚Tanne, Fichte'). Er ist nicht unumstritten, gehört aber (wenn auch nicht in allerletzter Instanz offiziell) zum russischen Alphabet. Das Verhältnis von Graphemen und Phonemen ist leicht asymmetrisch: es werden mehr Phoneme angenommen (39 oder 44 – je nach Klassifikation), als es Grapheme gibt.

А а	Ж ж	Н н	Ф ф	Ы ы
Б б	З з	О о	Х х	Ь ь
В в	И и	П п	Ц ц	Э э
Г г	Й й	Р р	Ч ч	Ю ю
Д д	К к	С с	Ш ш	Я я
Е е	Л л	Т т	Щ щ	
Ё ё	М м	У у	Ъ ъ	

[20] Nach Tošović 2002.

Wissenschaftliche (deutsche) Transliteration:

А а	A a	**Ж ж**	Ž ž	**Н н**	N n	**Ф ф**	F f	**Ы ы**	Y y
Б б	B b	**З з**	Z z	**О о**	O o	**Х х**	Ch ch	**Ь ь**	'
В в	V v	**И и**	I i	**П п**	P p	**Ц ц**	C c	**Э э**	Ė ė
Г г	G g	**Й й**	J j	**Р р**	R r	**Ч ч**	Č č	**Ю ю**	Ju ju
Д д	D d	**К к**	K k	**С с**	S s	**Ш ш**	Š š	**Я я**	Ja ja
Е е	E e	**Л л**	L l	**Т т**	T t	**Щ щ**	Šč šč		
Ё ё	Ë ë	**М м**	M m	**У у**	U u	**Ъ ъ**	"		

Aussprache

Akzent: dynamisch, beweglich, frei (jede Silbe kann betont werden)

Vokale: 6[21] Vokale, die sich in der Grafie wie folgt darstellen:

а е и ы о у

traditionell werden so genannte jotierte und nicht-jotierte Vokalgrapheme unterschieden:

nicht-jotiert:	**а**	**э**	**ы**	**о**	**у**
jotiert:	**я**	**е**	**и**	**ё**	**ю**

„Jotiert" bedeutet entweder, dass die Folge *j* + Vokal gesprochen wird, wenn der betreffende Buchstabe im Anlaut steht (*ja, je, jo, ju* – nur *u* bleibt *i*), oder dass der vorausgehende Konsonant palatalisiert ist: *мяч* ‚Ball' [m'ač'], *мел* ‚Kreide' [m'el], *миг* ‚Augenblick' [m'ik], *мёд* ‚Honig' [m'ot], *мюзикл* ‚Musical' [m'uzikl].

Betontes **е** im Wortanlaut oder nach Vokal wird [je] gesprochen.

ё ist immer betont (außer in Komposita wie *трёхто́мный* ‚dreibändig', wo **ё** nur einen Nebenakzent trägt)

Länge: mittellang; betonte Vokale sind etwas länger

Unbetonte Vokale werden (außer *y*) deutlich reduziert:

- Unbetontes **о** fällt in der Aussprache mit unbetontem **а** zusammen (Akanje).
- Unbetonte **е** und **я** fallen mit unbetontem **i** zusammen.

ы ist als Phonem umstritten, hat aber nichtsdestotrotz einen charakteristischen Lautwert; es wird z. B. produziert, indem

[21] Abhängig von der jeweils zugrunde gelegten Theorie und Klassifizierung. Siehe auch Kapitel *V Lautentsprechungen*, Abschnitt 10 (S. 103, Fn. 19ff.).

man die Lippen zu einem [u] formt, aber [i] spricht (oder umgekehrt).

Konsonanten: Distinktiv sind Stimmhaftigkeit und Stimmlosigkeit, Härte und Weichheit von Konsonanten, die sich in der Grafie wie folgt darstellen:

stimmhaft:	**б**	**в**	**г**	**д**	**ж**	**з**				
stimmlos:	**п**	**ф**	**к**	**т**	**ш**	**с**	**х**	**ц**	**ч**	**щ**
immer hart:	**ж**	**ш**	**ц**							
immer weich:	**ч**	**щ**								

vor а, о, у, ы, э hart,	**б**	**в**	**г**	**д**	**з**	**к**	**л**	**м**
vor я, е, и, ё, ю weich:	**н**	**п**	**р**	**с**	**т**	**ф**	**х**	

Verlust der Stimmhaftigkeit im absoluten Auslaut: *зуб* ‚Zahn' [zup]

Konsonanten in Konsonantengruppen beeinflussen sich gegenseitig. Stimmhafte Konsonanten werden vor stimmlosen ebenfalls stimmlos (*кни́жка* [kniška] ‚Buch'). Stimmlose dagegen werden vor stimmhaften ebenfalls stimmhaft (*с бра́том* [z bratom] ‚mit dem Bruder') (regressive Assimilation).

Mehrgraphe: im Russischen nicht üblich; evtl. **жж, зж, жд** – /ž́:/ (vgl. *жжёт* ‚brennt', *приезжа́ть* ‚angefahren kommen', *дожди́* ‚Regen Pl.')

Buchstabenkombinationen mit Hilfsgraphen **ь** und **ъ**:

Hilfsgraphe: **ь** kennzeichnet (außer nach *ж, ч, ш, щ*) die Palatalisierung des vorausgehenden Konsonanten (z. B. *мать* ‚Mutter'); es fungiert außerdem nach Konsonanten und vor *е, ё, и, ю, я* als Trennungszeichen bzw. zeigt an, dass hier die Phonemfolge /j + Vokal/ vorliegt (*судья* /sud'ja/ ‚Richter'). Mit der Graphemverbindung **ьо** wird die Phonemfolge /jo/ in Lehnwörtern bezeichnet (*бульон, медальон*).

ъ trennt Konsonant- und Vokalgraphem (*объéзд* /objezd/ ‚Rundfahrt, Umweg' – einem nicht-palatalisierten /b/ folgen die Phoneme /j/ und /e/)

Lautwerte der einzelnen Buchstaben[22]:

А а	**S**and; B**ä**ren (zw. weichen Kons.)	**П п**	**P**ark
Б б	**B**all	**Р р**	**R**and (Zungenspitzen-R)
В в	**W**ald	**С с**	na**ss**
Г г	**G**arten	**Т т**	**T**anne
Д д	**D**amm	**У у**	H**u**t
Е е	G**e**ld (vor hartem Kons. oder im Auslaut); S**ee** (vor weichem Kons.)	**Ф ф**	**F**ach
Ё ё	**Jo**ch	**Х х**	Ba**ch**
Ж ж	**J**ournal	**Ц ц**	**Z**irkus
З з	Ro**s**e	**Ч ч**	Ma**tsch**
И и	s**ie**	**Ш ш**	**Sch**all
Й й	**J**acke	**Щ щ**	Bor**schtsch** (langes weiches *š*)
К к	**K**arte	**Ъ ъ**	*hartes Zeichen*
Л л	engl. ca**ll** (härter als dt. *l*)	**Ы ы**	W**i**rt
М м	**M**ann	**Ь ь**	*Weichheitszeichen*
Н н	**n**un	**Э э**	W**e**lt
О о	s**o**llen	**Ю ю**	**Ju**li
		Я я	**ja**gen

5 Ukrainisch

Sprecherzahl: über 40 Millionen, davon 32,7 Millionen in der Ukraine, 7,3 Millionen in der Diaspora

Geografische Verbreitung: Ukraine (Ukrajina / Україна) und in der Diaspora (vor allem Russland, Polen, Kanada, Weißrussland, Slovakei, USA u. a.)

Klassifikation: Ostslavisch

Dialekte: Unterschieden werden ein nordwestliches Ukrainisch (weißrussische Einflüsse), ein südwestliches (polnische und slovakische Einflüsse) und ein südöstliches (Grundlage für den heutigen Standard). Das im Karpatengebiet gesprochene Russinische wird in der Ukraine selbst mitunter als Dialekt des Ukrainischen bezeichnet.

Status: Standardsprache mit laufendem Normierungsprozess; zurzeit noch zahlreiche Dubletten und Varianten (darunter auch Unterschiede zwischen den Varianten der Ost- und der Westukraine).

[22] Z. T. nach Tauscher, E./ Kirschbaum, E. (1985), *Grammatik der russischen Sprache*. Berlin.

Besonderheiten: **Suržik** – eine Mischform des **Russischen** und des **Ukrainischen** mit hauptsächlich ukrainischer Grammatik und Phonetik sowie einer Mischung aus russischer und ukrainischer Lexik. Beispiel für ‚nächste Haltestelle': *слі́дуюча остані́вка* (**suržik**), *насту́пна зупи́нка* (**ukr.**), *сле́дующая остано́вка* (**russ.**).

Alphabet

Das heutige ukrainische Alphabet umfasst 33 Buchstaben. Der Apostroph gehört nicht zum Alphabet. Den 33 grafischen Zeichen stehen 5 bzw. 6 vokalische und 32 konsonantische Phoneme gegenüber.

А а	Є є	К к	С с	Ш ш
Б б	Ж ж	Л л	Т т	Щ щ
В в	З з	М м	У у	Ь ь
Г г	И и	Н н	Ф ф	Ю ю
Ґ ґ	І і	О о	Х х	Я я
Д д	Ї ї	П п	Ц ц	' (Apostroph)
Е е	Й й	Р р	Ч ч	

Der Buchstabe *Ґ ґ* gehört erst seit 1990 (wieder) offiziell zum ukrainischen Alphabet, wird aber weiterhin kontrovers diskutiert. Er findet sich in Lehnwörtern wie *ґрунт* ‚Boden', *ґрáти* ‚Gitter' oder in lautmalerischen Nachahmungen wie *ґелґотáти* ‚schnattern (von Gänsen)'.

Der Apostroph wird vor den Vokalgraphemen *я, ю, є, ї* und nach den Labialen *б, п, м, в, ф* gebraucht, um die Härte des vorangehenden Konsonanten zu bezeichnen: z. B. in *суб'є́кт* (transliteriert: *subjekt*).

Wissenschaftliche (deutsche) Transliteration:

А а	A a	**Є є**	Je je	**К к**	K k	**С с**	S s	**Ш ш**	Š š
Б б	B b	**Ж ж**	Ž ž	**Л л**	L l	**Т т**	T t	**Щ щ**	Šč šč
В в	V v	**З з**	Z z	**М м**	M m	**У у**	U u	**Ь ь**	'
Г г	H h	**И и**	Y y	**Н н**	N n	**Ф ф**	F f	**Ю ю**	Ju ju
Ґ ґ	G g	**І і**	I i	**О о**	O o	**Х х**	Ch ch	**Я я**	Ja ja
Д д	D d	**Ї ї**	Ji ji	**П п**	P p	**Ц ц**	C c	**'**	–
Е е	E e	**Й и**	J j	**Р р**	R r	**Ч ч**	Č č		

Aussprache

Akzent: dynamisch, beweglich, frei (jede Silbe kann betont werden)

Vokale: 5 Vokale, die sich in der Grafie wie folgt darstellen:

а е и/і о у

Unterschieden werden so genannte jotierte und nicht-jotierte Vokalgrapheme:

nicht-jotiert:	**а**	**е**	**и / і**	**о**	**у**
jotiert:	**я**	**є**	**ї**		**ю**

Die jotierten Vokalgrapheme geben im Wort- oder Silbenanlaut die Folge *j* + Vokal (*ja, je, ji, ju*) wieder. Nach Konsonant markieren sie dessen Palatalisierung. (Allerdings steht *ï* niemals direkt nach einem Konsonanten.)

Betonte Vokale werden etwas länger, unbetonte etwas kürzer gesprochen, die Qualität ist aber – anders als im **Tschechischen** – nicht distinktiv.

Es gibt – anders als im **Russischen** – kein Akanje.

Konsonanten: Unterschieden werden harte und weiche, stimmhafte und stimmlose Konsonanten, die sich in der Grafie wie folgt darstellen:

vor а, е, и, о, у hart[23],	**г**	**д**	**з**	**ж**	**к**	**л**	**н**	**р**	**с**	**т**
vor я, є, ї, ю weich:	**х**	**ч**	**ш**	**щ**						

vor і und lang weich:	**ж**	**ч**	**ш**	**щ**

ц ist hart, **ць** weich

Die Labiale **б в м п ф** werden vor jotierten Vokalgraphemen nicht palatalisiert, sondern erscheinen in der Folge Labial + *j*: *п'ять* ‚fünf' /pjat'/[24]. Eine Ausnahme sind Lehnwörter wie *пюре́, бюро́*.

stimmhaft:	**б**	**г**	**ґ**	**д**	**ж**	**з**		
stimmlos:	**к**	**п**	**с**	**т**	**ф**	**х**	**ц**	**ч**
	ш	**щ**						

Im absoluten Auslaut verlieren stimmhafte Konsonanten einen Teil der Stimmhaftigkeit, werden aber nicht völlig stimmlos gesprochen (*друг* annähernd wie [друх]).

23 Zum Beispiel *день* /den'/ ‚Tag', *земля́* /zeml'a/ ‚Erde', *пи́ти* /pyty/ ‚trinken'.
24 Vgl. den Unterschied zum **Russischen**: **ukr.** *п'ять* /pjat'/ ‚fünf' gegenüber **russ.** *пять* /p'at'/.

г wird wie eine Art [h] gesprochen (also *nicht* [g]) – es handelt sich hier um einen stimmhaften Kehlkopfreibelaut (in Latinica mit *h* wiedergegeben).

в wird am Wortanfang vor Konsonanten, im absoluten Auslaut und in der Mitte des Wortes nach Vokalen vor Konsonanten [u̯], d. h. wie engl. *w* oder weißruss. *ў* gesprochen, z. B. *вдень* [ўden'] ‚tagsüber', *лев* [leў] ‚Löwe', *завждú* [zaўždy] ‚immer'.

Zu beachten sind Assimilationen wie *медсестрá* [метсестра] ‚Krankenschwester' oder *бакбóрт* [багборт], wobei die Assimilation der Entstimmhaftung wie im ersten Beispiel weniger ausgeprägt ist.[25]

Das Ukrainische kennt gedehnte Konsonanten (z. B. *знаннá* ‚Wissen' [n':]).

Der (ursprünglich dem Slavischen fremde) Konsonant **ф** wird im Ukrainischen noch immer vermieden und z. B. durch *х*, *п* oder *хв* ersetzt. Dem russ. Namen *Ефим* entspricht ukr. *Юхúм*, ukr. *Пилúп* ist ‚Philipp' usw.

Buchstabenkombinationen: **дж** und **дз** (*мéнеджер, джúнси; дзéркало* ‚Spiegel', *дзвін* ‚Glocke; Läuten')

йо bezeichnet im Anlaut die Folge /jo/: *йогó* G./ A. Sg. von ‚er' bzw. ‚es' (Personalpronomen)

ьо bezeichnet im Inlaut die Folge /jo/: *сьогóдні* ‚heute'

Hilfsgraphe: Apostroph; *siehe oben.*

[25] Nach Schweier 2002 behält allerdings *ж* in *кнúжка* die Stimmhaftigkeit [-žk-].

Lautwerte der einzelnen Buchstaben[26]**:**

А а	Sand	**М м**	Most
Б б	Band	**Н н**	Nest
В в	Wand (Anlaut)	**О о**	Morgen
	Howard (Wortauslaut nach	**П п**	Preis
	Vokal wie in *лев*)	**Р р**	Tirol (Zungenspitzen-R)
Г г	Hand	**С с**	muss
Ґ ґ	Gans	**Т т**	Atlas
Д д	Damm	**У у**	Lust
Е е	Fett	**Ф ф**	oft
Є є	jetzt	**Х х**	acht
Ж ж	Genie	**Ц ц**	Zug
З з	Sohn	**Ч ч**	Matsch
И и	Tisch	**Ш ш**	Schein
І і	Igel	**Щ щ**	**schtsch** (/š/ + /č/)
Ї ї	Kyjiv	**Ь ь**	*Weichheitszeichen*
Й и	Jod	**Ю ю**	Juwel
К к	Akt	**Я я**	Jasmin
Л л	Lampe (härter als dt. *l*)		

6 Gemeinsamkeiten in der Aussprache

Die Kenntnis der Phonetik einer slavischen Sprache ist sicher hilfreich beim Erlernen einer anderen Slavine[27], allerdings sind (negative) Interferenzen keineswegs ausgeschlossen. Lernende mit vorhandenen **Russisch**-Kenntnissen etwa neigen dazu, **bks.** harte Konsonanten vor *e* oder *i* zu palatalisieren oder **Ukrainisch** mit Akanje zu sprechen. Das „typische slavische" **r** zum Beispiel ist ein Zungenspitzen-R, doch das bedeutet nicht, dass dieser Laut in allen slavischen Sprachen gleich ausgesprochen würde. Auch in der slavischen Phonetik gilt: einiges kann übertragen werden, einiges jedoch nicht. Hinzu kommen einzelslavische Besonderheiten wie die durch **bks.** *ć* und *đ*, **poln.** *ł* oder **tschech.** *ř* bezeichneten Laute, die ganz neu gelernt werden müssen. Nachfolgend eine Übersicht über einige (mehr oder weniger) panslavische Gemeinsamkeiten.

Regressive Stimmtonassimilation

Als panslavisch kann die **regressive Stimmtonassimilation** bezeichnet werden: in einer Gruppe von Konsonanten entscheidet der letzte Konsonant darüber, wie die vorausgehenden ausgesprochen werden. Ist der letzte Konsonant stimmlos, werden auch die anderen stimmlos gesprochen, ist der letzte Konsonant stimmhaft, werden alle stimmhaft gesprochen. Diese Assimilation überschreitet auch die Wortgrenze (z. B. **poln.** *jak długo* [jag-d...] ‚wie lange').

[26] Nach Schubert, L. (2005), *Ukrainisch für Anfänger und Fortgeschrittene*. Wiesbaden.
[27] Vgl. Mehlhorn 2008.

BKS	Polnisch	Tschechisch	Russisch	Ukrainisch
prosidba Werbung zu prositi betteln, freien	prośba [proźba] Bitte	prosba [prozba] Bitte	про́сьба [proz'ba] Bitte	про́сьба [proz'ba] Bitte
teška N. Sg. f. zu N. Sg. m. težak schwierig	babka [bapka] Großmutter; Sandkuchen	knížka [kníška] Büchlein	кни́жка [kniška] Buch (Büchlein)	кни́жка [? *)] Büchlein

*) Unklar sind die Verhältnisse im **Ukrainischen**. Einigen Quellen zufolge bleibt *ж* in *кни́жка* stimmhaft, während andere auch hier die Entstimmhaftung von *ж* behaupten. Im Falle von *про́сьба* dagegen wird *с* offenbar in jedem Fall stimmhaft.

Assimilationen dieser Art können ihren Niederschlag in der Orthografie finden. Im **BKS** ist dies fast durchgehend der Fall; vgl. *bjekstvo* ‚Flucht' mit *k* zu *bijeg* mit *g* gegenüber **russ.** *бег*, *бе́гство*.

Das **Polnische** kennt außerdem noch eine progressive Stimmtonassimilation: *kwiat* [kf'at] ‚Blume'; *przy* [pšy] ‚bei'.

Stimmtonbeteiligungskorrelation

In den slavischen Sprachen ist die Unterscheidung von stimmhaften und stimmlosen Konsonanten phonematisch; vgl.

	Südslavisch	Westslavisch		Ostslavisch	
	BKS	*Polnisch*	*Tschechisch*	*Russisch*	*Ukrainisch*
b ~ p	biti – piti sein / schlagen – trinken	bić – pić schlagen – trinken	bít – pít schlagen – trinken	бить – пить schlagen – trinken	би́ти – пи́ти schlagen – trinken
d ~ t	do – to bis – das	do – to bis – das	do – to bis – das	до – то bis – das	де – те wo – jenes
ž ~ š	žaliti – šaliti (se) klagen – scherzen	żal – szal Leid – Schal	žal – šál Leid – Schal	жаль – шаль schade – Umschlagtuch	жаль – шаль schade – Umschlagtuch
z ~ s	zob – sob Hafer – Rentier	zad – sad Hinterteil (Tier) – Obstgarten	zob – sob Streufutter – Rentier	зад – сад Hinterseite – Garten	зад – сад Hinterseite – Garten
g ~ k	gad – kad Unrat, Schmutz – wann	goło – koło nackt – um ... herum / Kreis, Rad	*)	год – код Jahr – Code, Postleitzahl	+)

*) Die Opposition *g* ~ *k* ist im **Tschechischen** nicht phonematisch, da *g* nur in Lehnwörtern wie *garáž* auftritt.

+) Die Opposition *g* ~ *k* ist im **Ukrainischen** nicht phonematisch, da *g* wie [h] gesprochen wird. Grafisch gibt es diese Opposition allerdings: *го́ло* – *ко́ло* ‚nackt – um ... herum / Kreis, Rad'.

Darüber hinaus weisen die einzelnen Slavinen unter Umständen weitere Konsonantenpaare auf, die sich nur durch das Merkmal [± stimmhaft] unterscheiden (z. B. **bks.** *džep* ‚Tasche' – *čep* ‚Stöpsel').

Schreibung von Allophonen

Die *Alphabete* sind überwiegend *morphonologisch* aufgebaut, d. h., bestimmte umgebungsbedingte Phonemvarianten, die sich zum Beispiel durch die Stimmtonassimilation ergeben, werden nicht grafisch gekennzeichnet. Eine Ausnahme stellt hier das **BKS** dar (*siehe oben*), das aber auch nicht ganz durchgängig dem phonetischen Prinzip folgt.

Eingeschränkt Panslavisches

Palatalisiertheitskorrelation[28]

Keineswegs „durchgehend panslavisch" ist die Unterscheidung palatal(isiert)er und nicht-palatal(isiert)er Konsonanten bzw. ihre phonematische Distinktivität. Das **Polnische** kennt rund 19[29] weiche Konsonanten, das **Russische** 18, das **Ukrainische** 9, **BKS** 4 und das **Tschechische** 3 (die Wirkung von *ě* auf Labiale nicht mitgerechnet). Diese sind in phonologischer Notierung (der Phonemstatus der nach dem Doppelstrich // aufgeführten Laute ist umstritten):

- **BKS:** *grafisch* đ, ć, lj, nj bzw. ђ, ћ, љ, њ
- **Polnisch:** b', p', m', v', f', ʒ́, ć, ź, ś, ń //
  d', t', ʒ', c', z', s', g', k', ch' [30]
- **Tschechisch:** d', t', n'
- **Russisch:** b', p', v', f', m', n', d', t', l', r', z', s', č', š:' //
  ž:', g', k', ch'
- **Ukrainisch:** d', t', ʒ', c', z', s', n', l', r' [31]

Da im **Russischen** die meisten dieser Konsonanten einen harten „Partner" haben und somit zu Paaren zusammengefasst werden können, die sich nur durch das Merkmal [± palatalisiert] unterscheiden, spricht man hier von einer so genannten *Palatalisiertheitskorrelation*. Für die anderen Slavinen, selbst für das Polnische[32], ist dies, wenn überhaupt, nur mit Einschränkungen angemessen.

---

[28] In der Literatur wird häufig nicht genau unterschieden zwischen *Palatalität* und *Palatalisierung* (vgl. den Artikel im Glossar); entsprechend frequenter ist daher der (in den meisten Fällen nicht korrekte) Ausdruck „Palatalitätskorrelation".

[29] Die Angaben zur Anzahl der Vokal- und Konsonantenphoneme variieren je nach der zugrunde gelegten Klassifikation. Die vorliegende Übersicht basiert auf Panzer 1991.

[30] Nach Panzer (1991, 62); *ʒ́* ist grafisch *dź*.

[31] Nach Panzer (1991, 50).

[32] Vgl. Panzer (1991, 62). Neuere Quellen nennen die Palatalisiertheitskorrelation für das Polnische nicht mehr.

III Zum Einstieg

Bevor es an die systematische Beschäftigung mit Lautentsprechungen, Grammatik und Syntax geht, können Sie in einem kleinen unvorbereiteten Test Ihre schon jetzt unbewusst vorhandenen panslavischen Kenntnisse überprüfen.

1 Leseübungen

Aufgabe 1: Lesen Sie den Text laut.[1]

Keine Angst vor der ungewohnten Schrift

Kajne angst for der bosnišn / kroatišn / zerbišn šprahe!

File haben angst for der bosnišn / kroatišn / zerbišn šprahe, da zi dize zeltzame šrift niht kenen. Doh dize angst ist unbegrundet. In varhajt hat das bosniše / kroatiše / serbiše šriftsistem zogar file forcige. Man šrajbt majst, anders als im dojčen, vi man špriht.

Kajne angst for der polniszyn szprache![2]

File haben angst for der polniszyn szprache, da zi dize zeltzame szryft nicht kenen. Doch dize angst ist unbegryndet. In warhajt hat das polnisze szryftsystem zogar file forcyge. Auserdejm zind file polnisze becajśnungen dojczen oder latajniszen urszprungs, zo das man zi mit ajn bisśen fantazi lajśt erszlisen kan.

Kajne angst fór der čechišn špráche!

Fíle hábn angst fór der čechišn špráche, dá zý dýze zeltzáme šrift nicht kenen. Doch dýze angst ist unbegryndet. Myt ajn vényk íbung lernen auch dojče dý čechiše ortografí.

Кайне ангст фор дэр русишен шпрахе!

Филе хабен ангст фор дэр русишен шпрахе, да зи дизе зельтзаме шрифт нихт кэнен. Дох дизе ангст ист унбегрюндет. Ди кирилишен бухштабен айгнен зих аух дойче майст шнель ан.

---

1 Der „polnische“ Text ist eine Übernahme aus: *Auf nach Polen!* Vorbereitung einer deutsch-polnischen Jugendbegegnung. Hrsg. vom Deutsch-Polnischen Jugendwerk. Potsdam/ Warszawa 2002. Die übrigen Texte sind „nachgedichtet“.

2 Aus: *Auf nach Polen!* Vorbereitung einer deutsch-polnischen Jugendbegegnung. Hrsg. vom Deutsch-Polnischen Jugendwerk. Potsdam/ Warszawa 2002.

Кайне ангст фор дер украïнішен шпрахе!

Філє хабен ангст фор дер украïнішен шпрахе, да зі дізе зельтзаме шрифт ніхт кенен. Дох дізе ангст іст унбегрюндет. Ді кирилішен бухштабен айгнен зіх аух дойче майст шнель ан.

Aufgabe 2: Wie wird Ihr Tag?

BKS (Kroatisch)[3]

Ljubav: Uz podršku drage osobe sve će vam biti lakše odraditi, nego kada ste sami i bez dragih osoba u blizini. [...]
Posao: Shvatili ste da se i ovako posao može napraviti kvalitetno – što je jedino važno.
Zdravlje: Problem kojeg imate nije velik, ali bi vas moglo zaboljeti.
Savjet dana: Promjena će biti velika, stoga pazite kako se ponašate.

Polnisch[4]

Zmienne nastroje. Chwilami może ci się zdawać, że twój partner jest chodzącym ideałem, a za moment, że jest uosobieniem wszystkich wad. Pobądź przez chwilę sam na sam ze sobą. Jeśli istotnie uważasz, że trzeba skończyć tę znajomość, masz na to doskonały moment. Jeśli jednak dojdziesz do wniosku, że to naprawdę miłość, spodziewaj się rychłego ocieplenia!

Tschechisch[5]

Zelenou dejte všem partnerům. Pokud máte spolupracovníka, nechte rozhodování na něm a jenom se radujte, když bude na vlastní kůži poznávat, že šéfování není tak jednoduché.

Russisch[6]

Полагайтесь на логику. Множество поездок и перемещений, связи и заключение договоров с иностранными партнерами. Хорошее время для издательской деятельности, поступления в вуз, повышения квалификации. Гармоничное общение с близкими и любимыми на основе общности мировоззренческих и культурных взглядов. Хороший день для объяснений. Удачное время для комплексного обследования и постановки на его основе точного диагноза, разработки стратегии лечения и обозначения перспектив выздоровления.

---

3 aus: http://www.vecernji.hr/freetime/horoscope/aries/index.do (4.12.2007)
4 aus: http://www.efakt.pl/horoskopy/ (30.1.2009)
5 aus: http://www.denik.cz/horoskopy/ (4.12.2007)
6 aus: http://horo.aif.ru/horoscopes (4.12.2007)

Ukrainisch[7]

Тиждень принесе вам чимало приємних сюрпризів. Словом, того, на що ви не сподівалися. Розслабтеся (про роботу на деякий час можна забути) і насолоджуйтеся.
Несприятливих днів немає.

Aufgabe 3: Welchen Zeitungsartikel würden Sie gerne lesen?

Bosnisch

- Cijene na pumpama ostaju nepromijenjene
- Biometrijski pasoši od 1. jula?
- Za modernizaciju bolnica 50 miliona dolara
- Meryl Streep i Sean Penn najbolji glumci
- Niskoenergetska kuća, dugoročno isplativa opcija
- Kup kralja: Barcelona i Sevilla u polufinalu
- Najava nove generacije modela iz Ingolštata

Kroatisch

- Prva značajna Obamina pobjeda u Kongresu
- Liječnici utvrdili da je Oetzi ubijen strijelom
- Vezuv je velika opasnost za stanovnike napuljske regije
- Inter pobjegao Juventusu na šest bodova
- Njemački bend Kraftwerk dolazi u Zageb
- Drew Barrymore producira nove 'Charliejeve anđele'
- Armani nudi žensku modu za muškarce

Serbisch

- Русија није „тигар од папира“
- Луксуз социјалних станова
- Млеко за бебе повучено због сумњивог квалитета
- „Ajron mejden“ otvara hotel za rokere u Londonu
- Kupio MP3 sa vojnom tajnom
- Amerikanka koja je rodila osmorke već ima šestoro dece
- U parlamentu BiH radioaktivni materijal

[7] aus: http://www.expres.ua/horoscope (4.12.2007)

Polnisch

- Królowa popu przyjedzie do Polski
- Paryż w jeden dzień? To możliwe!
- Namiętne usta bez czerwonej szminki
- Kwatera Główna NATO zmieni się w więzienie?
- Najbogatsi nadal chcą latać w kosmos
- Wszystko o winie
- Skandal! Nasi zapaśnicy brali koks i ćpali

Tschechisch

- Kulturní šok českého turisty v Americe
- Monarchie nebo republika? Dilema pro novou Austrálii
- Ceny benzínu v Evropě působí problémy automobilistům
- John Lennon sponzoroval irské teroristy
- Zfalšované kreditní karty v Moskvě
- Bílý dům má novou atmosféru: teplíčko jako na Havaji a smí se i bez kravaty
- Deset Čechů se chystá na start bundesligy

Russisch

- Царская семья стала жертвой уголовников?
- Нанотехнологии в медицине: чем они опасны?
- В японском ресторане 7 человек отравились рыбой фугу
- Финал Лиги чемпионов-2011 пройдет на лондонском стадионе «Уэмбли»
- Старожилы Белого дома в шоке от Барака Обамы
- Диета зимой опасна для здоровья
- В Париже открылась неделя моды

Ukrainisch

- Чому Україні треба іти в Євросоюз
- Алкогольне лоббі розпадається
- Губернатора, який хотів продати крісло Обами, звільнили
- „Дакар-2010“ знову відбудеться у Південній Америці
- Принц Гаррі влип у новий скандал. Але він вже вибачився
- Де найкраща робота у світі?
- Нова книга з серії про Гаррі Поттера вже в продажу

IV Wortschatz

Die Wortschätze der slavischen Sprachen wurden und werden aus verschiedenen Quellen gespeist. Ein Teil der Wörter ist ererbt – aus dem Indogermanischen, dem Baltoslavischen[1], Urslavischen oder Gemeinslavischen –, ein anderer Teil ist aus verschiedenen Sprachen – anderen Slavinen, Deutsch, Französisch, Englisch, Turksprachen u. a. – entlehnt, wieder andere Wörter sind eigene Neubildungen. Wie groß die jeweiligen Anteile in einer Sprache sind, lässt sich allerdings nur annähernd angeben.

Gemeinhin gelten die slavischen Sprachen als „untereinander sehr ähnlich". Auffallende Ähnlichkeiten sind auch tatsächlich vorhanden, sie sollten jedoch nicht verallgemeinert und auch nicht überschätzt werden.[2] Keipert (2005, 41) liefert folgende Zusammenfassung:

> „die slavischen Sprachen [ähneln] sich vor allem in ihrer grammatischen (morphologischen) Struktur und im *Grund*wortschatz sehr [...], während ihre *Ausbau*- oder *Kultur*wortschätze wegen sehr unterschiedlicher Entwicklungsbedingungen z. T. stark divergieren". (kursiv Orig.)

So weisen z. B. gerade **Serbisch** und **Kroatisch** eine „deutlich verschieden ausgebaute Kultur- und Zivilisationsterminologie" auf (ebd., 48), und auch das **Bosnische** sucht in dieser Hinsicht seit einigen Jahren einen individuellen Weg.

Während sich also die slavischen Sprachen „unten" (d. h. im Grundwortschatz) ähneln, unterscheiden sie sich „oben". Bei den romanischen Sprachen verhält es sich genau andersherum. Als Gründe nennt Keipert zwei gegenläufige Tendenzen in der Geschichte des Slavischen bzw. in der Geschichte der Slavinen:

1. Einer ausgesprochen langsamen, konservativen Veränderung der lautlich-grammatischen Strukturen des Slavischen (die die Rekonstruktion des Urslavischen, sogar des Baltoslavischen möglich machte)

stand

2. die späte Entstehung der einzelnen Schriftsprachen (im 18. und 19. Jahrhundert) gegenüber – wobei für jede slavische Sprachgemeinschaft andere (kulturelle, sozialpolitische) Bedingungen galten.

1 Panslavischer Wortschatz

Unter dem Ausdruck *panslavischer Wortschatz* (< grch. *pan*- ‚alle') werden diejenigen Wörter verstanden, die in *allen* slavischen Sprachen vorhanden sind. Diese Wörter werden als „ererbt" bezeichnet, wobei dieses Erbe auf unterschiedliche Quellen zurückgeführt werden kann (*siehe unten*). Carius/ Eichler (2002, 848)

---

1 Ob der Ausdruck „baltoslavische Spracheinheit" gerechtfertigt ist, ist (noch immer – oder wieder?) umstritten. Vgl. z. B. Townsend/Janda (2002, 34), die sich in dieser Frage übrigens nicht festlegen.

2 Vgl. auch Townsend/Janda (2002, 22).

bezeichnen den Anteil gemeinslavischer ererbter Lexik etwas unscharf als „zahlenmäßig groß".

In Anlehnung an Klein/Stegmann (2000, 37) können – aus praktischen, auf die Interkomprehension bezogenen Erwägungen heraus – unter *panslavisch* auch diejenigen Wörter gefasst werden, die zwar nicht in allen, aber in mindestens fünf slavischen Sprachen zu finden sind.

Natürlich haben diese Wörter (oder Formen) im Laufe der Zeit ihr „Aussehen" verändert. Da aber solche Lautwandelprozesse häufig systematisch, „gesetzmäßig" ablaufen, sollten in Kenntnis dieser Lautgesetze („Gesetz" ist als Metapher zu verstehen) verwandte Wörter wie z. B.

bks. *glava* **poln.** *głowa* **tsch.** *hlava* **russ.** *голова́* **ukr.** *голова́* **dt.** ‚Kopf'

eigentlich ohne größere Probleme erschließbar sein.

Die Behandlung des „panslavischen Wortschatzes" ist also im Grunde nicht zu trennen von den historischen Lautwandelprozessen, deren Ergebnisse sich in den einzelnen Slavinen widerspiegeln. Diese Lautentsprechungen werden im nächsten Kapitel näher erläutert und mit weiterem panslavischem Wortmaterial illustriert.

Eine Zusammenstellung *Der panslavische Wortschatz* bietet A. Angelov auf der Web-Site http://www.eurocomslav.de/kurs/pwslav.htm (17.3.2009).

Historische Entwicklung der Wortschätze

Die ältesten ererbten lexikalischen Einheiten, die sich in den slavischen Sprachen finden, stammen aus dem *Indogermanischen*, von dem man annimmt, das es bis ca. 3500 oder 2500 v. Chr. gesprochen wurde. Aus dem Indogermanischen (wie immer es ausgesehen haben mag) entstand vermutlich[3] die so genannte *baltoslavische Spracheinheit*, die wohl bis etwa 500 v. Chr., bis zur Herausbildung des *Urslavischen* (und eines baltischen Zweigs) existierte. Das Urslavische gilt als „Mutter" der heutigen slavischen Einzelsprachen und wird in der Regel auf den Zeitraum von 500 v. Chr. bis 500 n. Chr.[4] datiert. In der darauf folgenden *gemeinslavischen* Zeit setzt sich die einzelsprachliche (Auseinander-)Entwicklung fort.

Die slavischen Sprachen enthalten also lexikalisches Erbgut aus verschiedenen Schichten:

- Indogermanisch
- Baltoslavisch
- Urslavisch
- Gemeinslavisch.

---

[3] Siehe aber S. 43, Fn. 1.

[4] Die Zeitangaben in der Literatur liegen zum Teil um einige Jahrhunderte auseinander. Für einige Sprachforscher ist der Beginn der urslavischen Periode um 400 v. Chr. zu sehen, für andere endet sie um 800 n. Chr. Der Grund hierfür ist auf der *Bezeichnungsebene* zu suchen. Über die den jeweiligen Perioden zugrunde liegenden sprachlichen Merkmale herrscht dagegen weitgehend Einigkeit.

Innerhalb dieses slavischen Erbgutes gibt es wiederum Gemeinsamkeiten mit dem Germanischen, dem Italischen (d. h. den romanischen Sprachen), dem Iranischen u. a. m.

Die indogermanischen, baltoslavischen oder urslavischen Einheiten sind nicht durch Schriftdenkmäler belegt, sondern wurden im Rahmen historisch-vergleichender Untersuchungen rekonstruiert und werden mit einem Asterisk (*) markiert. Die ältesten Belege finden sich in den Texten der ersten slavischen Schriftsprache – dem → Altkirchenslavischen.

Insbesondere in den Bereichen, die allgemein zu den ältesten Gruppen des Wortschatzes gerechnet werden, weisen die slavischen Sprachen bis heute einen vergleichsweise hohen Anteil an gemeinslavischen Wörtern auf (die allerdings nicht immer dieselbe Bedeutung haben). Insbesondere sind dies die Bereiche:[5]

- Körperteile
- Pflanzen
- Tiere
- Verwandtschaftsbezeichnungen.

Die nachfolgende Übersicht listet einige panslavische Wörter im Vergleich mit dem Urslavischen und dem Altkirchenslavischen (AKS) auf:

Urslav.	AKS	BKS	Poln.	Tschech.	Russisch	Ukrain.	Deutsch
*bogъ	bogъ	bog	bóg	bůh	бог	бог	Gott
*brat(r)ъ	bratrъ	brat	brat	bratr	брат	брат	Bruder
*čelověkъ	č(e)lověkъ	čov(j)ek	człowiek	člověk	человéк	чоловíк[6]	(Mensch)
*dъkti	dъšti	kćerka	córka	dcera	дочь	дóчка	Tochter
*golsъ	glasъ	glas	głos	hlas	гóлос	гóлос	Stimme
*golva	glava	glava	głowa	hlava	головá	головá	Kopf
*kupiti	kupiti	kupiti	kupić	koupit	купи́ть	купи́ти	kaufen
*mati	mati	mati[7]	matka	matka	мать	мáти	Mutter
*noga	noga	noga	noga[8]	noha	ногá	ногá	Fuß/Bein
*nosъ	nosъ	nos	nos	nos	нос	ніс	Nase
*otьcь	otьcь	otac	ojciec	otec	отéц	отéць[9]	Vater
*rěka	rěka	rijeka reka	rzeka	řeka	рекá	рікá	Fluss
*rǫka	rǫka	ruka	ręka	ruka	рукá	рукá	Hand/Arm
*sestra	sestra	sestra	siostra	sestra	сестрá	сестрá	Schwester
*vъnukъ	vънукъ	unuk	wnuk	vnuk	внук	онýк	Enkel

[5] Carius/ Eichler (2002, 848).
[6] Im **Ukrainischen** mit der Bedeutung ‚(Ehe-)Mann'.
[7] Neben **bks.** *majka*.
[8] Im **Poln.** nur in der Bedeutung ‚Bein'.
[9] Verwendung nur in kirchlich-religiösen Kontexten. Die **ukr.** Verwandtschaftsbezeichnung für ‚Vater' lautet *бáтько*.

Aus dem Indogermanischen ererbt sind:[10]

- **nosъ* (vgl. ahdt. *nasa*), **dъkti* (vgl. ai. *duhitár*, idg. **dhughətḗr*), **otьcь* (vgl. got. *atta*), **bratrъ* (vgl. ai. *bhrāta*), **mati* (vgl. lat. *mater*)

Aus dem Baltoslavischen ererbt sind:

- **golva* (vgl. lit. *galvà*), **noga* (vgl. lit. *nagà*), **rǫka* (vgl. lit. *rankà*)

Zum urslavischen Erbe gehören:

- **rěka*, **golsъ*, **vъnukъ*, **čelověkъ*

Aus dem Iranischen stammt vermutlich:

- **bogъ* (< *baga*)

Aus dem Germanischen stammt:

- **kupiti* (got. *kaupon*)

Bedeutungsunterschiede

Dass manche Wörter in den slavischen Sprachen einen gemeinsamen Ursprung haben, bedeutet nicht automatisch, dass sie auch heute noch gemeinsame Bedeutungen aufweisen. In einigen Fällen haben sich interslavische *faux amis* entwickelt (*siehe unten*).

Pan-Ost-, -West- und -Südslavische Wörter

Auch innerhalb der Gruppen Ost-, West- und Südslavisch haben sich lexikalische Gemeinsamkeiten bzw. Besonderheiten herausgebildet. Ebenso zeigt jede einzelne Slavine individuell-slavische Züge. Zuverlässige Beispiele sind jedoch nicht leicht zu finden. Von den in Panzer 1991 genannten konnten die wenigsten von MuttersprachlerInnen bestätigt werden. Nur **russisch** ist offenbar *разбéг* ‚Anlauf', *зарплáта* (Abkürzung aus *зáработная плáта*) ‚Lohn, Gehalt', *брóсить* ‚werfen, schmeißen' oder *покá* ‚während, solange'. Nur im **Ukrainischen** gibt es *смýга* für ‚Strich'. ‚Theater' lautet *kazalište* nur im **Kroatischen** und *pozorište* nur im **Serbischen** (neben *teatar*).

2 Kulturwortschätze

Es ist tatsächlich sehr schwierig, allein für unsere fünf Slavinen „ähnlich aussehende" Kulturwörter zu finden, ohne dass nicht mindestens eine Sprache „abwei-

[10] Die Ermittlung von Wortetymologien ist mühsam, und die Ergebnisse sind oftmals nicht eindeutig oder führen nicht zu direkten Aussagen der Art *Das Wort x geht auf die Form y* zurück. In den – schwer lesbaren, weil stark komprimierten – Artikeln etymologischer Wörterbücher werden keine abgeschlossenen „Wort-Geschichten" erzählt, sondern meist nur Aufzählungen verwandter (oder als verwandt angenommener) Formen bzw. Wörter sowie die entsprechenden Quellenangaben geliefert; die daraus zu ziehenden Schlüsse bleiben den LeserInnen überlassen.

chen" würde. Die folgende Auswahl von Wörtern, bei denen panslavische Erschließungsversuche ganz oder teilweise (je nach „Vergleichspaar") fehlschlagen können, vermittelt einen Eindruck von diesen Unterschieden.

Deutsch	BKS	Polnisch	Tschech.	Russisch	Ukrainisch
Arzt	kr. liječnik sr. ljekar	lekarz	lékař	врач	лікар
Bahnhof	kr. kolodvor sr. stanica	dworzec	nádraží	вокзáл	вокзáл
Bleistift	olovka	ołówek	tužka	карандáш	олівéць
Entscheidung Entschluss	odluka	decyzja	odhodlání	решéние	рішення
Errungenschaft	dostignuće	zdobycz; osiągnięcie	vymoženost	достижéние	досягнення
Erzählung	priča	opowiadanie	povídka litwiss.	расскáз	оповідáння
Fabel	fabula	bajka	bajka litwiss.	бáсня	бáсня
Fabrik	fabrika; tvornica	fabryka	závod; fabrika; továrna; podnik	завóд; фáбрика	завóд; фáбрика
Flugzeug	kr. zrakoplov avion	samolot	letadlo	самолёт	літáк
Gebäude, Bau	zgrada	budynek; gmach	budova	здáние	будúнок
Gedicht	pjesma pesma	wiersz	báseň	стихотворé- ние	вірш
Gefängnis	zatvor	więzienie	vězení	тюрьмá	в'язнúця
Gesetz	zakon	jur. ustawa wiss. reguła	zákon	закóн	закóн
Inhalt	sadržaj	treść	obsah	содержáние	зміст
Kellner	kr. poslužitelj konobar	kelner	číšník	официáнт	офіціáнт
Kindergarten	dječiji (dečiji) vrtić	przedszkole	mateřská škol(k)a	дéтский сад; детсáд	дитячий садóк; дитсадóк
Märchen	bajka	baśń; bajka	pohádka	скáзка	кáзка
Maschine	mašina; stroj	maszyna	stroj	машúна	машúна
modern	moderan, -rni	nowoczesny	moderní	совремéнный	сучáсний
Musik	kr. glazba sr. muzika	muzyka	hudba	мýзыка	мýзика
Nachricht	vijest vest	wiadomość	zpráva	нóвость	новинá

Deutsch	BKS	Polnisch	Tschech.	Russisch	Ukrainisch
natürlich (adj)	kr. naravan prirodan	naturalny	samozřejmě	естéственный	прирóдний натурáльний
Papier	kr. papir; hartija	kartka; papier	papír	бумáга	папíр
Regierung	vlada	rząd	vláda	прави́тель-ство	ýряд
Richtung	kr. pravac smjer	kierunek	směr	направлéние	нáпрямок
Satz (gramm.)	rečenica	zdanie	věta	предложéние	рéчення
SchauspielerIn	glumac glumica	aktor aktorka	herec herečka	актёр актри́са	актóр актóрка
Schuh(e)	cipela, Pl. cipele	but, -y; obuwie (koll.)	bota	боти́нок; башмáк; тýфля; Pl. (koll.) óбувь	череви́к; тýфля; (koll.) взуття́
Staat	država	państwo	stát	госудáрство; держáва	держáва
Stunde	bs. sahat, sat kr. sat sr. čas	godzina	hodina	час	годи́на
suchen	tražiti	szukać	hledat	искáть	шукáти
Suppe	kr. juha supa / čorba	zupa	polévka	суп	суп
Theater	kr. kazalište sr. pozorište; teatar	teatr	divadlo	теáтр	теáтр
(Zsm.-)Treffen	sastanak	spotkanie	schůzka	встрéча	зýстріч
übersétzen	prevesti / prevoditi	(prze)tłumaczyć	překládat	переводи́ть	перекладáти
Urlaub	odmor	urlop	dovolená	óтпуск	відпýстка
Vergangenheit	prošlost	przeszłość	minulost	прóшлое	минýле
verhaften	(u)hapsiti	(za)aresztować	zatýkat	арестовáть	арештувáти
Woche	bs. sedmica kr. tjedan sr. ned(j)elja; sedmica	tydzień	týden	недéля	ти́ждень
Wohnung	stan	mieszkanie	byt	кварти́ра	кварти́ра
Zeitung	novine Pl.	gazeta; dziennik	noviny Pl.	газéта	газéта
Zug	kr. vlak sr. voz	pociąg	vlak	пóезд	пóтяг; пóїзд

3 Internationaler Wortschatz

In der Interkomprehension werden Internationalismen als sehr nützlich für die Texterschließung, aber auch für den Erwerb von Mehrsprachigkeit angesehen, denn sie

- „können die Alltagskommunikation zwischen Menschen verschiedener Herkunftssprachen erleichtern
- haben im Hinblick auf den Fremdsprachenunterricht einen multiplizierten Gebrauchswert
- geben Aufschluss über sprachgeschichtliche und kulturelle Kontaktvorgänge und Kontaktergebnisse in Europa
- können als Wortschätze einer möglichen europäischen Integration betrachtet werden“ (Braun 2003, 239).

Was genau unter „Internationalismus“ zu verstehen ist, ist im Übrigen nicht einheitlich definiert. Eine mögliche Definition findet sich in Volmert (1996, 220) (– und kritische Anmerkungen dazu in Volmert 2003):

> „Unter ‚Internationalismus‘ versteht man ein Wort, das mit gleicher oder ähnlicher Ausdrucksseite und mit gleicher oder ähnlicher Bedeutung in verschiedenen Sprachen verbreitet und meist ohne Übersetzung spontan verständlich ist.“

Internationalismen im Slavischen

Wörter, die international sind, in vielen, vielleicht in allen Sprachen gleich oder ähnlich sind, müssen auch beim Lesen eines fremdsprachlichen Textes eigentlich nicht nachgeschlagen werden. Das klingt nach einem bequemen Einstieg in die (mehr oder weniger) unbekannte Sprache – und tatsächlich erweisen sich internationale Wörter bzw. Einheiten (Internationalismen) als nützlich, wenn es um das Erschließen, das möglichst „erfolgreiche Raten“ geht. Sie erleichtern den Zugang zu unbekannten Sprachen und Texten nicht zuletzt dadurch, dass sich mit ihrer Hilfe (an ihrem Beispiel) sehr gut die (ortho-)grafischen und orthoepischen Besonderheiten der jeweiligen Zielsprache veranschaulichen lassen.

EuroCom*Slav* bietet online eine von Iskra Likomanova (Sofja) erstellte Tabelle mit ca. 300 Internationalismen-Einträgen pro Sprache (Bulgarisch, Makedonisch, **BKS**, **Tschechisch**, **Polnisch**, **Ukrainisch**, Belarussisch, Slovenisch, Slovakisch und **Russisch**). Dabei soll es sich exemplarisch um diejenigen Internationalismen handeln, „die zu den 3000 in der Alltagskonversation am häufigsten gebrauchten Wörtern gehören. 71 % der angeführten Wörter kommen in allen slawischen Sprachen vor“ (Zybatow 2005, http://www.eurocomslav.de). Siehe http://www.eurocomslav.de/kurs/iwslav.htm (17.3.2009).

Nachfolgend einige Internationalismen (und kursiv: „*Nationalismen*“) in unseren fünf Slavinen im Vergleich.

Deutsch	BKS	Polnisch	Tschechisch	Russisch	Ukrainisch
Anwalt (Rechtsanwalt)	kr. *odvjetnik* sr. advokat	adwokat	advokát	адвока́т	адвока́т
Aggression	agresija	agresja	agrese	агре́ссия	агре́сія
Analyse	analiza	analiza	analýza	ана́лиз	ана́ліз
Apotheke	apoteka kr. *ljekarna*	apteka	*lékárna*	апте́ка	апте́ка
Computer	kompjuter	komputer	computer	компью́тер	комп'ю́тер
Demokratie	demokratija	demokracja	demokracie	демокра́тия	демокра́тія
Film	film	film	film	фильм	фільм
Geschichte (Geschichtswiss.)	bs. historija kr. *povijest* sr. (h)istorija	historia	historie	исто́рия	істо́рія
Grammatik	gramatika	gramátyka	gramatika	грамма́тика	грама́тика
Internet	internet	Internet[11]	internet	Интерне́т[12]	інтерне́т
Krise	kriza	kryzys	krize	кри́зис	кри́за
Minute	minuta	minuta	minuta	мину́та	*хвили́на*
Mode	moda	moda	móda	мо́да	мода
Mythos	mit	mit	mýtus	миф	міф neben neuerem мит
Problem	problem	problem	problém	пробле́ма	пробле́ма
Programm	program	program	program	програ́мма	програ́ма
Roman	roman	*powieść*	román	рома́н	рома́н
Symbol	simvol	symbol	symbol	си́мвол	си́мвол
Theorie	teorija	teoria	teorie	тео́рия	тео́рія

Aufgabe 1: Können Sie anhand dieser Beispiele bereits Aussagen zur Orthografie „Ihrer“ Lesekurs-Slavine machen?

Aufgabe 2: Was fällt Ihnen auf in Bezug auf Morphologie und Wortbildung?

Aufgabe 3: Sie sind in einer fremden Stadt. Finden Sie sich vor Ort zurecht? Wohin führen Sie die nachfolgenden „Schilder“?[13]

---

11 Im **Polnischen** werden zwei normierte Schreibweisen unterschieden: Großschreibung *Internet* zur Bezeichnung des globalen Netzes, Kleinschreibung *internet* für einen Teil des weltweiten Netzes.

12 Die gegenwärtige **russ.** Norm sieht hier tatsächlich Großschreibung vor – was aber wohl die Mehrheit der SprecherInnen in der Schreib-Praxis ignoriert ...

13 Die **polnischen** Beispiele sind dem Lehrbuch *Spotkania* von A. Kötgen (München 2001) entnommen. Die **ukrainischen** stammen aus Olshevska 2008. Alle übrigen sind eigene Übertragungen.

In Bosnien / Kroatien

Biblioteka	kino	***telefon***
toalet	**centar**	Turističke informacije
WC	Univerzitet	RESTORAN
Pošta	**Apoteka**	**taksi**
Hotel Forum	**frizer**	**kiosk**

In Serbien

Teatar	**Bioskop**
Театар	**Биоскоп**

In Polen

BIBLIOTEKA	**kino „ZODIAK“**	**INFORMACJA TURYSTYCZNA**
TOALETY	**CENTRUM**	**RESTAURACJA**
Poczta	**Apteka**	**BANK**
UNIWERSYTET	**Kasa biletowa**	**TAXI**
HOTEL „forum“	**Fryzjer**	**KIOSK**
Telefon	**SZPITAL**	**TEATR**

In Tschechien

Telefon	**Kino „Svět“**	Informace
Muzeum	**Centrum**	**RESTAURACE**
Pošta	**Metro**	BANKA
Univerzita	Tramvaj	**Taxi**
Hotel „Forum“	**Kavárna**	

In Russland

МЕТРО	*Мебель*	Аптека
Кафе	Библиотека	**Почта**
Такси	Туалеты	ТЕЛЕФОН
Информация	**Университет**	Парикмахерская
СУПЕРМАРКЕТ	Кино	Продукты

In der Ukraine

Бібліотека	Радіо/Телевізори	**Інформація**
Туалет	*Сувеніри*	Туристичне бюро
Газети	**Кіоск**	Проспект Шевченка
Пошта	**Медпункт**	**Ліфт**
Університет	Міліція	Ресторан
Готель „Київ”	Театр опери і балету	Буфет
Фотоательє	**Кінотеатр „Сатурн”**	***Парк культури***
Кафе „Львів”	***Телефон***	**Таксі**

Internationale Präfixe / „Eurofixe“

Nicht nur Wörter sind international, sondern auch einzelne Wortbestandteile wie die Präfixe[14] *anti-*, *hyper-*, *kontra-*, *mega-* oder die Suffixe *-ismus*, *-ier(en)*, *-ation* sind – mit entsprechenden phonetischen und grafischen Anpassungen – in einer Vielzahl von Sprachen verbreitet (und ihre Zahl steigt). In der Methode EuroCom werden diese Einheiten als „Eurofixe“ bezeichnet und durch ein separates Sieb „aufgefangen“ (*siehe oben*).

Die Interkomprehensionstechnik macht sich die Tatsache zunutze, dass mithilfe einer begrenzten Anzahl von Affixen (ca. einige Dutzend je Sprache) eine sehr große Zahl von Wörtern gebildet wurde bzw. gebildet werden kann, deren Bedeutung dann im Idealfall über das Erkennen von Präfix / Suffix und / oder Wurzel erschließbar ist.

Bei Verbindungen mit entlehnten Affixen dürfte dies gut funktionieren, das Erraten einheimischer Affixe kann sich dagegen nicht zuletzt wegen der Polysemie oder Homonymie (auch interslavisch) vieler dieser Einheiten als schwierig bis unmöglich erweisen.

Entlehnte Affixe (vor allem wohl Präfixe) wie

- **bks.** *anti-*, **poln.** *anty-*, **tsch.** *anti-* **russ.** *anti-*, **ukr.** *anty-* usw.
- **bks.** *-metar*, **poln.** *-metr*, **russ.** *-metr* usw.

sind für SprecherInnen westlicher Sprachen intuitiv verständlich, vorausgesetzt, die Wortformen werden richtig segmentiert und die Bestandteile Präfix, Wurzel, Suffix als solche erkannt.

Nachfolgend ein Vergleich internationaler Präfixe im Slavischen – für die es zum Teil aber auch einzelsprachliche, slavische Synonyme (Präfixe und andere Ausdrucksmittel) gibt:

---

14 Zur (nicht unproblematischen) Klassifikation von Präfixen siehe auch S. 228, Fn. 21.

Deutsch	BKS	Polnisch	Tschechisch	Russisch	Ukrainisch
anti-	anti- protiv-	anty- przeciw-	anti- proti-	анти- противо-	анти- проти-
de-	de-	de-	de-	де-	де-
dia-	dija-	dia-	dia-	диа-	діа-
ex-	eks- (bivši)	eks- (były)	ex- (bývalý)	экс- (бы́вший)	екс- (коли́шній)
hyper-	hiper- nad- (nat-)	hiper- nad-	hyper- nad-	гипер- сверх-	гіпер- над-
hypo-	hipo-	hipo-	hypo-	гипо-, ипо-	гіпо-
inter-	inter- među-	inter- między-	inter- mezi-	интер- между-	інтер- між-
mega-	mega-	mega-	mega-	мега-	мега-
multi-	multi- mnogo-	multi- wielo-	multi- mnoho- více-	мульти- мно́го-	мульті- бага́то-
para-	para-	para-	para-	пара-	пара-
poly-	poli-	poli-	poly-	поли-	полі-
pro-	pro-	pro-	pro- za- na-	про-	про-
super-	super-	super-	super-	супер-	супер-
tele-	tele-	tele-	tele-	теле-	теле-
trans-	trans-	trans-	trans-	транс-	транс-

Zu slavischen Affixen (Präfixen und Suffixen) vgl. Kapitel *VIII Wortbildung*.

Zur Internationalität von *Internationalismus*

Internationalismen sind sicher sehr hilfreich beim „optimierten Erschließen" eines fremdsprachigen Textes. Sie werden aber nicht von allen gleichermaßen als positiv und nützlich bewertet. Das Thema hat enge Berührungspunkte mit den Bereichen *Sprachpflege, Purismus, Sprachpolitik* usw. Als eher puristisch gilt zum Beispiel das **Kroatische** (im Unterschied zum **Serbischen**). Zwar gibt es dort auch den Ausdruck *internacionalizam*, daneben existiert aber auch als **kroatische** Version *međunarodnica*.

4 Falsche Freunde

Falsche Freunde, die so genannten *faux amis*, sind zwischensprachliche Paronyme, d. h. Wörter mit gleicher oder ähnlicher Ausdrucksseite, aber unterschiedlichen Inhalten, die Fremdsprachenlernende und Übersetzer auf falsche Fährten locken. Die Kenntnis dieser „Fieslinge" kann hilfreich sein für die Fehlerprophylaxe.

Falsche internationale Freunde

Internationalismen sollen ja „meist ohne Übersetzung spontan verständlich"[15] sein, aber auch sie können ihre Tücken haben. Beispielsweise lautet das Wort für ‚Armee' **bks.** *armija*, **poln.** *armia*, **russ.** *армия*, **ukr.** *áрмія*, aber **tsch.** *armáda*.

Im Übrigen bedeutet das Erkennen und Verstehen von Internationalismen nicht automatisch, dass einzelsprachliche Varianten problemlos gegeneinander ausgetauscht, d. h. auf diese Weise *übersetzt* werden können. So ist zwar **russ.** *istorija* vor dem Hintergrund von dt. *Historie, historisch* verständlich, das deutsche Äquivalent aber lautet in der Regel *Geschichte*. Und **serbisch** *(politička) tranzicija* wäre nicht **Transition*, sondern *Übergang*.

Falsche slavische Freunde

Ein „Thema für sich" stellen die zahlreichen falschen Freunde dar, die sich zwischen den hier behandelten fünf (und den übrigen) Slavinen finden. Wenn Jan aus Warszawa seinen Freund Pavel aus Praha im *kwiecień* ‚April' besuchen will, wird er vielleicht vor verschlossener Tür stehen, weil Pavel ihn erst einen Monat später erwartet. Wenn Ivo aus Zagreb etwas *brzo* macht, macht er es ‚schnell', Pavel lässt sich mit **tsch.** *brzy* ‚bald' etwas mehr Zeit. Die **russische** Bestellung *закáз* ist im **Tschechischen** ein Verbot (*zákaz*), **Russen** und **Ukrainer** können mit **russ.** *кит* (*kit*) ‚Wal' und **ukr.** *кіт* (*kit*) ‚Katze' wunderbar aneinander vorbeireden, und die **Polen** wundern sich, warum die **Tschechen** ihr Bierchen im Keller trinken (**poln.** *piwnica* ‚Keller' (**tsch.** *sklep* ‚Keller', **poln.** *sklep* dagegen ‚Geschäft') – **tsch.** *pivnice* ‚Bierstube' (**poln.** *piwiarnia* ‚Bierstube')).

Wie verwirrend die Bedeutungsunterschiede sein können, zeigt diese Übersicht:

- russ. *čelovék* ‚Mensch' – ukr. *čolovík* ‚Ehemann' (vs. *ljudýna* ‚Mensch')
- russ. *reč'* ‚Rede' – ukr. *rič* ‚Ding, Sache' (vs. *mova* ‚Rede')
- russ. *vlast'* ‚Macht' – tsch. *vlast* ‚Heimat' (vs. *moc* ‚Macht')
- russ. *ródina* ‚Heimat' – tsch. *rodina* ‚Familie' (vs. *vlast* ‚Heimat')
- russ. *vrag* ‚Feind' – kr. *vrag* ‚Teufel, Dämon' (vs. *neprijatelj* ‚Feind')
- russ. *zapominát' / zapómnit'* ‚sich etw. merken, im Gedächtnis behalten' – poln. *zapominać / zapomnieć* ‚vergessen'

Zahlreiche weitere falsche slavische Freunde findet man online unter http://de.wikibooks.org/wiki/Falsche_Freunde_des_Slavisten (deutschsprachige Startseite des mehrsprachigen, internationalen Wikibooks *False Friends of the Slavist*.) – und einige Anekdoten zum Thema in unserem Kapitel *X Zum Schluss*.

[15] Vgl. Volmert (2003, 36).

5 Grundwortschatz

Nicht alle Wörter eines Textes können mithilfe der Interkomprehensionstechnik erschlossen werden, d. h., ganz ohne Nachschlagen im Wörterbuch wird es also nicht gehen. Verständnisprobleme verursachen meist „kleine“, aber frequente Wörter wie Pronomen, Adverbien, Konjunktionen oder Präpositionen, die wir in Auswahl – neben häufigen Substantiven, Verben, Adjektiven u. a. m. – als vergleichende Vokabellisten (ca. 500 Einheiten pro Sprache) zusammengestellt haben. (Die verschiedenen Pronomen sind ausführlicher im Kapitel *VI Morphologie* aufgeführt.) Wir empfehlen Ihnen, die Wortlisten, auch wenn es unbequem ist, wenigstens einmal zu *lesen* und diese Wörter nach Möglichkeit auswendig zu lernen.

Weitere vergleichende Wortlisten finden Sie passim (z. B. im Kapitel *V Lautentsprechungen*, Abschnitt 21).

Substantive

Die hier aufgeführten Substantive sind thematisch geordnet:

- Auswahl aus dem Grundwortschatz (20 Einheiten)
- Verwandtschafts- und Personenbezeichnungen
- Körperteile
- Wochentage
- Monatsnamen
- Jahreszeiten
- Himmelsrichtungen
- Feiertage

Auswahl aus dem Grundwortschatz (20 Einheiten)

Deutsch	BKS	Polnisch	Tschechisch	Russisch	Ukrainisch
Arbeit	rad; posao	praca	práce	рабо́та	робо́та
Brief	pismo; list	list	dopis	письмо́	лист
Brot	kr. kruh sr. hljeb	chleb	chléb	хлеб	хліб
Buch	knjiga	książka	kniha	кни́га	кни́га
Fenster	prozor	okno	okno	окно́	вікно́
Feuer	vatra	ogień	oheň	ого́нь	housing
Gebäude	zgrada	budynek	budova	зда́ние	буди́нок
Geld	novac	pieniądze Pl.	peníze Pl.	де́ньги Pl.	гро́ші Pl.
Geschäft (Laden)	prodavnica kr. a. dućan	sklep	obchod	магази́н	магази́н
Glück	sreća	szczęście	štěstí	сча́стье	ща́стя
Haus	kuća	dom	dům	дом	дім

Deutsch	BKS	Polnisch	Tschechisch	Russisch	Ukrainisch
Kraft	snaga	siła	síla	си́ла	си́ла
Land	zemlja	kraj	země	земля́	земля́
Leben	život	życie	život	жизнь	життя́
Luft	kr. zrak sr. vazduh	powietrze	vzduch	во́здух	пові́тря
Musik	kr. glazba sr. muzika	muzyka	hudba	му́зыка	му́зика
Ort	mjesto mesto	miejsce	místo	место́	мі́сце
Staat	država	państwo	stát	госуда́рство; держа́ва	краї́на; держа́ва
Stadt	grad	miasto	město	го́род	мі́сто
Tür	vrata	drzwi Pl.	dveře Pl.	дверь	две́рі Pl.
Verkehr	kr. promet sr. saobraćaj	ruch	doprava	движе́ние	рух
Weg	cesta; put	droga	cesta; silnice	доро́га	доро́га
Wort	riječ reč[16]	słowo	slovo	сло́во	сло́во
Zeit	vrijeme vreme	czas	čas	вре́мя	час

Verwandtschafts- und Personenbezeichnungen

Deutsch	BKS	Polnisch	Tschechisch	Russisch	Ukrainisch
Mensch	čovjek, čovek	człowiek	člověk	челове́к	люди́на
Familie	kr. obitelj bs., sr. familija; porodica	rodzina	rodina	семья́	роди́на
Mutter; Mama	majka / mati mama	matka mama	matka máma	мать ма́ма	ма́ти ма́ма
Vater; Papa	otac tata, bs. babo	ojciec tata, tato	otec táta	оте́ц па́па	ба́тько та́то
Eltern	roditelji	rodzice	rodiče	роди́тели	батьки́
Tochter	kći; kćerka	córka	dcera	дочь	дочка́
Sohn	sin	syn	syn	сын	син
Kind	dijete dete	dziecko	dítě	ребёнок Pl. де́ти	дити́на
Schwester	sestra	siostra	sestra	сестра́	сестра́
Bruder	brat	brat	bratr	брат	брат

[16] **Bks.** *slovo* bedeutet ‚Buchstabe'.

Deutsch	BKS	Polnisch	Tschechisch	Russisch	Ukrainisch
Geschwister / Brüder und Schwestern	braća i sestre	rodzeństwo	sourozenci	бра́тья и сёстры	брати́ і сестри́
Großmutter; Oma	bs. nena kr. baka sr. baka, baba	babka; babcia	babička	ба́бушка; ба́бка; бабу́ля	бабу́ся; ба́бця
Großvater, Opa	djed; ded	dziadek	dědeček	де́душка; дед	діду́сь; дід
Enkelin	unuka	wnuczka	vnučka	вну́чка	ону́ка
Enkel	unuk	wnuk; wnuczek	vnuk	внук	ону́к
Tante	tetka; strina; bs. ujna; daidžinica[17]	ciotka; ciocia	teta	тётя	ті́тка
Onkel Bruder der Mutter	kr., sr. ujak bs. daidža	wuj; wujek	strýc	дя́дя	дя́дько
Onkel Bruder des Vaters	kr., sr.stric bs. amidža	wuj; wujek; stryj regional; stryjek			
Nichte Tochter der Schwester	sestrična	siostrzenica	neteř	племя́нница	небо́жа; племі́нниця
Nichte Tochter des Bruders	bratična	bratanica			
Neffe Sohn der Schwester	bs. amidžić sestrić	siostrzeniec	synovec	племя́нник	не́біж; племі́нник
Neffe Sohn des Bruders	bratić; stričević	bratanek			
Cousine (Kusine)	tetišna	kuzynka	sestřenice	кузи́на	двою́рідна сестра́
Cousin	tetić; stričević	kuzyn	bratranec	кузе́н	двою́рідний брат
Ehefrau	žena; supruga	żona; małżonka	manželka	жена́; супру́га	дружи́на
Ehemann	muž; suprug	mąż; małżonek	manžel	муж; супру́г	чолові́к

17 Ehefrau des Bruders der Mutter.

Deutsch	BKS	Polnisch	Tschechisch	Russisch	Ukrainisch
Schwieger-mutter	svekrva kr. punica sr. tašta	teściowa	tchýně	тёща; свекрóвь	тéща (Mutter der Frau); свекрýха (Mutter des Mannes)
Schwieger-vater	svekar kr. punac sr. tast	teść	tchán	тесть; свёкор	тесть (Vater der Frau); свéкор (Vater des Mannes)
Schwieger-eltern	svekar i svekrva; punac i punica; sr. tast i tašta	teściowie	tchýně a tchán	роди́тели жены́ / мýжа	тесть і тéща; свéкор і свекрýха[18]; свéкри
Schwieger-tochter	snaha sr. snaja	synowa	snacha	невéстка; снохá	невíстка
Schwieger-sohn	zet	zięć	zeť	зять	зять
Patenonkel	kum	(ojciec) chrzestny[19]	kmotr	крёстный (отец)	хрещéний бáтько
Patentante	kuma	(matka) chrzestna	kmotra	крёстная (мать)	хрещéна мáти
Schwägerin	sestra supruge; sestra moje žene; svastik; sestra supruga; zaova; jetrva	szwagierka	švagrová	золóвка; воя́ченица; невéстка (Ehefrau des Bruders)	зови́ця (Schwester des Mannes); братовá (Frau des Bruders)
Schwager	brat supruge; brat supruga; zet; šurak	szwagier	švagr	дéверь; шýрин; зять (Ehemann der Schwester); своя́к	шýрин (Bruder der Ehefrau); зять (Mann der Schwester)
Junge (bis ca. 14 Jahre)	mladić	chłopczyk	chlapec; hoch	мáльчик	хлóпчик
Junge (ab ca. 14 Jahre)	momak	chłopiec	kluk	пáрень; ю́ноша	хлóпець; юнáк

[18] Im **Ukrainischen** gibt es noch besondere Ausdrücke für ‚Schwiegereltern untereinander': *свати́, сват, свáха.*

[19] Im **Polnischen** und **Ukrainischen** gibt es besondere Ausdrücke für ‚Eltern und Patenonkel / Patentante untereinander': **poln.** (*rodzice*) *chrześni*: (*ojciec*) *chrzestny*, (*matka*) *chrzestna*; **ukrain.** *кум, кумá.*

Deutsch	BKS	Polnisch	Tschechisch	Russisch	Ukrainisch
Mädchen (bis ca. 14 Jahre)	djevojčica devojčica	dziewczynka	děvčátko	де́вочка	ді́вчинка
Mädchen (ab ca. 14 Jahre)	djevojka devojka	dziewczyna	dívka; děvče	де́вушка	ді́вчина
Freund	prijatelj	przyjaciel	přítel	друг	друг
Freundin	prijateljica	przyjaciółka	přítelkyně	подру́га	по́друга
Freund (Lebens-partner)	mladić; momak	chłopak (bis ca. 25 Jahre); przyjaciel; partner	přítel	друг; па́рень	друг; хло́пець
Freundin (Lebens-partnerin)	djevojka devojka	dziewczyna (bis ca. 25 Jahre); przyjaciółka; partnerka	přítelkyně	подру́га; де́вушка	по́друга; ді́вчина
Braut	vjerenica verenica	panna młoda	nevěsta	неве́ста	нарече́на; молода́
Bräutigam	vjerenik verenik	pan młody	ženich	жени́х	нарече́ний; молоди́й
Nachbar	bs. komšija; susjed, sused	sąsiad	soused	сосе́д	сусі́д
Nachbarin	bs. komšinica; susjeda suseda	sąsiadka	sousedka	сосе́дка	сусі́дка
Volk Nation	kr. puk sr. narod	lud Volk; naród Nation	národ	наро́д	наро́д
Mann	muškarac	mężczyzna	muž	мужчи́на	чолові́к
Frau	žena	kobieta	žena	же́нщина	жі́нка

Körperteile

Deutsch	BKS	Polnisch	Tschechisch	Russisch	Ukrainisch
Arm	ruka	ramię	ruka; rameno	рука́	рука́
Auge	oko	oko	oko	глаз; veralt. о́ко	о́ко
Bart	brada	broda	vousy m. Pl.; fousy m. Pl.	борода́	борода́
Bauch	stomak	brzuch	břicho	живо́т	живі́т
Bein	noga	noga	noha	нога́	нога́
Brust	grudi	pierś; piersi	prsa; hruď	грудь	груди
Finger	prst	palec	palec; prst na ruce	па́лец (на руке́)	па́лець (на руці́)

Deutsch	BKS	Polnisch	Tschechisch	Russisch	Ukrainisch
Fuß	stopalo	stopa	noha	ногá; стопá; ступня́	ногá; стопá; ступня́
Gesicht	lice	twarz	tvář; obličej	лицó	обли́ччя
Haare	kosa	włosy	vlasy	вóлосы	волóсся
Hals	vrat	szyja	krk	шéя	ши́я
Hand	ruka	ręka	ruka; paže	рукá; кисть	рукá; кисть
Kinn	brada	broda	brada	подборóдок	підборíддя
Kopf	glava	głowa	hlava	головá	головá
Lippen	usne	wargi	rty	гýбы	гýби
Mund	usta	usta Pl.	ústa	рот	рот
Nase	nos	nos	nos	нос	ніс
Ohr	bs., kr. uho sr. uvo	ucho	ucho	ýхо	вýхо
Rücken	leđa	plecy Pl.	záda	спинá	спинá
Schulter	pleća	ramiona; plecy	rameno; plece	плечó	плечé
Stirn	čelo	czoło	čelo	челó poet.; лоб	чолó; лоб
Wangen	obrazi	policzki	líce	щёки	щóки
Zahn	zub	ząb	zub	зуб	зуб
Zeh	prst na nozi; nožni prst	palec	prst u nohy	пáлец (на ногé)	пáлець (на нозí)

Wochentage

Deutsch	BKS	Polnisch	Tschechisch	Russisch	Ukrainisch
Montag	ponedjeljak ponedeljak	poniedziałek	pondělí	понедéльник	понедíлок
Dienstag	utorak	wtorek	úterý	втóрник	вівтóрок
Mittwoch	srijeda sreda	środa	středa	средá	середá
Donnerstag	četvrtak	czwartek	čtvrtek	четвéрг	четвéр
Freitag	petak	piątek	pátek	пя́тница	п'я́тниця
Samstag	subota	sobota	sobota	суббóта	субóта
Sonntag	nedjelja nedelja	niedziela	neděle	воскресéнье	неді́ля

Monatsnamen

Deutsch	B / S	K	Polnisch	Tschech.	Russisch	Ukrainisch
Januar	januar	siječanj	styczeń	leden	янвáрь	сíчень
Februar	februar	veljača	luty	únor	феврáль	лю́тий
März	mart	ožujak	marzec	březen	март	бéрезень
April	april	travanj	kwiecień	duben	апрéль	квíтень
Mai	maj	svibanj	maj	květen	май	трáвень
Juni	bs. juni sr. jun	lipanj	czerwiec	červen	ию́нь	чéрвень
Juli	bs. juli sr. jul	srpanj	lipiec	červenec	ию́ль	ли́пень
August	bs. august sr. avgust	kolovoz	sierpień	srpen	áвгуст	сéрпень
September	septembar	rujan	wrzesień	září	сентя́брь	вéресень
Oktober	oktobar	listopad	październik	říjen	октя́брь	жóвтень
November	novembar	studeni	listopad	listopad	ноя́брь	листопáд
Dezember	decembar	prosinac	grudzień	prosinec	декáбрь	грýдень

Jahreszeiten

Deutsch	BKS	Polnisch	Tschechisch	Russisch	Ukrainisch
Frühling	proljeće, proleće	wiosna	jaro	веснá	веснá
Sommer	ljeto, leto	lato	léto	лéто	лíто
Herbst	jesen	jesień	podzim	óсень	óсінь
Winter	zima	zima	zima	зимá	зимá

Himmelsrichtungen

Deutsch	BKS	Polnisch	Tschechisch	Russisch	Ukrainisch
Norden	sjever, sever	północ	sever	сéвер	пíвніч
Süden	jug	południe	jih	юг	пíвдень
Osten	istok	wschód	východ	востóк	схід
Westen	zapad	zachód	západ	зáпад	зáхід

Feiertage

Deutsch	BKS	Polnisch	Tschechisch	Russisch	Ukrainisch
Weihnachten	Božić	Boże Narodzenie	Vánoce	рождествó; Рождествó Христово (7.1.)	різдвó; Різдвó Христóве (7.1.)
Neujahr	Nova godina	Nowy Rok	Nový rok	Нóвый год	Нови́й рік
Ostern	kr. Uskrs sr. Vaskrs	Wielkanoc	Velikonoce	Пáсха	Вели́кдень
Pfingsten	Duhovi	Zielone Świątki	Letnice	Трóица	Трíйця

Deutsch	BKS	Polnisch	Tschechisch	Russisch	Ukrainisch
1. Mai	kr. Prvi svibanj bs.,sr. Prvi maj	Pierwszy Maja	První Máj	Пéрвое мая	Пéрше травня
Tag des Sieges	Dan pobjede Dan pobede (9.5.)	Dzień Zwycięstwa (8.5.)	Den Vítězství (8.5.)	День Побéды (9.5.)	День перемóги (9.5.)
Tag der Frau (8.3.)	Međunarodni dan žena; Dan žena	Międzynarodowy Dzień Kobiet; Dzień Kobiet	Mezinárodní den žen; Den žen	Междунарóдный жéнский день	Міжнарóдний жінóчій день
Nationale Feiertage	*B-H:* Dan nezavisnosti (1.3.) Dan državnosti (25.11.) *Kroatien:* Dan državnosti (25.6.) Dan nezavisnosti (8.10.) *Serbien:* Dan državnosti Srbije (15.2.)	Święto Konstytucji (3.5.) Święto Niepodległości (11.11.)	Vznik Československa (28.10.)	День защúтника отéчества (23.2.) День Россúи (12.6.) День нарóдного едúнства (4.11.)	День Конститýції України (28.6.) День незалéжності (24.8.)
Bajram (Fest nach dem Ramadan)	Bajram (in Bosnien nach dem *Ramazan*)				
Valentinstag (14.2.)	Dan svetog Valentina; Valentinovo; Valentin dan	Dzień Świętego Walentego; Walentynki	Svátek svatého Valentýna; Valentýn	День святóго Валентúна	День святóго Валентúна
Andreastag		Andrzejki (30.11.)			
Karneval	kr. karnevala	karnawał	Masopust	мáсленница Butterfest	мáсляна Butterfest

Verben

Eine vergleichende Zusammenstellung von Verben, die an dieser Stelle sicher von den LeserInnen gewünscht und erwartet wird, ist kein unproblematisches Unterfangen. Der Grund liegt unter anderem in der Polysemie der Verben (und natürlich auch der deutschen Übersetzungen). Eigentlich müssten wir jede Zeile mit einem Kommentar bezüglich der jeweiligen Unterschiede sowohl in den lexikalischen als auch den grammatischen Bedeutungen (Aspekt, Aktionsart) versehen.[20] Unser Ziel an dieser Stelle ist allerdings nur zu zeigen, dass es auch im Bereich der Verben „gewisse Ähnlichkeiten“ gibt, die das intuitive Texterschließen erleichtern können. Die hier nebeneinander stehenden Ausdrücke sollten also nicht als 1 : 1-Entsprechungen missverstanden werden.

Für die Verben werden, sofern vorhanden, beide Aspektpartner angegeben. Der unvollendete Aspekt wird zuerst genannt. (Zum Verbalaspekt siehe Kapitel *VI Morphologie*, Abschnitt 12.)

Deutsch	BKS	Polnisch	Tschechisch	Russisch	Ukrainisch
anfangen	počinjati (za)početi	zaczynać zacząć	začínat začít	начина́ть нача́ть	почина́ти поча́ти
arbeiten	raditi uraditi	pracować popracować	pracovat	рабо́тать порабо́тать	працюва́ти попрацюва́ти
aufhören	prestajati prestati	przestawać przestać	přestávat přestat	перестава́ть переста́ть	перестава́ти переста́ти
beenden	završavati završiti[21]	kończyć skończyć	končit skončit	конча́ть ко́нчить	кінча́ти кінчи́ти
bekommen, erhalten	dobivati dobiti; primati primiti	dostawać dostać; otrzymywać otrzymać	dostávat dostat	получа́ть получи́ть	отри́мувати отри́мати; одéржувати одéржати
denken, sich ~	misliti; razmišljati	myśleć pomyśleć	myslet si	ду́мать поду́мать	ду́мати поду́мати
einführen	uvoditi uvesti; navoditi navesti	wprowadzać wprowadzić	uvést	вводи́ть ввести́; приводи́ть привести́	ввози́ти ввéзти
erreichen, erlangen	postizati postići / postignuti	zdołać	dostat se	достига́ть дости́гнуть / дости́чь	досяга́ти досягну́ти / досягти́
essen	jesti pojesti	jeść zjeść	jíst sníst	есть съесть	ї́сти з'ї́сти
fragen	pitati upitati	pytać zapytać	ptát se zeptat se	спра́шивать спроси́ть	пита́ти спита́ти
fürchten, sich ~	bojati se	bać się	strachovat se obávat se	боя́ться испуга́ться	боя́тися злякáтися
geben	davati dati	dawać dać	dávat dát	дава́ть дать	дава́ти да́ти

---

20 Etwa nach dem folgenden Muster: In der Zeile „spielen“ bedeutet der für **Russisch** genannte pf. Aspekt *сыгра́ть* ‚etwas von Anfang bis Ende spielen‘, **ukr.** *погра́ти* ‚etwas, eine bestimmte Zeit spielen‘, und **poln.** *zagrać* ist nur der pf. Aspektpartner ohne eine weitere Bedeutungsmodifikation. Dt. ‚gewinnen‘ kann sich nicht nur auf ein Spiel, sondern auch auf einen (Wett-)Kampf beziehen, was dann wiederum im **Russ.** *побежда́ть /победи́ть* und im **Ukr.** *перемага́ти / перемогти́* entspräche. **Bks.** *pobijediti, pobediti* dagegen kann beide Lesarten transportieren usw. usf.

21 Auch ‚fertig machen‘, ‚vollenden‘.

Deutsch	BKS	Polnisch	Tschechisch	Russisch	Ukrainisch
gehen	ići	chodzić unbest. iść best.[22]	chodit unbest. jít best.[22]	ходи́ть unbest. идти́ best.[22]	ходи́ти unbest. іти́ (йти) best.[22]
gewinnen (Spiel)	pobjeđivati pobijediti, pobediti	zyskiwać zyskać	získávat získat	выи́грывать вы́играть	вигра́вати ви́грати
haben	imati	mieć	mít	[иметь[23]]	мати
kaufen	kupovati kupiti	kupować kupić	kupovat koupit	покупа́ть купи́ть	купува́ти купи́ти
kommen, ankommen	dolaziti doći	przychodzić przyjść; przyjeżdżać przyjechać	přicházet přijít	приходи́ть прийти́; прибыва́ть прибы́ть	прихо́дити прийти́; прибува́ти прибу́ти
können	moći	móc	moct	мочь смочь	могти́ змогти́
kosten	kr. stajati bs., sr. koštati	kosztować	stát	сто́ить	ко́штувати
lieben	voljeti, voleti	kochać	mít rád; milovat	люби́ть	коха́ти; люби́ти
machen, tun	činiti učiniti; raditi uraditi; praviti napraviti	robić zrobić	dělat udělat	де́лать сде́лать	роби́ти зроби́ти
müssen	morati	musieć	muset	[Ausdruck durch Prädikative u. a.]	му́сити
nehmen	uzimati iter. uzeti	brać wziąć	brát vzít	брать взять	бра́ти взя́ти
reinigen	čistiti očistiti	czyścić wyczyścić	čistit vyčistit, očistit	чи́стить вы́чистить	чи́стити ви́чистити
sagen	kazati; govoriti reći	mówić powiedzieć	říkat říct	говори́ть сказа́ть	говори́ти сказа́ти
sehen	vidjeti, videti	widzieć zobaczyć	vidět uvidět	ви́деть уви́деть	ба́чити поба́чити
sein	biti	być	být	быть	бу́ти

22 Hierbei handelt es sich nicht um Aspektpartner, sondern um paarige Verben der Bewegung („Doppelzeitwörter“; siehe Kapitel *VI Morphologie*, Abschnitt 15). Perfektiv wäre dagegen **russ.** *прийти́* ‚kommen‘ (ipf. *приходи́ть*) bzw. **ukr.** *прийти́* (neben weiteren möglichen Präfigierungen). Ebenso **poln.** *przyjść* (pf.), *przychodzić* (ipf.).

23 Zur Verwendung von **russ.** *име́ть* siehe S. 152 und 209.

Deutsch	BKS	Polnisch	Tschechisch	Russisch	Ukrainisch
spielen (Spiel)	igrati naigrati se	grać zagrać; bawić się pobawić się	hrát zahrát	игрáть сыгрáть, поигрáть	грáти зігрáти, погрáти
stehen	stajati	stać postać	stát postát	стоя́ть постоя́ть	стоя́ти постоя́ти
trinken	piti popiti	pić wypić	pít vypít	пить вы́пить	пи́ти ви́пити
werden (entstehen)	postajati postati	stawać się stać się	stávat se geschehen stát se	станови́ться стать	ставáти стáти
wissen	znati	wiedzieć	vědět	знать	знáти
wollen	htjeti	chcieć	chtít	хотéть	хотíти

Adjektive

Für **Polnisch**, **Tschechisch**, **Russisch** und **Ukrainisch** wird nachfolgend nur die Form Nominativ Singular maskulin angegeben. Lediglich für **BKS** werden auch die femininen und neutralen Formen bzw. Endungen Nominativ Singular genannt, da hier nicht selten Lautveränderungen im Stamm auftreten, die ein Erschließen der Wortformen erschweren können (flüchtige Vokale bzw. Assimilationen, die sich in der Orthografie zeigen).

Die ausgewählten Adjektive sind innerhalb der Tabellen im Wesentlichen semantisch, d. h. paarweise (nach Antonymen) angeordnet. Wir führen außerdem gesondert die wichtigsten Farbadjektive auf.

Frequente Adjektive

Deutsch	BKS	Polnisch	Tschech.	Russisch	Ukrainisch
gut	dobar, dobra, o	dobry	dobrý	хорóший; дóбрый (Charakter)	хорóший; дóбрий (Charakter)
schlecht	loš, loša, loše	zły	špatný	плохóй	погáний
böse	zao, zla, zlo	zły	zlý	злóй	злий
groß (Wuchs), hoch	visok, a, o; velik, a, o	wysoki	vysoký	высóкий	висóкий
klein	malen, a, o	mały	malý	мáленький	малéнький
alt	star, a, o	stary	starý	стáрый	стари́й
jung	mlad, a, o	młody	mladý	молодóй	молоди́й
fröhlich	veseo, vesela, -lo	wesoły	veselý	весёлый	весéлий
traurig	tužan, tužna, o	smutny	smutný	печáльный; грýстный	сумни́й
dumm	glup, a, o	głupi	hloupý	глýпый	дурни́й
schlau	lukav, a, o	sprytny	chytrý	ýмный	розýмний

Deutsch	BKS	Polnisch	Tschech.	Russisch	Ukrainisch
weise	mudar, mudra, o	mądry	moudrý	му́дрый	му́дрий
schön	lijep (lep), a, o	piękny	pěkný; hezký; krásný	краси́вый	га́рний; вродли́вий
hübsch	zgodan, zgodna, -no; lijep (lep), a, o	ładny	pěkný; hezký	краси́вый	га́рний
hässlich	ružan, ružna, -no	brzydki	ošklivý	некраси́вый; безобра́зный; уро́дливый	потво́рний; бридки́й
dick	debeo, debela, -lo	gruby	tlustý	то́лстый	товсти́й
dünn	tanak, tanka, -ko	chudy	hubený	худо́й	худи́й
reich	bogat, a, o	bogaty	bohatý	бога́тый	бага́тий
arm	siromašan, siromašna, -no	biedny	chudý	бе́дный	бі́дний
bekannt	poznat, a, o	znany	známý	знако́мый; изве́стный	знайо́мий
groß (big)	velik, a, o	duży	velký	большо́й	вели́кий
groß (great)	velik, a, o	wielki	velkolepý; vynikající	вели́кий	вели́кий
lang	dug, a, o	długi	dlouhý	дли́нный (Raum); до́лгий (Zeit)	до́вгий
kurz	kratak, kratka, -ko	krótki	krátký	коро́ткий (konkret); кра́ткий (abstrakt)	коро́ткий
früh	rani, rana, rano	wczesny	časný; raný	ра́нний	ранні́й
spät	kasan, kasna, -no	późny	pozdní	по́здний	пі́зній
lang-weilig	dosadan, dosadna, -no	nudny	nudný	ску́чный	нудни́й
inter-essant	interesantan, -na, -no; zanimljiv, a, o	interesujący; ciekawy; zajmujący	zajímavý	интере́сный	ціка́вий

Farbadjektive

Deutsch	BKS	Polnisch	Tschech.	Russisch	Ukrainisch
rot	crven, a, o	czerwony	červený	кра́сный	черво́ний
orange	narančast, a, o	pomarańczowy	oranžový	ора́нжевый	ора́нжевий; помара́нчо-вий
gelb	žut, a, o	żółty	žlutý	жёлтый	жо́втий
grün	zelen, a, o	zielony	zelený	зелёный	зеле́ний

Deutsch	BKS	Polnisch	Tschech.	Russisch	Ukrainisch
blau	plav, a, o	niebieski	modrý	--- [24]	--- [24]
blau (hell)	svijetloplav svetloplav	jasnoniebieski; błękitny	světlemodrý	голубо́й	блаки́тний
blau (dunkel)	tamnoplav	ciemnoniebieski; granatowy	tmavomodrý	си́ний	си́ній
violett	violet; ljubičast, a, o	fioletowy	fialový	фиоле́товый	фіоле́товий
weiß	bs., kr. bijel / bijeli, -la, o sr. beo / beli, -la, o	biały	bílý	бе́лый	бі́лий
schwarz	crn, a, o	czarny	černý	чёрный	чо́рний
rosa	ružičast, a, o	różowy	růžový	ро́зовый	роже́вий
braun	smeđ, a, e	brązowy	hnědý	кори́чневый	кори́чневий
grau	siv, a, o; sijed, sed Haare	szary; siwy Haare	šedý; šedivý	се́рый; седо́й Haare	сі́рий; сіди́й Haare

Adverbien, Prädikative und Partikeln

Deutsch	BKS	Polnisch	Tschechisch	Russisch	Ukrainisch
am besten	najbolje	najlepiej	nejlepší	лу́чше всего́; лу́чше всех	(як)найкра́ще; найлі́пше
anders, sonst	inače	inaczej	jinak	ина́че	іна́кше
auch	takođe(r)	też; również; także	taky; také	то́же; та́кже	тако́ж
auch nicht	ni	ani	ani	ни	а́ні
außerdem	osim toga	oprócz tego	mimo to; kromě toho	кро́ме того́	крім то́го
bald	uskoro	wkrótce	brzo	ско́ро	ско́ро
besonders	naročito	szczególnie	zvlášť	осо́бенно	особли́во
dann, danach	zatim	potem	pak	пото́м	по́тім
einmal	jedanput	(jeden) raz	jednou	(оди́н) раз	(оди́н) раз
erst	tek	dopiero	teprve	то́лько	ті́льки
fast	gotovo	prawie	skoro; téměř	почти́	ма́йже
genug	dosta	wystarczająco	dost	доста́точно	до́сить
gerne	rado	chętnie	rád; ochotně	охо́тно	ра́до

[24] Im **Russischen** und **Ukrainischen** gibt es zwei Wörter für ‚blau' – ein Wort für ein helles Blau (**russ.** *голубо́й*, **ukr.** *блаки́тний*) und eins für ein dunkles Blau (**russ.** *си́ний*, **ukr.** *си́ній*). Ein allgemeiner Ausdruck, der vergleichbar wäre mit dt. *blau*, fehlt.

Deutsch	BKS	Polnisch	Tschechisch	Russisch	Ukrainisch
hauptsächlich	uglavnom	głównie	hlavně; především	гла́вным о́бразом; пре́жде всего́	перш за все
immer	uvijek, uvek	zawsze	vždy; vždycky; pořád	всегда́	за́вжди́
jedenfalls	svakako	w każdym razie	v každém případě	во вся́ком слу́чае; непреме́нно	в уся́кому ра́зі
keinmal	nijednom; nijedanput	w żadnym razie	ani jednou	ни ра́зу	жо́дного ра́зу
langsam	polako	powoli; wolno	pomalu	ме́дленно	повільно
leider	nažalost	niestety	bohužel	к сожале́нию	на жаль
manchmal	katkada	czasami	někdy	иногда́	інколи
mehr	više	więcej (Quantität); bardziej (Intensität)	víc	бо́льше; бо́лее	більше; більш
möglich	moguće	możliwie	možná	возмо́жно	можли́во
möglichst bald	što prije	jak najszybciej	co nejdříve	как мо́жно скоре́е	якнайшви́дше
natürlich (sicherlich)	naravno	oczywiście	samozřejmě	коне́чно	звича́йно
niemals	nikad(a)	nigdy	nikdy	никогда́	ніко́ли
noch	još	jeszcze	ještě	ещё	ще
noch einmal	još jedanput; još jednom	jeszcze raz	ještě jednou	ещё раз	ще раз
nötig	potrebno	koniecznie	nutně	обяза́тельно	обов'язко́во
nur	samo	tylko	jenom jen	то́лько	тільки
plötzlich	neočekivano; iznenada	nagle; raptem; wtem	náhle	вдруг	ра́птом
schade	šteta	szkoda	škoda	жаль	шко́да
schnell	brzo	szybko; prędko	rychle	бы́стро	шви́дко
schon	već	już	už	уже́	вже
sehr	vrlo	bardzo	velmi; moc; mnoho; hodně	о́чень	ду́же
so	tako; ovako	tak	tak	так	так

Deutsch	BKS	Polnisch	Tschechisch	Russisch	Ukrainisch
sogar	čak	nawet; aż	dokonce	да́же	на́віть; аж
überhaupt	uopće	w ogóle	vůbec	вообще́	взагалі́
übrigens	uostalom	a propos	ostatně	кста́ти	доре́чі
ungefähr	otprilike	około; mniej więcej	asi	о́коло; приблизи́- тельно	бі́ля; прибли́зно
vielleicht	možda	może	asi	мо́жет быть	мо́же
völlig, ganz	sasvim	całkiem	úplně	совсе́м	зо́всім
wahrscheinlich	vjerojatno; verovatno	prawdopo- dobnie	pravděpodob- ně	вероя́тно	напе́вно
weniger	manje	mniej	méně	ме́ньше; ме́нее	ме́нше; менш
wieder	opet	znów; znowu	opět	опя́ть	зно́ву
wirklich	zaista	rzeczywiście	skutečně	действи́- тельно	ді́йсно
wohl (ich glaube)	vjerojatno; verovatno	chyba	snad	пожа́луй; вероя́тно; мо́жет быть	пе́вно; можли́во; мо́же бу́ти
ziemlich	prilično	trochę; nieco	téměř	приблизи́- тельно; относи́тельно	дово́лі
zuerst	najprije	najpierw	teprve	снача́ла; пре́жде всего́; сперва́	споча́тку; перш за все; попе́рше
zusammen	zajedno	razem; wspólnie	spolu	вме́сте	ра́зом

Konjunktionen

Da sich die Konjunktionen in einem direkten Vergleich nicht in übersichtlicher Form darstellen lassen, werden nachfolgend einzelsprachliche Übersichten gegeben. Einige der nachfolgend als Konjunktionen aufgeführten Einheiten kommen auch als Adverbien oder Partikeln vor (z. B. die Entsprechungen für *auch, sogar*).

Konjunktionen BKS

BKS	Deutsch
a	und, aber
ako	wenn
ali	und, aber
budući da	weil
čim	sobald
da	dass
da bi	damit; um ... zu
da li	ob
dakle	also
dakle tako	also, so
dok	während
dokle	solange
i	und
iako	obwohl
ili	oder
ili … ili	entweder … oder
ipak	dennoch
jedva	kaum
jer	denn; weil
kada	wenn, wann
kao	als; wie
kao da	als ob
mada	obwohl
međutim	hingegen
moglo bi	möge es …
moguće	möge es…
naprotiv	dagegen
ne samo … nego i	nicht nur … sondern auch
nego	sondern
ni … ni	weder … noch
niti … niti	weder … noch

BKS	Deutsch
od tada	seitdem
osim što	außer dass
pa	und dann
poslije toga	nachdem
premda	obwohl
prije nego što	bevor
pritom	dabei
sa tim	damit
skoro	sobald
što … to	je … desto
sto više	je mehr / je weiter ...
stoga	deswegen, deshalb weshalb
tako da	so dass
tako dugo	solange
takođe(r) / takodje(r)	auch
te	und so
tek što	kaum dass
time	damit
to jest	das heißt
to znači	das heißt
ukoliko	insofern
umjesto toga	stattdessen
unatoč	trotzdem
upravo	gerade
uprkos	trotzdem
uskoro	bald, sobald
za vrijeme (vreme)	während
zahvaljujući tomu	dank dessen
zašto	weshalb, deshalb
zbog toga	deswegen, deshalb

Konjunktionen Polnisch

Polnisch	Deutsch
(a)by	damit
(po)mimo tego	trotzdem
a	und, aber
albo … albo	entweder … oder
aż	bis; sogar
bo	denn, da, weil
choć	obwohl
chociaż	obwohl
czy	ob
dlaczego	weshalb, deshalb
dlatego	weshalb, deswegen, deshalb
dopiero co	kaum
dopóki	solange
dzięki temu	dank dessen
gdy	als, wenn, wann
gdyż	denn, da, weil
i	und, aber
im … tym	je ... desto
inaczej	andernfalls
jak	wie
jak gdyby	als ob
jakby	als ob
jednak	trotzdem;dennoch
jednakże	dennoch
jeśli	wenn, wann
jeżeli	wenn, wann
kiedy	als, wenn, wann
ledwo	kaum

Polnisch	Deutsch
lub	oder
mimo to	obwohl
natomiast	hingegen, dagegen
nawet	sogar
niech	möge es…
niż	als
od kiedy	seitdem
odkąd	seitdem
po to	damit; um... zu
poczym	nachdem
podczas gdy	während
ponieważ	denn, da, weil
przecież	dennoch
przy czym	dabei
również	auch
skoro	sobald
także	auch
też	auch
w zamian za	stattdessen
więc	also
więc tak	also, so
wkrótce	bald
właśnie	gerade
zamiast	stattdessen
zanim	bevor
zaś	dagegen
że	dass
żeby	um... zu; damit

Konjunktionen Tschechisch

Tschechisch	Deutsch
a	und
aby	damit; dass; um
ač(koli)	obwohl
ale	aber
ať	möge es …
až	bis, wenn
buď .... anebo	entweder … oder
či	oder
díky	dank dessen
dokud	solange
dřív(e) než	bevor
i	und, auch
i … i	sowohl … als auch
jak	wie
jak … tak	sowohl … als auch
jakkoli	so
jakmile	sobald
jako	wie, als ob
jestli	ob
jestliže	wenn; falls
jinak	sonst, außerdem
kdy	wann
kdyby	wenn, falls
když	nachdem; wenn; als

Tschechisch	Deutsch
naproti tomu	dagegen
nebo	oder
neboť	denn
než	als, bevor
od té doby, co	seitdem
pak	dann, nachher
pokud	wenn, falls, sofern, soweit, solange
potom	dann
přece	dennoch
přesto	dennoch
přestože	trotzdem, obwohl
proč	weshalb
proto	deswegen, deshalb
protože	weil
sotva	kaum
také	auch, ebenfalls
takže	so dass
tedy	also
tudíž	also
však	jedoch
zatímco	während
zda	ob
že	dass

Konjunktionen Russisch

Russisch	Deutsch
а	und, aber
благодаря́ тому́, что	dank dessen
бу́дто (бы)	wie, gleichsam, als ob
в то вре́мя как	während
ведь	denn, doch
вме́сто того́, что́бы	stattdessen
всё же	dennoch
всё-таки	doch, jedoch
да	aber, doch
для того́, что́бы	damit
едва́	kaum; gerade
е́сли	wenn
е́сли бы	wenn
же	doch, jedoch
зате́м, что́бы	damit
зато́	dagegen; trotzdem
и	und, aber
и … и	sowohl … als auch
и́бо	denn, da
и́ли ... и́ли	entweder … oder
и́менно	und zwar, nämlich
ита́к	also
как	wie
как бу́дто	als ob
как бы	als ob
как то́лько	sobald
когда́	wenn, wann
ли	ob
ли́бо … ли́бо	entweder … oder
лишь то́лько бы	wenn nur
ме́жду тем как	während
невзира́я на то, что	trotzdem
несмотря́ на то, что	trotzdem

Russisch	Deutsch
не то́лько …, но и …	nicht nur, sondern auch
ни … ни	weder … noch
но	aber
одна́ко	dennoch
пе́ред тем, как	bevor
по ме́ре того́, как	je mehr/weiter...
поэ́тому	deswegen, weshalb, deshalb
пока́	solange
пока́ не	(so lange) bis
поско́льку	da
по́сле того́ как	nachdem
потому́ что	denn, weil
почему́	weshalb, deshalb
пре́жде чем	bevor, vor
прито́м	dabei
приче́м	dabei
пусть	möge X …
с тем, что́бы	um zu
с тех пор как	seitdem
ско́ро	bald
так как	da, weil
так что	also, so
та́кже	auch
тогда́ как	während
то́же	auch
то́лько что	gerade
то есть	das heißt
хотя́	obwohl
чем	als (nach Komp.)
что́бы	damit

Konjunktionen Ukrainisch

Ukrainisch	Deutsch
а	und, aber
аби́	damit
або́ ... або́	entweder … oder
або́що	o. ä.
адже́	denn
аж	sogar
ані́ж	als
бо	denn
бу́цім	als ob
бу́цімто	als ob
в мі́ру того́, як	je mehr / weiter ...
відтоді́, як	seitdem
все ж	dennoch
дарма́ що	trotzdem
для того́, щоб	damit
дя́куючи тому́, що	dank dessen
з тим, щоб	um... zu
з тих пір, як	seitdem
завдяки́ тому, що	dank dessen
за́місць того́, щоб	stattdessen
зате́	dagegen
зати́м що	damit
і / й	und
коли́	wenn, wann
коли́ б	wenn
ле́две	kaum
мо́вби	als ob
мо́вбито	als ob
на́чеб	als ob
на́чебто	als ob
незважа́ючи на те, що	trotzdem
немо́в	als ob
немо́вби	als ob
немо́вбито	als ob
нена́че	als ob
нена́чебто	als ob
неха́й	möge es …
ніби	als ob
нібито	als ob

Ukrainisch	Deutsch
ніж	als
одна́к	dennoch
оскі́льки	da
о́тже	also
ото́ж	also
пе́ред тим, як	bevor
пі́сля того́, як	nachdem
позая́к	deswegen, deshalb
по́ки	solange
припі́м	dabei
прито́му	dabei
причі́м	dabei
причо́му	dabei
проте́	trotzdem
се́бто	das heißt
ско́ро	bald
та	und, aber
таж	denn
так що	also, so
та́ко́ж	auch
теж	auch
тим ча́сом, як	während
ті́льки що	gerade
то́бто	das heißt
тож	also
тому́ що	weil
то́що	usw.
хай	möge es …
хоч	obwohl
хоча́	obwohl
це́бто	das heißt
че́рез те, що	weil
чи	ob
чому́	weshalb, deshalb
щоб	damit
що́йно	gerade, eben
як	wie
як ті́льки	sobald
якби́	als ob
якщо́	wenn

Präpositionen

Da sich die Präpositionen in einem direkten Vergleich nicht in übersichtlicher Form darstellen lassen, werden nachfolgend einzelsprachliche Übersichten gegeben. Ursprüngliche und abgeleitete Präpositionen werden hier gleich behandelt.

Präpositionen BKS

BKS	Deutsch
bez	ohne
blagodareći	dank
blizu	nahe (Ort)
do	bis, nach
duž	durch, entlang, längs
glede	bezüglich
gore	über
ispod	unter, bei, unterhalb
ispred	vor
iz	aus, von
iza	hinter
između	zwischen
iznad	über
izuzev	außer
izvan	außerhalb
k, ka	zu
kod	bei, an, neben
kraj	neben
kroz	durch, hindurch, über, in, entlang
među	zwischen, unter
mjesto	statt, anstatt
na	auf, nach, in, bei, an, neben
nakon	nach (Zeit)
napolje	heraus; wegen
naprotiv	entgegen, gegenüber
nasred	mitten, inmitten
niže	unterhalb, unter
o	von, über
od	aus, von
oko	über (engl. *about*), um, herum, ungefähr
okolo	um, herum, ungefähr
osim	außer
otprilike	über (engl. *about*), um
po	um, nach

BKS	Deutsch
pod	unter, unterhalb
pokraj	neben
poput	ähnlich wie, nach Art von
pored	bei, an, neben
poslije, posle	nach
pozadi	hinter
pred	vor
preko	über, hinaus
preko puta	gegenüber
prema	bis, nach, auf, nach, in, zu
pri	bei
prije, pre	vor (Zeit)
protiv	entgegen, gegen
put	in Richtung auf, gegen
radi *)	um ... willen
s, sa	mit; von ... herab
sred	mitten, inmitten
suprotno	gegenüber
tijekom	im Laufe
tokom	im Laufe
u	auf, nach, in
u sredini	mitten
u svezi sa	bezüglich
u tijeku	im Laufe
u toku	im Laufe
ukrug	um, herum
umjesto	statt, anstatt
unatoč	trotz
uoči	unmittelbar vor, am Vorabend von
uokolo	um, herum
uprkos *)	trotz
uslijed, usled	infolge
usred	mitten, inmitten

BKS	Deutsch
uz	an, am, auf, längs, bei, neben, während,zu, in, mit
uzduž	entlang, längs
van	außerhalb
vani	heraus; wegen
više	oberhalb, über
za	für, in, innerhalb
zahvaljujući	dank
za vrijeme (vreme)	während

*) Einige Präpositionen wie **bks.** *radi, uprkos* u. a. können auch als Postpositionen (dem Nomen nachgestellt) verwendet werden.

Präpositionen Polnisch

Polnisch	Deutsch
bez	ohne
co dotyczy	bezüglich
dla	für
do	nach, bis, zu
dookoła	um, herum
dotycząc	bezüglich
dzięki	dank
koło	an, neben
między	zwischen
mimo	trotz
na	auf, nach, in, an
na przekór	trotz
na wskroś	durch, hindurch
nad	über, an
naprzeciw	entgegen, gegen, gegenüber
naprzeciw(ko)	gegenüber, gegen
nie patrząc na	trotz
o	um, über (engl. *about*)
obok	neben(an)
od	von
oprócz	außer
po	nach, durch, entlang
pod	unter, bei
podczas	während
ponad	oberhalb, oben
poniżej	unterhalb, unten
pośród	mitten
poza	außer
przeciw	gegen
przeciwko	gegen
przed	vor
przez	(hin)durch, über, in
przy	bei, an, neben
spoza	heraus, wegen
u	bei
w	nach, in, an
w ciągu	im Laufe
wokół	um, herum
wśród	mitten, unter
wzdłuż	entlang
z	mit
z(e)	aus, von
za	für, in, innerhalb
zamiast	statt
zza	heraus, wegen

Präpositionen Tschechisch

Tschechisch	Deutsch
během	während, im Laufe
bez, beze	ohne
do	nach, in, bis (Ort, Zeit)
k, ke, ku	zu, in Richtung, gegen (Uhrzeit)
kolem	um … herum, ungefähr
kromě	außer
kvůli	wegen, zuliebe
mezi	zwischen, unter
na	auf (wohin? wo?)
nad	über (wohin? wo?)
naproti	gegenüber
o	um (eine Sache, Unterschied), auf, an, von, über; zu, um, in (Zeit)
od, ode	aus, von (her), von (ab), seit
pod, pode	unter (wohin? wo?)
po	lang, bis zum (Zeit), bis an, bis zu (Ort), nach, vorbei (Zeit), durch, entlang, an

Tschechisch	Deutsch
podél	längs, entlang
podle	nach, gemäß, laut, kraft, anhand, entsprechend
pro	für, wegen
proti	gegen, gegenüber
před	vor (wohin? wo? wann?)
přes, přese	(quer) über, trotz
při	bei, an, während
s, se	von (herab), mit, bei, gegen (Zeit) (veralt.:) ab (Zeit)
skrz	durch
u	bei, nahe bei, an
v, ve	in (wohin? wo?)
z, ze	aus (heraus)
za	während, bei (Zeit), hinter, nach (wohin? wo? wann?)

Präpositionen Russisch

Russisch	Deutsch
без	ohne
благодаря́	dank
в / во	in, an, nach
в середи́не	mitten
в тече́ние	im Laufe
вдоль	entlang
вме́сто	statt
вне	außer, außerhalb
внутри́	innerhalb
во вре́мя	während
во́зле	an, neben
вокру́г	um, herum
вопреки́	entgegen, gegen
вслед	nach, hinterher
для	für
до	nach, bis, zu
за	für, in, innerhalb, hinter
из / и́зо	aus
и́з-за	heraus, wegen
и́з-под	unter … hervor
к, ко	zu
кро́ме	außer
ме́жду	zwischen
ми́мо	vorüber, vorbei
на	auf, nach, in, an
навстре́чу	entgegen
над / надо	über

Russisch	Deutsch
наперекóр	trotz
напро́тив	gegenüber
невзира́я	trotz
несмотря́ на	trotz, ungeachtet
о / об / обо	um, über (engl. *about*)
от / ото	von
пе́ред	vor
по	bis, nach, durch, entlang
под / подо	unter, bei
по́дле	neben, bei
по́сле	nach
пре́жде	vor, eher als
при	bei, an, neben
про	über (engl. *about*)
про́тив	gegen
ра́ди *)	wegen, um … willen
ря́дом с	neben
с / со	mit, aus von
сквозь	durch, hindurch
согла́сно	laut, entsprechend, gemäß, nach
спустя́	nach, nach Ablauf von
среди́	mitten, unter
с по́мощью	mithilfe von
у	bei
че́рез	durch, über, in
что каса́ется	bezüglich

*) **Russ.** *ра́ди* kann auch als Postposition nach dem Bezugswort stehen.

Präpositionen Ukrainisch

Ukrainisch	Deutsch
без	ohne
біля	neben
в / у	bei, nach, in, an
від	von
впродо́вж	während
всупере́ч	entgegen, gegen
для	für
до	nach, bis, zu
з	aus, von
з / із / зі	mit
за	für, in, innerhalb, hinter
завдяки́	dank
за́мість	statt
з-за	heraus
ко́ло	an, neben
крізь	durch, hindurch
крім	außer
між	zwischen
на	auf, nach, in, an
навко́ло	um, herum
навпро́ти	gegenüber

Ukrainisch	Deutsch
над	über
назу́стріч	entgegen
наперекір	zum Trotz
о / об	um
пе́ред	vor
під	unter, bei
пі́сля	nach
по	bis, nach, durch, entlang
по́за	außer
по́при	trotz
посере́д	mitten
при	bei, an, neben
про	um (engl. *about*)
про́ти	gegen
про́тягом	im Laufe
зара́ди	um ... willen
се́ред	mitten, unter
у / в	bei, nach, in, an
уздо́вж	entlang
че́рез	durch, über, in
що́до	bezüglich

Zahlen

Kardinalzahlen

Die slavischen Sprachen kennen für die Zahlen 1 und 2 Genusformen. Das **Polnische** unterscheidet außer für 0, 1, 1000, Million und Milliarde Personal- und Sachformen bzw. maskulin-personale und nicht-maskulin-personale Formen (hierzu Näheres im Kapitel *VI Morphologie*), je nachdem, ob männliche Personen (mit-)gezählt werden. In der Tabelle steht in der ersten Zeile die nicht-maskulin-personale Form (Sachform) als Name der Zahl, in der zweiten Zeile dann zuerst die maskulin-personale Form (Personalform), danach noch einmal die Sachform (für nicht-personale Maskulina, Feminina und Neutra).

Dt.	BKS	Polnisch	Tschechisch	Russisch	Ukrainisch
0	nula	zero	nula	ноль, нуль	нуль
1	jedan jedna jedno	jeden jedna jedno	jeden jedna jedno	оди́н одна́ одно́	оди́н одна́ одне́
2	dva, dvije (dve)	dwa, dwie, dwa dwaj (dwóch), dwa	dva, dvě	два, две, два	два, дві
3	tri	trzy trzej (trzech), trzy	tři	три	три
4	četiri	cztery czterej (czterech), cztery	čtyři	четы́ре	чоти́ри
5	pet	pięć pięciu, pięć	pět	пять	п'ять
6	šest	sześć sześciu, sześć	šest	шесть	шість
7	sedam	siedem siedmiu, siedem	sedm	семь	сім
8	osam	osiem ośmiu, osiem	osm	во́семь	ві́сім
9	devet	dziewięć dziewięciu, dziewięć	devět	де́вять	де́в'ять
10	deset	dziesięć dziesięciu, dziesięć	deset	де́сять	де́сять
11	jedanaest	jedenaście jedenastu, jedenaście	jedenáct	оди́ннадцать	одина́дцять
12	dvanaest	dwanaście dwunastu, dwanaście	dvanáct	двена́дцать	двана́дцять
13	trinaest	trzynaście trzynastu, trzynaście	třináct	трина́дцать	трина́дцять
14	četrnaest	czternaście czternastu, czternaście	čtrnáct	четы́рнадцать	чотирна́дцять
15	petnaest	piętnaście piętnastu, piętnaście	patnáct	пятна́дцать	п'ятна́дцять
16	šesnaest	szesnaście szesnastu, szesnaście	šestnáct	шестна́дцать	шістна́дцять
17	sedamnaest	siedemnaście siedemnastu, siedemnaście	sedmnáct	семна́дцать	сімна́дцять

Dt.	BKS	Polnisch	Tschechisch	Russisch	Ukrainisch
18	osamnaest	osiemnaście osiemnastu, osiemnaście	osmnáct	восемна́дцать	вісімна́дцять
19	devetnaest	dziewiętnaście dziewiętnastu, dziewiętnaście	devatenáct	девятна́дцать	дев'ятна́дцять
20	dvadeset	dwadzieścia dwudziestu, dwadzieścia	dvacet	два́дцать	два́дцять
30	trideset	trzydzieści trzydziestu, trzydzieści	třicet	три́дцать	три́дцять
40	četrdeset	czterdzieści czterdziestu, czterdzieści	čtyřicet	со́рок	со́рок
50	pedeset	pięćdziesiąt pięćdziesięciu, pięćdziesiąt	padesát	пятьдеся́т	п'ятдеся́т
60	šezdeset	sześćdziesiąt sześćdziesięciu, sześćdziesiąt	šedesát	шестьдеся́т	шістдеся́т
70	sedamdeset	siedemdziesiąt siedemdziesięciu, siedemdziesiąt	sedmdesát	се́мьдесят	сімдеся́т
80	osamdeset	osiemdziesiąt osiemdziesięciu, osiemdziesiąt	osmdesát	во́семьдесят	вісімдеся́т
90	devedeset	dziewięćdziesiąt dziewięćdziesięciu, dziewięćdziesiąt	devadesát	девяно́сто	дев'яно́сто
100	sto, stotinu	sto stu, sto	sto	сто	сто
200	dvjesto; dvije (dve) stotine	dwieście dwustu, dwieście	dvě stě	две́сти	дві́сті
300	tristo; tri stotine	trzysta trzystu, trzysta	tři sta	три́ста	три́ста
400	četiristo; četiri stotine	czterysta czterystu, czterysta	čtyři sta	четы́реста	чоти́риста
500	petsto; petstotina	pięćset pięciuset, pięćset	pět set	пятьсо́т	п'ятсо́т
1000	kr. tisuća sr. hiljada	tysiąc	tisíc	ты́сяча	ти́сяча

Ordinalzahlen

Deutsch	BKS	Polnisch	Tschechisch	Russisch	Ukrainisch
1. erster (m, f, n)	prvi prva prvo	pierwszy pierwsza pierwsze	první první první	пéрвый пéрвая пéрвое	пéрший пéрша пéрше
2. zweiter (m, f, n)	drugi druga drugo	drugi druga drugie	druhý druhá druhé	вторóй вторáя вторóе	дрýгий дрýга дрýге
3. dritter (m, f, n)	treći treća treće	trzeci trzecia trzecie	třetí třetí třetí	трéтий трéтья трéтье	трéтій трéтя трéтє
4. vierter (m, f, n)	četvrti četvrta četvrto	czwarty czwarta czwarte	čtvrtý čtvrtá čtvrté	четвёртый четвёртая четвёртое	четвéртий четвéрта четвéрте
5. fünfter (m, f, n)	peti peta peto	piąty piąta piąte	pátý pátá páté	пя́тый пя́тая пя́тое	п'я́тий п'я́та п'я́те

Sonstige Zahlwörter (Kollektiv[25], Vervielfältigung, Wiederholung u. a.)

Deutsch	BKS	Polnisch	Tschechisch	Russisch	Ukrainisch
beide (m, f, n)	oba obje oboje	oba (obydwa) obie (obydwie) oboje (obydwoje)	oba obě obě	óба óбе óба	оби́два оби́дві оби́два
einmal	jedanput	raz	jednou	(оди́н) раз	(оди́н) раз
zweimal	dvaput; dva puta	dwukrotnie; dwa razy	dvakrát	двáжды	двíчі
dreimal	triput; tri puta	trzykrotnie; trzy razy	třikrát	три́жды	три́чі
zweifach (adj)	dvostruk	podwójny	dvojnásobný	двойнóй; двукрáтный	подвíйний; дворазóвий
zweifach, doppelt (adv)	dvostruko	podwójnie	dvojitý	вдвóе	удвíчі
dreifach (adj)	trostruk	potrójny	trojnásobný	тройнóй; троекрáтный	потрíйний; триразóвий
dreifach (adv)	trostruko	potrójnie	trojmo; třikrát	втрóе	втри́чі
zu zweit	po dvoje; udvoje	we dwóch mp we dwie f we dwoje nmp	ve dvou; po dvou	вдвоём	удвóх
zu dritt	po tri; utroje	we trzech mp we trzy f we troje nmp	po třech; ve třech	втроём	утрьóх

[25] Wir verzichten auf eine ausführlichere Darstellung der Kollektivzahlwörter und führen hier nur die Entsprechungen für ‚beide' auf.

Deutsch	BKS	Polnisch	Tschechisch	Russisch	Ukrainisch
erstens	prvo	po pierwsze	za prvé	во-пéрвых	по-пéрше
zweitens	drugo	po drugie	za druhé	во-вторы́х	по-дрýге
drittens	treće	po trzecie	za třetí	в-трéтьих	по-трéтє

Mengenangaben

Deutsch	BKS	Polnisch	Tschechisch	Russisch	Ukrainisch
viel	mnogo	dużo; wiele; wielu	mnoho; hodně	мнóго	багáто
wenig	malo	mało	málo	мáло	мáло
wie viel	koliko	ile; ilu	kolik	скóлько	скільки
so viel	tako mnogo	tak dużo; tak wiele; wielu	tak mnoho	так мнóго	так багáто
so viel	toliko	tyle; tylu	tolik	стóлько	стільки
sehr viel	vrlo mnogo	bardzo dużo	velmi mnoho	óчень мнóго	дýже багáто
zu viel	previše	za dużo; za wiele	příliš mnoho	сли́шком мнóго	забагáто
ein bisschen	malo; malčice	trochę	trochu	немнóжко	трóхи
zu (groß, klein, teuer, ...)	previše	zbyt; za; zanadto	příliš	чересчýр; сли́шком	занáдто

Ortsangaben

Deutsch	BKS	Polnisch	Tschechisch	Russisch	Ukrainisch
hier	ovdje, ovde	tu; tutaj	tu; tady; zde	здесь	тут
dort	tamo	tam	tam	там	там
in Bochum	u Bochumu	w Bochum[26]	v Bochumi	в Бóхуме	в Бóхумі
in Berlin	u Berlinu	w Berlinie	v Berlíně	в Берли́не	в Берліні
nach Bochum	prema Bochumu	do Bochum	do Bochumi	в Бóхум	до Бóхума
nach Berlin	prema Berlinu	do Berlina	do Berlína	в Берли́н	до Берлíна
oben	gore	u góry; na górze	nahoře	вверхý; наверхý	звéрху

[26] Städtenamen auf *-um* (wie *Bochum*) sowie einige weitere nicht-polnische Städtenamen sind indeklinabel. Zu den Indeklinabilia im **Polnischen** siehe S. 134.

Deutsch	BKS	Polnisch	Tschechisch	Russisch	Ukrainisch
unten	ispod	na dole; w dole	dole	внизу́	внизу́ / унизу́; зни́зу
links (links von)	lijevo, levo	na lewo	vlevo	нале́во; на ле́вой стороне́; сле́ва	злі́ва; ліво́руч; з лі́вого бо́ку
nach links	nalijevo nalevo	w lewo	doleva; nalevo	нале́во; вле́во	налі́во; влі́во
von links	slijeva sleva	z lewej	zleva	сле́ва	злі́ва
rechts (rechts von)	desno	na prawo	vpravo; napravo	напра́во; на пра́вой стороне́; спра́ва	спра́ва; з пра́вого бо́ку; право́руч
nach rechts	na desnu stranu	w prawo	doprava	напра́во	напра́во
von rechts	zdesna	z prawej	zprava	спра́ва	спра́ва
neben	pored; uz	koło	při vedle	ря́дом с	бі́ля; по́руч
nebenan	pored; pokraj; uz; sasvim blizu	obok	vedle	(тут же) ря́дом	по́руч
vor	pred; ispred	przed	před	пе́ред	пе́ред
hinter	iza; pozadi	za; z tyłu	za; vzadu wo?; dozadu wohin?	за	за
auf	na	na	na	на	на
unter unterhalb	ispod	pod; poniżej	pod; dole wo?; dolů wohin?	под	під
über	prijeko preko	nad	nad	над	над
oberhalb	iznad	ponad	nad	пове́рх; вы́ше; над	пове́рх; по́над
zwischen	između	między; pomiędzy	mezi	ме́жду	між
überall	svuda; svagdje	wszędzie	všude	везде́; всю́ду	усю́ди
hierher	ovamo	tutaj; tu	sem	сюда́	сюди́

Zeitangaben

Deutsch	BKS	Polnisch	Tschechisch	Russisch	Ukrainisch
jetzt	sad(a)	teraz	teď	сейчáс; тепéрь	зáраз; тепéр
heute	danas	dzisiaj; dziś	dnes	сегóдня	сьогóдні
gestern	juče(r)	wczoraj	včera	вчерá	вчóра
morgen	sutra	jutro	zítra	зáвтра	зáвтра
damals	onda	wtedy	tehdy; tenkrát	тогдá	тоді́
am 7. April 2007 am 7.4.2007	kr. 7. travnja 2007 sr. 7 april 2009 7.4.2007	7 kwietnia 2007 7 kwietnia 2007 r. 7.IV.2007	7. dubna 2007 7.4.2007	7 апрéля 2007 года 7 апрéля 2007 г. 7-ого апрéля 2007 г. 7-го апрéля 2007 г. 7-IV-2007 г. 7/IV-2007 г.	7-го кві́тня 2007-го рóку 7 кві́тня 2007 р. 7.04.2007 7/IV-2007 р.
am siebten April zweitausendsieben	kr. sedmoga travnja dvije tisuće sedme bs., sr. sedmoga aprila dvije hiljade sedme	siódmego kwietnia dwa tysiące trzeciego roku	sedmého dubna dva tisíce sedm	седьмóго апрéля две ты́сячи седьмóго гóда	сьóмого кві́тня дві ти́сячі сьóмого рóку
Jahr	godina	rok	rok	год	рік
Monat	mjesec, mesec	miesiąc	měsíc	мéсяц	мі́сяць
Woche	bs. sedmica[27] kr. tjedan sr. ned(j)elja, sedmica	tydzień	týden	недéля	ти́ждень
Tag	dan	dzień	den	день	день
Stunde	bs. sat, sahat kr. sat sr. čas, sat	godzina	hodina	час	годи́на
Minute	minuta	minuta	minuta	мину́та	хвили́на
Sekunde	sekunda	sekunda	vteřina	секу́нда	секу́нда
Zeit(dauer)	vrijeme, vreme	czas	čas	врéмя	час
Morgen	jutro	rano	ráno	у́тро	рáнок
Mittag	podne	południe	poledne	пóлдень	полу́день
Abend	večer, veče	wieczór	večer	вéчер	вéчір

[27] Daneben gibt es noch **bs.** *hevta* (ein umgangssprachlicher Turzismus).

Deutsch	BKS	Polnisch	Tschechisch	Russisch	Ukrainisch
Nacht	noć	noc	noc půlnoc Mitternacht	ночь	ніч
morgens	ujutro	rano	každé ráno	у́тром	вра́нці
mittags	u podne	w południe	každé poledne v poledne	днём	вдень
abends	naveče	wieczorem	každý večer	ве́чером	ввéчері
nachts	noću	w nocy / nocą	každou noc v noci	но́чью	вночі́
um 9 Uhr	bs., kr. u devet sati sr. u devet časova	o (godzinie) dziewiątej	v devět hodin ráno	в де́вять часо́в	о дев'я́тій
um 21.45 Uhr	u dvadeset i jedan i četrde-set i pet	o dwudziestej pierwszej czterdzieści pięć	ve tři čtvrtě na deset večer	в два́дцать оди́н час со́рок пять мину́т	о два́дцять пе́ршій годи́ні со́рок п'ять хвили́н
Jahrhundert	vijek, vek; stoljeće, stoleće	wiek; stulecie	století	век; столе́тие	сторі́ччя; столі́ття
im 20. Jahrhun-dert	u dvadesetom stol(j)eću / vijeku, veku u 20. st. u XX veku	w dwudziestym wieku w XX wieku	v dvacátém století ve 20. století	в двадца́том ве́ке в XX ве́ке	в двадця́тому сторі́ччі в XX сторі́ччі
im 21. Jahrhun-dert	u dvadeset i prvom stoljeću / vijeku, veku	w dwudziestym pierwszym wieku	v jedenadva-cátém století v dvacátém prvním století	в два́дцать пе́рвом ве́ке	в два́дцять пе́ршому сторі́ччі
Jahrtausend	bs., kr. tisućljeće bs. sr. milenij	tysiąclecie	tisíciletí	тысячеле́тие	тисячолі́ття
immer	uvijek uvek	zawsze	vždy	всегда́	завжди́
immer noch	još uvijek još uvek	ciągle	stále ještě	всё ещё	до́сі ще
in diesem Mo-ment	upravo	w tej chwili	právě teď	в э́тот моме́нт	в цю хвили́ну
seitdem	otkako	od tej pory; od tego czasu	od té doby	с тех пор; с того́ вре́мени	з того́ ча́су; з тіє́ї пори́
oft	često	często	často	ча́сто	ча́сто
selten	rijetko	rzadko	zřídka	ре́дко	рі́дко
sofort	odmah	natychmiast	okamžitě	сра́зу	відра́зу

Anreden

Deutsch	BKS	Polnisch	Tschechisch	Russisch	Ukrainisch
Frau [Müller] Guten Tag, Frau [Müller].	gospođa Jerković Dobar dan, gospođo Jerković.	Proszę pani! (ohne Familiennamen) Dzień dobry pani.	paní Nováková Dobrý den, paní Nováková.	госпожа́ Смирно́ва До́брый день, госпожа́ Смирно́ва.	па́ні Ковале́нко Добри́день, па́ні.
Herr [Müller] Guten Tag, Herr [Müller].	gospodin Jerković Dobar dan, gospodine Jerkoviću.	Proszę pana! (ohne Familiennamen) Dzień dobry panu.	pan Novák Dobrý den, pane Nováku.	господи́н Па́нин До́брый день, господи́н Па́нин.	пан Шевче́нко Добри́день, па́не.
veraltet: Fräulein [Müller] Guten Tag, Fräulein [Müller].	veraltet: gospođica Jerković! Dobar dan, gospođice Jerković.	veraltet: Proszę panienki! (ohne Familiennamen) Dzień dobry, panienko.	veraltet: slečna (eher ohne Familiennamen) Dobrý den, slečno.	---	veraltet: па́нна Добри́день, па́нно.
Herr Professor! Herr Doktor!	Gospodine profesore! Gospodine doktore!	Panie profesorze! Panie doktorze!	Pane profesore! Pane doktore!	Господи́н профе́ссор! ---	Па́не профе́сор! Па́не до́кторе!
Frau Professor! Frau Doktor!	Gospođo profesorice! Gospođo doktorice!	Pani profesor! Pani doktor!	Paní profesorko! Paní doktorko!	Госпожа́ профе́ссор! ---	Па́ні профе́сор(ка)! Па́ні до́ктор!

BKS, **Polnisch**, **Tschechisch** und **Ukrainisch** verwenden dem Deutschen ähnliche Anredeformen mit ‚Herr' bzw. ‚Frau' plus Familienname (letzteres jedoch nicht im **Polnischen**). Zwar kennt auch das **Russische** dieses Anredemuster (*господи́н / госпожа́* + Familienname), verwendet wird es jedoch nur in offiziellen Situationen. Im alltäglichen Umgang (auch in offiziellen Situationen) sprechen sich Personen, die sich „siezen" mit Vor- und Vatersnamen an: *Лари́са Ива́новна, Юрий Евге́ньевич*. Im **Ukrainischen** dagegen ist die Anrede mit *Пан Петре́нко, Па́ні Пономаре́нко* auch in nicht-offiziellen Situationen möglich; häufiger ist jedoch für die Höflichkeitsform die Kombination mit dem Vornamen: *Пан Юрій, Па́ні Миросла́ва*. Dieses Muster wiederum kennt auch das **Polnische**: *Pan Jurek, Pani Mirosława* (Vokativ: *Panie Jurku, Pani Mirosławo*).

Routineformeln

Deutsch	BKS	Polnisch	Tschechisch	Russisch	Ukrainisch
ja	da	tak	ano	да	так
nein	ne	nie	ne	нет	ні
bitte	molim	proszę	prosím	пожáлуйста	будь лáска
danke	hvala	dziękuję	děkuji díky	спасибо	дякую
Guten Tag.	Dobar dan.	Dzień dobry.	Dobrý den.	Дóбрый день. Здрáвствуйте.	Дóбрий день. Добрúдень.
Guten Morgen.	Dobro jutro.	Dzień dobry.	Dobré ráno.	Дóброе ýтро.	Дóброго рáнку.
Guten Abend.	Dobro veče.	Dobry wieczór.	Dobrý večer.	Дóбрый вéчер.	Дóброго вéчора.
Gute Nacht.	Laku noć.	Dobranoc.	Dobrou noc.	Спокóйной нóчи.	Дóброї нóчі. als Wunsch На добрáніч. zum Abschied
Auf Wiedersehen.	Doviđenja.	Do widzenia. Do zobaczenia. Żegnam./ Żegnaj. Sg. Żegnajcie. Pl.	Na shledanou.	До свидáния.	До побáчення.
Hallo!	Zdravo! Bog!	Cześć! Witaj! Sg. Witajcie! Pl. (ugs.)	Ahoj! Nazdar! Čau!	Привéт!	Привíт!
Tschüs.	Zdravo.	Cześć.	Ahoj. Nazdar. Čau.	Счастлúво. Покá.	Па. Бувáй.
Wie geht es dir?	Kako si?	Jak się masz?	Jak se máš?	Как делá?	Як спрáви?
Wie geht es Ihnen?	Kako ste?	Jak pan/ pani się ma? Sg. Jak państwo się mają? Pl.	Jak se máte?	Как поживáете?	Як ся мáєте?
Wie viel kostet das?	kr. Koliko stoji to? Koliko to staje? sr. Koliko košta to? Pošto je to?	Ile to kosztuje?	Kolik to stojí?	Скóлько э́то стóит?	Скíльки це кóштує?

Deutsch	BKS	Polnisch	Tschechisch	Russisch	Ukrainisch
Wo ist der Bahnhof?	kr. Gdje je željeznički kolodvor? sr. Gdje je železnička stanica?	Gdzie jest dworzec?	Kde je nádraží?	(A) Где вокзáл?	Де вокзáл?
Wie spät ist es?	kr. Koliko je sati? sr. Koliko je časova?	Która (jest) godzina?	Kolik je hodin?	Котóрый час?	Кóтра годи́на?
Ich hätte gerne einen Kaffee.	kr. Molim kavu. sr. Molim kafu.	Poproszę kawę.	Dal bych si kávu, prosím.	Кóфе, пожáлуйста.	Дáйте мені, будь лáска, однý кáву / чáшку кáви.
Entschuldigen Sie bitte.	kr. Oprostite. sr. Izvinite.	Przepraszam. Proszę wybaczyć.	Promiňte, prosím. Pardon.	Извини́те, пожáлуйста.	Ви́бачте, будь лáска.
Können Sie mir sagen, ...?	Možete li mi reći ...	Czy może mi pan/ pani powiedzieć, ...? Sg. Czy mogą mi państwo powiedzieć, ...? Pl.	Můžete mi říct …	Скажи́те, пожáлуйста, ….	Скажíть, будь лáска, ...
Vielen Dank.	Hvala.	Dziękuję bardzo.	Děkuji mockrát.	Большóе спаси́бо.	Дýже дя́кую.
Keine Ursache. / Gerne.	Nema na čemu.	Nie ma za co.	Není zač. Rádo se stalo.	Не за что.	Немá за що.
Macht nichts.	Nema na čemu.	(Nic) nie szkodzi.	Nevadí.	Ничегó.	Нічóго.
Kein Problem.	Nema problema.	Nie ma sprawy.	Není problém.	Нет проблéм.	Без проблéм.
Guten Appetit.	kr. Dobar tek. bs., sr. Prijatno.	Smacznego.	Dobrou chuť.	Прия́тного аппети́та.	Смачнóго.
Herzlichen Glückwunsch zum Geburtstag.	Sretan (srećan) rođendan.	Wszystkiego najlepszego z okazji urodzin.	Všechno nejlepší k narozeninám.	Поздравля́ю с днём рождéния!	Вітáю (-ємо) з днем нарóдження.
Natürlich!	Naravno.	Oczywiście!	Samozřejmě.	Конéчно! Безуслóвно!	Авжéж! Звичáйно!

Deutsch	BKS	Polnisch	Tschechisch	Russisch	Ukrainisch
Auf jeden Fall!	U svakom slučaju.	W każdym razie! Koniecznie!	V každém případě! Každopádně.	В любóм слýчае.	В усякому рáзі.
Auf keinen Fall!	Ni u kojem slučaju!	W żadnym razie / wypadku!	V žádném případě. Rozhodně ne.	Ни в кóем слýчае.	Ні в якому рáзі.
Sehr gern!	Vrlo rado!	Chętnie!	Velice rád!	С удовóльствием!	(І)з задовóленням! Рáдо!
Das tut mir leid.	Žao mi je!	Przykro mi.	To je mi líto.	Мне óчень жаль.	Мені дýже шкóда
leider	nažalost	niestety	bohužel	к сожалéнию	на жаль
Prost! Zum Wohl!	Živjeli! Živeli!	Na zdrowie!	Na zdraví!	На здорóвье! Бýдем здорóвы!	Бýдьмо! На здорóв'я!
Gesundheit!	Nazdravlje!	Na zdrowie!	Na zdraví!	На здорóвье!	На здорóв'я!
In Ordnung.	U redu.	W porządku.	V pořádku.	Лáдно.	Дóбре.
Das freut mich.	Drago mi je.	Cieszę się.	Těší mě.	Я óчень рáд(а). m/f	Я дýже рáдий (а). m/f

Frequente Abkürzungen

Deutsch	BKS	Polnisch	Tschechisch	Russisch	Ukrainisch
d. h. das heißt	tj. to jest	tzn. to znaczy	t. j. to je / to znamená das bedeutet	т. е. то есть	--- тóбто
ebd. (ebenda)	isto	tamże	tamtéž	там же	там же
s. siehe	--- vidi	--- patrz	--- viz	см. смотри	див. дивúсь
S. 23 Seite	str. 23 strana	s. 23 strona	str. 23 strana	стр. 23 странúца	стор. 23 сторíнка
so genannt	tzv. takozvani	tzw. tak zwany	tzv. takzvaný	т. н. так называе́-мый	--- так звáний
u. a. und ander...	i dr. i drugo (i tome slično)	i in. i inni	--- a jiné	и др. и другúе	та ін. та інші
u. ä. und ähnlich...	--- i tome slično	i tp. / i t. p. i temu po-dobne	apod. a podobně	и т. п. и томý подóбное	---
o. ä. oder ähn-lich...	---	*oder* i tym podob-ne	---	---	--- абóщо
usw. / etc.	itd. i tako dalje	itd. i tak dalej	atd. a tak dále	и т. д. и так дáлее и т. п. и томý подóбное	і т. д. і так дáлі і т. п. і томý подíбне
vgl. vergleiche	up. uporedi kr. usp. usporedi	por. porównaj	srov. srovnej	ср. сравнú	пор. порівня́й
z. B. zum Beispiel	napr. / npr. na primjer	np. na przykład	např. například	напр. напримéр	напр. напрúклад
unter dem Titel	---	pt. pod tytułem	---	---	---

V Lautentsprechungen

Der Anteil panslavischer Elemente (im weitesten Sinne – siehe Kapitel *IV Wortschatz*) in der Lexik ist in den meisten slavischen Sprachen (außer im Polnischen, für das Lehr-Spławiński 1938[1] nur etwa 1.700 lexikalische Einheiten aufführt) vergleichsweise hoch. Allerdings sind diese Elemente, obwohl sie auf gemeinsame Ursprünge zurückgeführt werden können, nicht immer leicht zu erkennen. Grund sind Lautentwicklungen, die im Laufe der Zeit zu unterschiedlichen, teils systematisch erschließbaren Ergebnissen in den einzelnen slavischen Sprachen führten (und so auch die Differenzierung der slavischen Einzelsprachen bzw. die Differenzierung nach ost-, west- und südslavischem Zweig bewirkten).

Als „Mutter" der heutigen slavischen Sprachen gilt das nur anhand alter Sprachdenkmäler rekonstruierte, selbst aber nicht belegte Urslavische, das von etwa 500 v. Chr. bis 400 oder 500 n. Chr. gesprochen wurde. Zwischen 400 und 800 n. Chr. erfassten sprachliche Innovationen zwar noch alle „Sprachen" (bzw. Dialekte), führten aber zu teils verschiedenen Ergebnissen und drangen auch nicht immer restlos durch, so dass sich ab dem 5. Jahrhundert mehrere große Dialektgruppen herausbildeten. Mit dem 8. bzw. 9. Jahrhundert endet die so genannte gemeinslavische Epoche. Danach werden die drei Hauptgruppen Ostslavisch, Westslavisch und Südslavisch unterschieden.

Die Interkomprehensionsdidaktik macht sich die noch vorhandenen Gemeinsamkeiten zunutze und greift auf Daten zurück, die in historischen bzw. historisch-vergleichenden Grammatiken / Arbeiten zusammengetragen wurden. Dadurch erhält diese spezielle Form der Fremdsprachenvermittlung eine – sonst eher unübliche – diachrone Komponente.

Nachfolgend eine Übersicht über die Ergebnisse *ausgewählter* Lautentwicklungen im **BKS**, **Polnischen**, **Tschechischen**, **Russischen** und **Ukrainischen**, die im Zusammenhang mit der Interkomprehensionsthematik nützlich sein können. Auf eine ausführliche Darlegung der jeweiligen sprachhistorischen Prozesse kann und muss an dieser Stelle verzichtet werden. Für Details und weitere Informationen sei auf die in der Bibliografie genannten Titel zur slavischen Sprachgeschichte verwiesen. Thematisiert werden folgende Lautentwicklungen (in nicht-chronologischer Reihenfolge):

1. Liquidametathese (West, Süd) vs. Volllaut / Pleophonie (Ost)
2. **or-/ *ol*-Verbindungen vor Konsonanten im Anlaut
3. Jerwandel
4. Flüchtige und bewegliche Vokale
5. Entwicklung der urslavischen Nasalvokale
6. Silbische Liquiden
7. Vokalisierung der *l*-Lautung
8. Tschechisches *i / í* aus *u / ú*

[1] Nach Birnbaum/ Molas (1998, 160).

9. Ukrainisches *i*
10. Bks. *i*, poln. *y*, tsch. *y* / *i*, russ. *ы*, ukr. *и*
11. Der polnische Umlaut
12. Die 1. und die 2. Palatalisation
13. Epenthetisches *l*
14. Vereinfachung von Konsonantengruppen
15. Reflex von urslav. **tj* und **dj*
16. *g* versus *h*
17. *rz* – *ř* – *r*
18. Anlaut *je* > ostslav. *o*
19. *j*- und *v*-Prothese

1 Liquidametathese (West, Süd) vs. Volllaut / Pleophonie (Ost)

Urslav.	Südslavisch	Westslavisch		Ostslavisch		Deutsch
	BKS	*Polnisch*	*Tschechisch*	*Russisch*	*Ukrainisch*	
*gordъ	grad Stadt	gród Burg	hrad Burg	го́род Stadt	горо́д Garten	(Umzäu- nung)
*golva	glava	głowa	hlava	голова́	голова́	Kopf
*bergъ	brijeg, breg Hügel	brzeg	břeh	бе́рег	бе́рег	Ufer
*melko	mlijeko, mleko	mleko	mléko	молоко́	молоко́	Milch
*berza	breza	brzoza	bříza	берёза	беpе́за	Birke

Ziel dieses Sprachwandelprozesses war die Bildung offener, d. h. auf einen Vokal auslautender Silben in den Fällen, in denen *e* oder *o* vor einer Liquida (*l* bzw. *r*) zwischen Konsonanten (nachfolgend symbolisch mit *t* wiedergegeben) standen. Im West- und Südslavischen wurden Vokal und Liquida umgestellt (Metathese), in den südslavischen Sprachen sowie im **Tschechischen** und **Slovakischen** wurde der Vokal außerdem gedehnt (*o* zu *a* bzw. *e* zu *ě* (→ Jat')).

Im Ostslavischen entstand der so genannte Volllaut (Pleophonie, **russ.** polnoglasie): anstelle einer Umstellung wurde ein weiterer Vokal *e* oder *o* eingeschoben. Zu beachten ist, dass aus **telt* nicht **telet*, sondern **tolot* wurde. Dies ist möglicherweise dadurch zu erklären, dass *l* vor Konsonanten und Vokalen der hinteren Reihe hart und in der Folge *e* zu *o* wurde:

**melko > *mełko > * mołko > moloko*

Die (hier stark vereinfachte) Regel lautet:

Urslavisch	Südslavisch	Westslavisch		Ostslavisch	
	BKS	*Polnisch*	*Tschechisch*	*Russisch*	*Ukrainisch*
*t-or-t	-ra-	-ro- / -ró-	-ra- / -rá-	-оро-	-оро- -орі-*)
*t-ol-t	-la-	-ło-	-la-	-оло-	-оло- -олі-
*t-er-t	-rije- / -re-	-rze- / -rzo-	-ře- / -ří-	-ере-	-ере-
*t-el-t	-lije- / -le-	-le-	-lé-	-оло-	-оло-

*) Im **Ukrainischen** kann das zweite *o* des Volllautes auch als *i* erscheinen: **russ.** *поро́г* ‚Schwelle' – **ukr.** *порі́г*, **ukr.** *голова́* – G. Pl. *голі́в*. Ursächlich hierfür sind die Akzente.

2 ***or-/ *ol***-Verbindungen vor Konsonanten im Anlaut[2]

Urslavisch	Südslavisch	Westslavisch		Ostslavisch		Deutsch
	BKS	*Polnisch*	*Tschech.*	*Russisch*	*Ukrainisch*	
*órdlo	ralo	radło	rádlo	[ра́ло][3]	ра́ло	Pflug
*ólni(ь)	lane	łania	laň	лань	лань	Hirschkuh
*òrstъ	rast	wzrost	růst	рост	ріст	Wuchs
*òlkъtь	laket	łokieć	loket	ло́коть	лі́коть	Ellbogen

Bei den Verbindungen **órt-* und **ólt-* mit steigender Silbenintonation (*t* steht hier wieder für einen beliebigen Konsonanten) wurden in allen slavischen Sprachen Vokal und Liquida umgestellt und *o* zu *a* gedehnt: *rat-* bzw. *lat-*. Die Verbindungen **òrt-* und **òlt-* mit fallendem Ton wurden im Ost- und Westslavischen ohne Dehnung zu *rot-* und *lot-*, im Südslavischen mit Dehnung *o* > *a* zu *rat-* und *lat-*. Im **Ukrainischen** erscheint hier durch sekundäre Längung auch *i*.[4]

---

2 Verbindungen mit **ert-* oder **elt-* gab es nicht.
3 **Russ.** *ра́ло* (auch *ора́ло*) ist veraltet. Das moderne Wort für ‚Pflug' ist *плуг*.
4 Vgl. Panzer (1991, 267).

Die (hier stark vereinfachte) Regel lautet:

Urslavisch	Südslavisch	Westslavisch		Ostslavisch	
	BKS	*Polnisch*	*Tschechisch*	*Russisch*	*Ukrainisch*
*órt-	rat	rat	rat	рат	рат
*ólt-	lat	lat	lat	лат	лат
*òrt-	rat	rot	rot	рот	рот (ріт)
*òlt-	lat	lot	lot	лот	лот (літ)

Bei diesem Sprachwandelprozess spielen die Akzentverhältnisse eine wichtige Rolle; zu Einzelheiten vgl. die im Literaturverzeichnis genannten historischen Sprachlehren.

3 Jerwandel

Urslavisch	Südslavisch	Westslavisch		Ostslavisch		Deutsch
	BKS	*Polnisch*	*Tschech.*	*Russisch*	*Ukrainisch*	
*sъnъ	san	sen	sen	сон	сон	Schlaf, Traum
*vъšь	vaš	wesz	veš	вошь	вóша	Laus
*dьnь	dan	dzień	den	день	день	Tag
*pьsъ	pas	pies	pes	пёс[5]	пес[5]	Hund
*otьcь	otac	ojciec	otec	отéц	отéць[6]	Vater

Die Jers waren wahrscheinlich kurze Vokale, die in der alten Kyrillica mit **ъ** und **ь** wiedergegeben wurden und – anders als etwa im heutigen **Russischen** – einen Lautwert hatten. Das Jer der hinteren Reihe **ъ** entsprach dabei möglicherweise einem kurzen *u* (*ŭ*), das Jer der vorderen Reihe **ь** dagegen einem kurzen *i* (*ĭ*). Status und Lautwerte dieser Jers werden kontrovers diskutiert[7]. Der Jerwandel – Schwund der Jers in schwachen, Entwicklung zum Vollvokal in starken Positionen – wurde in allen slavischen Sprachen durchgeführt, allerdings mit unterschiedlichen Ergebnissen.

---

5 Der frequentere Ausdruck für ‚Hund' im **Russischen** und **Ukrainischen** ist *собáка*.

6 **Ukr.** *отéць* wird überwiegend in der Kirchensprache verwendet (z. B. *Отче наш, що єси на небесах!* ‚Vater unser, der du bist im Himmel!' oder *отéць небéсний* ‚himmlischer Vater'). Die Verwandtschaftsbezeichnung für ‚Vater' lautet *бáтько*.

7 Frühere Einstufungen als „Halbvokale" oder „reduzierte Vokale" werden in der neueren Literatur zunehmend abgelehnt. Es ist wohl eher davon auszugehen, dass es sich um *kurze Vokale* gehandelt hat.

Die (stark vereinfachte) Regel lautet für die Fälle von Vollvokalisierung:

Urslavisch	Südslavisch	Westslavisch		Ostslavisch	
	BKS	*Polnisch*	*Tschechisch*	*Russisch*	*Ukrainisch*
*ъ (*ŭ)	a	e	e	o	o
*ь (*ĭ)	a	'e (nach palatal.)	e	e ('o)	e

4 Flüchtige und bewegliche Vokale

Als Folge des Jerwandels gibt es heute in den slavischen Sprachen so genannte „flüchtige Vokale", d. h. Vokale, die scheinbar im Flexionsparadigma „verschwinden". Tatsächlich resultieren die Unterschiede zwischen den einzelnen Wortformen aus unterschiedlichen Ausgangsformen; vgl. dazu die urslavischen Beispiele, in denen noch alle Jers vorhanden waren.

Urslavisch	Südslav.	Westslavisch		Ostslavisch		Deutsch
	BKS	*Polnisch*	*Tschech.*	*Russisch*	*Ukrainisch*	
N. Sg. *sъnъ G. Sg. *sъna	san sna	sen snu	sen sna	сон сна	сон сну	Traum, Schlaf
N. Sg. *otьcь G. Sg. *otьca	otac oca	ojciec ojca	otec otce	оте́ц отца́	оте́ць (relig.) отця́	Vater
N. Sg. *dьnь G. Sg. *dьne	dan dana	dzień dnia	den dne	день дня	день дня	Tag
N. Sg. *pьsъ G. Sg. *pьsa	pas psa	pies psa	pes psa	пёс пса	пес пса	Hund

In den urslavischen Formen des Nom. Sg. steht das jeweils erste Jer in einer starken Position und wird zum Vollvokal, das jeweils zweite Jer schwindet. Die Formen des Gen. Sg. dagegen zeigen Jers in einer schwachen Position.

Neben den *flüchtigen* kommen auch so genannte *bewegliche* oder *eingeschobene* Vokale vor, wobei die Bezeichnungen in den einzelsprachlichen Grammatiken variieren. Im **BKS** spricht man zusammenfassend von einem *beweglichen a*, das nicht nur in Maskulina, sondern auch in den Formen unbestimmter maskuliner Adjektive (z. B. *dobar* ‚ein guter' vs. *dobri* ‚der gute') oder im Genitiv Plural von Feminina oder Neutra erscheint. Auch das **Polnische**, **Tschechische**, **Russische** und **Ukrainische** kennen eingeschobene Vokale in der Deklination der Substantive. Vgl. nachfolgende Beispiele:

	Südslav.	Westslavisch		Ostslavisch		Deutsch
	BKS	*Polnisch*	*Tschechisch*	*Russisch*	*Ukrainisch*	
N. Sg.	sestra	siostra	sestra	сестрá	сестрá	Schwester
N. Pl.	sestre	siostry	sestry	сёстры	сéстри	
G. Pl.	sestara	sióstr	sester	сестëр	сестéр	
N. Sg.	pismo	pismo Schrift	písmo Schrift	письмó	письмó Schrift	Brief; Schrift
N. Pl.	pisma	pisma	písma	пи́сьма	пи́сьма	
G. Pl.	pisama	pism	písem	пи́сем	пи́сем	
N. Sg.	okno[8] Fensterscheibe	okno	okno	окнó	вікнó	Fenster
N. Pl.	okna	okna	okna	óкна	ві́кна	
G. Pl.	okna	okien	oken	óкон	ві́кон	

5 Entwicklung der urslavischen Nasalvokale

Urslav.	Südslavisch	Westslavisch		Ostslavisch		Deutsch
	BKS	*Polnisch*	*Tschech.*	*Russisch*	*Ukrainisch*	
*zǫbъ	zub	ząb, G. Sg. zęba	zub	зуб	зуб	Zahn
*rǫka	ruka	ręka	ruka	рукá	рукá	Hand, Arm
*męso	meso	mięso	maso	мя́со	м'ясо	Fleisch
*językъ	jezik	język	jazyk	язы́к	язи́к Zunge	Sprache, Zunge

Im Urslavischen gab es zwei Nasalvokale: *ę (wie frz. *fin*) und *ǫ (wie frz. *bon*), die in fast allen slavischen Einzelsprachen in Mundvokale umgewandelt wurden[9]. Die heutigen **polnischen** Nasale ę und ą (gesprochen ǫ) haben einen eigenen Entwicklungsweg genommen und stellen keine direkte Fortführung der urslavischen Nasale dar.

Die (stark vereinfachte) Regel lautet:

Urslavisch	Südslavisch	Westslavisch		Ostslavisch	
	BKS	*Polnisch*	*Tschechisch*	*Russisch*	*Ukrainisch*
*ǫ	u	ę, ą	u, ou	у	у
*ę	e	ę, ą	a, á, e, ě, í	я (phonol. 'a)	я bzw. 'я nach Labialen ('a)

[8] **Bks.** ‚Fenster' ist *prozor*.

[9] Lediglich im Polnischen, Kaschubischen, Pomoranischen, in slovenischen Mundarten in Kärnten und im Draväno-Polabischen († 18. Jh., Lüneburger Wendland) wurden Nasalvokale bewahrt.

6 Silbische Liquiden

Urslavisch	Südslav.	Westslavisch		Ostslavisch		Deutsch
	BKS	*Polnisch*	*Tschechisch*	*Russisch*	*Ukrainisch*	
*vьlkъ	vuk	wilk	vlk	волк	вовк	Wolf
*žьltъ	žut, -a, -o	żółty	žlutý	жёлтый	жóвтий	gelb
*pьlnъ	pun	pełny	plný	пóлный	пóвний	voll
*pьrstъ	prst	pierścionek Fingerring	prst	пéрстень Fingerring	пéрстень Fingerring	Finger-(ring)/ Zeh
*sьrdьce	srce	serce	srdce	сéрдце	сéрце	Herz

Das Urslavische kannte offenbar die silbischen (silbenbildenden) Liquiden *l̥* und *r̥* (*ьl, ъl / ьr, ъr*), die in der altkirchenslavischen Grafie durch ль und рь (vordere Reihe) bzw. лъ und ръ (hintere Reihe) wiedergegeben wurden (z. B. urslav. **vьlkъ*, aksl. *vlьkъ* (влькъ) ‚Wolf'). Silbenbildende Liquiden finden sich heute im **BKS** (nur *r*, z. B. in *vrlo* ‚sehr', *vrt* ‚Garten', Insel *Krk*) und im **Tschechischen** (*l* in *hlt* ‚Schluck', *r* in *krk* ‚Hals'), ferner im Slovakischen. Das silbenbildende (sonantische) *l* (*l̥*) wurde im **BKS** zu *u*.

7 Vokalisierung der *l*-Lautung[10]

Mit „Vokalisierung der *l*-Lautung" sind gewisse Ähnlichkeiten gemeint, die einige slavische Sprachen hinsichtlich der historischen Entwicklung des *l* zeigen – im **BKS** in bestimmten Umgebungen zu *o*, im **Polnischen** und **Ukrainischen** zu einem dem engl. *w* ähnlichen Laut [u̯]. Es handelt sich jedoch nicht um einen einheitlichen Lautwandelprozess. Für Interkomprehensionszwecke kann die Kenntnis der hier beschriebenen Entsprechungen und Alternationen aber unter Umständen nützlich sein. Vgl. die nachfolgende Gegenüberstellung (im **Tschechischen** und **Russischen** gibt es keine derartige „Vokalisierung"):

BKS		*Polnisch*		*Tschechisch*	*Russisch*	*Ukrainisch*		**Deutsch**
dao	o	dał	[u̯]	dal	дал	дав	[u̯]	gab (m. Sg.)
dala		dała	[u̯]	dala	далá	далá		gab (f. Sg.)
bio	o	był	[u̯]	byl	был	був	[u̯]	war (m. Sg.)
bila		była	[u̯]	byla	былá	булá		war (f. Sg.)

BKS: *-l* > *-o*

Im BKS ist altes *l* im Wort- bzw. Silbenauslaut zu *o* geworden; vgl. die mask. Form des Partizips Aktiv *dao* < *dal*, Maskulina wie *posao* ‚Arbeit' < *posal* oder

10 Vgl. EuroCom*Slav*.

Feminina wie *misao* ‚Gedanke' < *misal.* In den obliquen Kasus (nur Akkusativ = Nominativ) taucht das *l* dann aber wieder auf: G. Sg. *posla, misli.* Im Wortinnern zeigt sich diese Entwicklung zum Beispiel in *gledalac* ‚Zuschauer' (N. Sg.) – hier wird das *l* in allen obliquen Kasus (außer G. Pl. *gledalaca*) zu *o*: vgl. G. Sg. *gledaoca*, N. Pl. *gledaoci* usw. Außerdem betroffen sind die unbestimmten Formen maskuliner Adjektive, die ursprünglich auf *-l* auslauteten wie etwa sr. *beo* (best. *beli*; dazu kr. *bijel*, best. *bijeli*) ‚ein weißer' < *běl.* Die obliquen Kasus sowie die femininen und neutralen Formen weisen dann wieder ein *l* auf (z. B. f., n. *bela / bijela, belo / bijelo*).

Vor *o*, das aus *l* entstanden ist, wurde ursprüngliches *ě* (→ Jat') zu *i*; vgl. das Partizip Aktiv m. Sg. **bs.** und **kr.** *htio* (f. *htjela*) zu *htjeti* ‚wollen, werden', **bks.** *bio* (f. *bila*) zu *biti* ‚sein', *vidio* (f. *vidjela*) zu *vidjeti* ‚sehen' etc.

Polnisch: *l* (nicht palatalisiert) > *ł*

Im Polnischen hat sich eine Art Opposition *l : ł* entwickelt mit einem bilabialen Gleitlaut *ł*, der wie das englische *w* [u̯] gesprochen wird. Das *ł* kann in allen Positionen außer vor *i* auftreten; es erscheint z. B. in bestimmten Formen des Präteritums, aber auch in der Position früherer silbischer Liquiden wie im Anlaut von *łza* ‚Träne' (vgl. die entsprechenden Beispiele in Abschnitt 6). In den Paradigmen kann *ł* mit *l* alternieren: *szkoła – w szkole.*

Fakultativ kann im Polnischen heute anstelle von *ł* noch das alte harte velare *l* verwendet werden (obwohl dies faktisch nicht mehr vorkommt).[11]

Ukrainisch: *-l* > *-в*

In bestimmten Umgebungen entwickelte sich hartes *l* (*ł*) zu einem Halbvokal, der in etwa vergleichbar ist mit dem englischen *w* und in der Schrift mit *в* bezeichnet wird. Vor anderen Konsonanten und im Auslaut wird daher heute das Graphem *в* [u̯] gesprochen; z. B. *жóвтень* ‚Oktober', *плив* ‚er schwamm', *дав* ‚er gab' (aber *далá* ‚sie gab' usw.); *в* ist hier eine postvokalische, antekonsonantische Variante von *l.*[12]

8 Tschechisches *i / í* aus *u / ú*

Im **Tschechischen** fand nach weichen Konsonanten ein Wandel von *u / ú* zu *i / í* statt, der nicht nur in der Lexik, sondern auch beim Vergleich der Substantiv-Deklinationen und der Konjugationen der einzelnen Slavinen auffällt. Wo etwa im **BKS**, **Russischen** und **Ukrainischen** der Akkusativ Singular (ursprünglich) weicher Feminina auf *u* bzw. *'u* endet, erscheint im **Tschechischen** ein *i* (z. B. **tsch.** *duši* (weich), aber *ženu* (hart)). Das Gleiche gilt für den tschechischen Dativ Singular weicher Maskulina und Neutra und für die Formen der 1. Person Singular und der 3. Person Plural Präsens. Vgl. die folgenden Beispiele[13]:

---

[11] Zur Geschichte vgl. Klemensiewicz, Z. (1974), *Historia języka polskiego*. Bd. 2. Warszawa, 296.
[12] Vgl. Panzer (1991, 51).
[13] Vgl. Vintr (2001, 199).

Urslavisch	Südslavisch	Westslavisch		Ostslavisch		Deutsch
	BKS	*Polnisch*	*Tschechisch*	*Russisch*	*Ukrainisch*	
*jugъ	jug	[południe]	jih	юг	[південь]	Süden
*mǫž'u N. Sg. mǫžь	mužu N. Sg. muž	mężowi N. Sg. mąż	muži N. Sg. muž	мýжу N. Sg. муж	---	(Ehe-)Mann D. Sg. m.
*stroju N. Sg. *stroi	stroju N. Sg. stroj	strojowi N. Sg. strój	stroji N. Sg. stroj	стрóю N. Sg. строй	стрóю / стрóєві N. Sg. стрій	[stroj[14]] D. Sg. m.
*dušǫ N. Sg. *duša	dušu N. Sg. duša	duszę N. Sg. dusza	duši N. Sg. duše	дýшу N. Sg. душá	дýшу N. Sg. душá	Seele A. Sg. f.
*čuvьstvo Gefühl	(čuvstven[15], kr. ćutilan gefühlvoll)	odczuwać odczuć	cítit	чýвствовать	відчувáти	fühlen
*junъ *junošь *junakъ	junak Held	junak mutiger Mann (veralt.)	jinoch	ю́ноша	юнáк	Junge, junger Mann
*l'udъ *l'udьje	ljudi Menschen, Leute	lud	lid	лю́ди Menschen, Leute	лю́ди	Volk
*čuž-	tuđ(i)	cudzy	cizí	чужóй	чужи́й	fremd
*kryjǫtъ Inf. *kryti	pokriju Inf. pokriti	(przy)kryją Inf. przykryć	kryjí (a. kryjou) Inf. krýt	крóют Inf. крыть	кри́ють Inf. кри́ти	bedecken 3. Ps. Pl. Präsens

[14] Die entsprechenden slavischen Wörter sind nur in ihrer äußeren Form ähnlich. Sie differieren in ihren Bedeutungen: **ursl.** **stroi* ‚Ordnung', **bks.** *stroj* ‚Maschine', **poln.** *strój* ‚Kleidung, Tracht' (neben *ustrój* ‚Organismus, Struktur, System'), **tsch.** *stroj* ‚Maschine', **russ.** *строй*, **ukr.** *стрій* ‚Ordnung, Struktur, Reihe'.

[15] **Bks.** ‚fühlen' ist *osjećati* (mit *osjećajan* ‚gefühlvoll').

9 Ukrainisches *i* [16]

Urslavisch	Südslavisch	Westslavisch		Ostslavisch		Deutsch
	BKS	*Polnisch*	*Tschech.*	*Russisch*	*Ukrainisch*	
*stěna	stijena, stena Felswand[17]	ściana	stěna	стенá	стiнá	Wand
*slěpъ	slijep, slep	ślepy	slepý	слепóй	слiпи́й	blind
*větrь	vjetar, vetar	wiatr	vítr	вéтер	вíтер	Wind
*chlěbъ	sr. hljeb [bs., kr. kruh]	chleb	chléb	хлеб	хлiб	Brot
*kamy, G. Sg. *kamene	kamen	kamień	kámen	кáмень	кáмiнь*	Stein
*jesenь	jesen	jesień	[podzim]	óсень	óсiнь*	Herbst
*šestь	šest	sześć	šest	шесть	шiсть*	sechs
*sedmь	sedam	siedem	sedm	семь	сiм*	sieben
*dědъ	djed, ded	dziadek	děda	дед	дiд	Großvater
*lěsъ	[šuma]	las	les	лес	лiс	Wald
*seno	sijeno, seno	siano	seno	сéно	сíно	Heu
*konь	konj	koń	kůň	конь	кiнь*	Pferd
*mojь	moj	mój	můj	мой	мiй*	mein m.

*) Hier kommt es im **Ukrainischen** in der Formen- und der Wortbildung zu Vokalwechseln; vgl. *осiнь – oсенi* (G.Sg.), *кiнь – коня* (G.Sg.), *кiт – кота* (G.Sg.); *нiс* ‚Nase', aber *носорíг* ‚Nashorn'.

Die urslavischen Vokale haben sich in den einzelnen Slavinen sehr unterschiedlich entwickelt, und es würde zu weit führen, diese Erscheinungen im Einzelnen aufzuführen und zu erläutern. Besonders hingewiesen sei aber auf das ukrainische *i*, das sich in zahlreichen Wörtern dort zeigt, wo andere slavische Sprachen *e* oder *o* nach palatalisiertem Konsonanten haben. Für dieses *i* gibt es verschiedene Gründe; es ist entstanden aus

- urslav. **ě*
- urslav. **e* mit Ersatzdehnung vor ausgefallenem Jer
- urslav. **ē*
- *ō*, das sich vor ausgefallenem Jer aus **o* entwickelte[18].

Innerhalb der einzelnen Sprachen sind weitere Vokalalternationen möglich – wie die unter 10 genannten.

[16] Das **ukr.** *i* ist Gegenstand zahlreicher **ukr.-russ.** Sprachwitze. Vgl. hierzu Kapitel *X Zum Schluss*.
[17] ‚Wand' im **BKS** ist *zid*.
[18] Vgl. Panzer (1991, 51 und 295).

10 Bks. *i*, poln. *y*, tsch. *y* / *i*, russ. *ы*, ukr. *u*

Der Laut [ɨ], ein „hartes *i*", das nach harten Konsonanten, selten auch im Anlaut, gesprochen wird, scheint auf den ersten Blick ein „typisch slavischer" Laut zu sein – und so ist es manchmal auch in der Literatur zu lesen. Doch so „allgemeinslavisch" ist dieser Laut keineswegs. Von den hier beschriebenen fünf Slavinen findet er sich nur im **Polnischen**, **Russischen** und **Ukrainischen** – und auch dort mit einzelsprachlichen Unterschieden.

Im **BKS** gibt es nur ein Phonem /i/ und ein Graphem *i*, das auch nach harten Konsonanten stehen kann.

Im **Polnischen** wird lautlich und grafisch unterschieden zwischen *i* und *y*, wobei *y* den Laut [ɨ], *i* den Laut [i] repräsentiert; vgl. den phonetischen Unterschied in *być* ‚sein' – *bić* ‚schlagen'. Das Vorkommen von *y* ist – wie auch **russ.** *ы* (y) – in der Regel vorhersagbar: es steht zum Beispiel in einheimischen Wörtern nie nach *g*, *k*, *l* oder *j* und nie im Wortanlaut[19]. Allerdings kommt **poln.** *y* nach *g*, *k*, *l* in Fremdwörtern wie *gyros* oder auch als Übernahme des lateinischen Ypsilons in Fremdwörtern wie *yeti* vor.

Im **Tschechischen** bezeichnen die Grapheme *i* / *y* das Phonem /i/ (kurzes i) und *í* / *ý* das Phonem /í/ (langes i). Die Schreibung ist traditionell bedingt. Einen Hinweis auf die Palatalisierung des vorhergehenden Konsonanten stellen nur i / í nach *d*, *t*, *n* dar. Eine lautliche Opposition zwischen *i* / *y* bzw. *í* / *ý* besteht nicht (siehe auch S. 26).

Im **Russischen** ist lautlich zu unterscheiden zwischen einem /i/, das in etwa dem deutschen *i* gleicht, und einem /y/, das man hervorbringen kann, indem man die Artikulationsorgane in die Position für *i* bringt, dann aber *u* spricht (oder umgekehrt). Häufig, aber nicht immer, werden im Russischen diese beiden Laute grafisch als *и* (*i*) und *ы* (*y*) unterschieden. Phonetisch und semantisch verschieden sind also zum Beispiel *быть* ‚sein' und *бить* ‚schlagen'. Zudem tritt der Laut [ɨ] auf nach harten *ж*, *ш*, *ц* (*жить*, *шить*, *цирк*) und Präpositionen (*в Интерне́те*). Die Distribution ist weitgehend positionsabhängig – so findet sich beispielsweise nach *г*, *к*, *х* nur *и*.[20]

Im **Ukrainischen** bezeichnet das Graphem *i* den Laut [i], das Graphem *и* den Laut [ɨ], der ungefähr zwischen poln. *y* und russ. *ы* (*y*) anzusiedeln ist und zu den Vokalen der vorderen Reihe gerechnet wird. Es sei noch einmal darauf hingewiesen, dass ukr. *и* mit latein. *y* transliteriert wird (dagegen **russ.** *и* mit latein. *i*).[21]

---

[19] Aufgrund der Vorhersagbarkeit ist der Phonemstatus von **poln.** *i* und *y* (wie auch von **russ.** *и* und *ы*) umstritten. Einige Linguisten erkennen *być* – *bić* als Minimalpaare an, andere sehen hier nur kombinatorische Varianten. Siehe auch Fußnoten 20 und 21 zum **Russischen** und **Ukrainischen**.

[20] Ob es sich bei **russ.** *и* (*i*) und *ы* (*y*) um zwei *Phoneme* handelt, ist umstritten. Die Moskauer Phonologische Schule stuft *y* nur als positionsbedingtes Allophon zu einem Phonem /i/ ein, d. h., das distinktive Merkmal in *быть* – *бить* ist die Palatalisiertheit bzw. Nicht-Palatalisiertheit der Phoneme /b/ bzw. /b'/, während das Phonem /i/ in beiden Wörtern dasselbe ist: /bit'/ vs. /b'it'/. Anders ausgedrückt: *ы* bezeichnet das Phonem /i/ und die Härte des vorangehenden Konsonanten. Die Leningrader / Sankt-Petersburger Phonologische Schule dagegen sieht hier zwei Phoneme /i/ und /y/ und betrachtet Fälle wie *быть* – *бить* als /bɨt'/ – /b'it'/. Als Beispiel für ein nicht positionsbedingtes Vorkommen des Phonems /y/ wird das Kunstwort *ы́кать* ‚*ы* sprechen'genannt.

[21] Auch der Phonemstatus von **ukr.** *и* /y/ ist umstritten.

Nachfolgend eine vereinfachte vergleichende Übersicht über die verschiedenen, hier mit **i** (bzw. *í* für langes **tsch.** *i*) und **y** bezeichneten Laute. Die einzelsprachlichen Unterschiede, die bei i [i] und y [ɨ] bestehen (so ist etwa **poln.** [ɨ] „stumpfer“ als **russ.** [ɨ]), werden hier nicht wiedergegeben; vgl. hierzu die Audiodateien auf der Web-Site www.narr-studienbuecher.de.

Südslavisch		**Westslavisch**				**Ostslavisch**				Deutsch
BKS		*Polnisch*		*Tschechisch*		*Russisch*		*Ukrainisch*		
pivo	**i**	piwo	**i**	pivo	**i**	пи́во	**i**	пи́во	**y**	Bier
miš	**i**	mysz	**y**	myš	**i**	мышь	**y**	ми́ша	**y**	Maus
riba	**i**	ryba	**y**	ryba	**i**	ры́ба	**y**	ри́ба	**y**	Fisch
biti	**i**	być	**y**	být	**í**	быть	**y**	[бу́ти]		sein
biti prügeln	**i**	bić	**i**	bít	**í**	бить	**i**	би́ти	**y**	schlagen

11 Der polnische Umlaut

Der so genannte „polnische Umlaut“ (przegłos polski) weist auf einen historischen Wandel von urslav. **ě*, **e* und **ę* vor Vorderzungenkonsonanten (*t, d, s, z, n, r, ł*) zu *'a, 'o* bzw. *'ǫ* hin.[22] Vgl. die nachfolgenden Beispiele:

Urslav.	**Südslavisch**	**Westslavisch**		**Ostslavisch**		Deutsch
	BKS	*Polnisch*	*Tschech.*	*Russisch*	*Ukrainisch*	
*bělъ	bs., kr. bijel(i) sr. beo (beli)	biał(y)	bílý	бе́лый	бі́лий	weiß
*měra	mjera, mera	miara	míra	ме́ра	мі́ра	Maß
*květъ	cvijet, cvet	kwiat	květ	цвето́к; цвет Blüte; Farbe	цвіт (Blüte)[23]	Blume
*žena	žena	żona Ehefrau	žena Frau	жена́ Ehefrau	жона́; жі́нка[24] Frau	Frau, Ehefrau
*berǫ	berem ich pflücke	biorę	beru	беру́	беру́	ich nehme
*sestra	sestra	siostra	sestra	сестра́	сестра́	Schwester
*vesna	[proljeće, proleće]	wiosna	[jaro]	весна́	весна́	Frühling

[22] Zu Details vgl. z. B. Panzer (1991, 281ff.) und Mazur (1993, 37f.).

[23] ‚Blume‘ im **Ukrainischen** ist *кві́тка* – eine Entlehnung aus dem Westslavischen (daher *kv* im Anlaut). ‚Farbe‘ im Ukrainischen ist *ко́лір*.

[24] **Ukr.** ‚Ehefrau‘ ist *дружи́на*.

Urslav.	Südslavisch	Westslavisch		Ostslavisch		Deutsch
	BKS	*Polnisch*	*Tschech.*	*Russisch*	*Ukrainisch*	
*vęzati	vezati	wiązać	vázat	вязáть	в'язáти	binden

Im **Polnischen** sind innerhalb der Paradigmen wiederum Vokalalternationen möglich wie *las* ‚Wald' – *v lesie* ‚im Wald', *miasto* ‚Stadt' – *w mieście* ‚in der Stadt', *biorę* ‚ich nehme' – *bierzesz* ‚du nimmst' usw.

12 Die 1. und die 2. Palatalisation

In der Geschichte der slavischen Sprachen werden verschiedene Palatalisationen unterschieden – je nach gewähltem Ansatz zwei, drei, selten auch vier (Näheres im Glossar unter → Palatalisation).

Die 1. Palatalisation

Die 1. Palatalisation fiel wohl noch in die urslavische Epoche (um 500 n. Chr.), weshalb wir dieselben Ergebnisse in allen slavischen Sprachen finden:

g > **ž**
k > **č**
ch > **š**

Das Ergebnis **g** > **ž** zeigen beispielsweise im Anlaut die Wörter **bks.** *žena* ‚(Ehe)Frau', **poln.** *żona* ‚Ehefrau', **tsch.** *žena* ‚Frau', **russ.** *женá* ‚Ehefrau', **ukr.** *жíнка* ‚Frau' (hier aus: *g^uen-*; vgl. grch. *gyn-*, engl. *queen*). Die 1. Palatalisation ist auch die Ursache für Lautalternationen in der Wort- und Formenbildung; vgl. die nachfolgenden Beispiele für ‚Gott – Gott!', ‚Auge – Augen', ‚Ohr – Ohren' bzw. **ukr.** ‚Ohr – Ohr…' (die Beispiele spiegeln allerdings z. T. veraltete Sprachzustände wider[25]).

BKS	Polnisch	Tschechisch	Russisch	Ukrainisch
bog – bože!	Bóg – Boże!	Bůh – Bože!	бог [ch] – бóже!	бог – бóже!
oko – oči	oko – oczy	oko – oči	óко – óчи	óко – óчі
uho – uši	ucho – uszy	ucho – uši	ýхо – ýши	вýхо – вушнúй[26]

Die 2. Palatalisation

Wichtig für die interkomprehensive Erschließung slavischer Wörter und Formen ist vor allem die Kenntnis der Ergebnisse der 2. Palatalisation, die hier (gekürzt) wiedergegeben werden.

---

25 **Russ.** *óко* ‚Auge' ist veraltet. Gebräuchlich ist heute *глаз*. Veraltet ist auch die Vokativform *бóже!* Die Pluralformen sind ursprünglich Dualformen, die in unseren fünf Slavinen nur noch als Restbestände erhalten sind.

26 Der Plural zu **ukr.** *вýхо* lautet *вýха*.

Durch diese 2. Palatalisation wurden nach *i* und *ě* (→ Jat'), die aus indogermanischen Diphthongen (→ Diphthong) entstanden,

g > **z** (bzw. heute **dz** im **Polnischen**)
k > **c**
ch > **s** bzw. **š** im Westslavischen.

Im **BKS**, **Polnischen**, **Tschechischen** und **Ukrainischen** resultieren daraus Lautalternationen in den Paradigmen (vgl. die zweite Tabelle) – im Gegensatz zum **Russischen**, wo diese Entwicklung später entweder wieder rückgängig gemacht oder nicht mehr konsequent durchgeführt wurde (das ist nicht abschließend geklärt), so dass hier *g, k, ch* vor *e* (ursprünglich *ě*) oder *i* bleiben (*рукá, рукú, рукé ...*). Erhalten sind lediglich einige „Restbestände" wie in *друг* ‚Freund' – Pl. *друзья́* (aber Präpositiv *о дрýге*).

Keine Unterschiede gibt es in Fällen wie **bks.** *cijeli, celi,* **poln.** *cały,* **russ.** *цéлый,* **tsch.** *celý,* **ukr.** *цíлий* ‚ganz, heil' zu **ursl.** **kail-* oder **koi̯l-* usw. Hier zeigt auch das **Russische** die Ergebnisse der 2. Palatalisation.

Vgl. die Unterschiede und Gemeinsamkeiten im Anlaut (für *g* > *(d)z* konnte kein modernes Beispiel gefunden werden):

Urslavisch	Südslavisch	Westslavisch		Ostslavisch		Deutsch
	BKS	*Polnisch*	*Tschechisch*	*Russisch*	*Ukrainisch*	
*choi̯r-	[siv]	szary	šerý[27]	сéрый	сíрий	grau
*choi̯d-	sijed, sed	[siwy]	šedý[27]	седóй	сідий	grau (Haare)
*koi̯nā	cijena, cena	cena	cena	ценá	цінá	Preis

Unterschiede in den Paradigmen:

Südslav.	Westslavisch		Ostslavisch		Dt.
BKS	*Polnisch*	*Tschechisch*	*Russisch*	*Ukrainisch*	
ruka – ruci D./ P. Sg.	ręka – ręce D./P. Sg.	ruka – ruce D. Sg.	рукá – руки ⁺) G. Sg., N./A. Pl.	рукá – руцí D./ P. Sg.	Hand
noga – nozi D./ P. Sg.	noga – nodze[28] D./ P. Sg.	noha – noze P. Sg.	ногá – ноги ⁺) G. Sg., N./A. Pl.	ногá – нозí D./ P. Sg.	Fuß / Bein
muha – muhi D./ P. Sg. *)	mucha – musze D. Sg.	moucha – muše D. Sg.	мýха – мýхи G. Sg., N./A. Pl.	мýха – мýсі D./ P. Sg.	Fliege

*) Im **BKS** ist gegenwärtig ein Abbau dieser Alternationen zu beobachten. So wäre im Dativ und Präpositiv Singular zu *muha* ‚Fliege' eigentlich *musi* zu erwarten, inzwischen wird aber wohl zunehmend die Form *muhi* verwendet. Vgl. hierzu auch Kunzmann-Müller (^{3}2002, 116f.).

⁺) Im **Russischen** wechselt der Akzent: Gen. Sg. *рукú, ногú,* aber Nom./Akk. Pl. *рýки, нóги.*

---

27 **Tsch.** *šedý* ist die eigentliche Farbbezeichnung für ‚grau'; *šerý* dagegen wird in anderen Kontexten verwendet (z. B. *Venku je šero* ‚Draußen dämmert es').

28 **Poln.** *noga* bedeutet ‚Bein'.

Die (stark vereinfachte) Regel für die Fälle, in denen sich Unterschiede (!) finden, lautet:

Urslavisch	Südslavisch	Westslavisch		Ostslavisch	
	BKS	*Polnisch*	*Tschechisch*	*Russisch*	*Ukrainisch*
*g	z	dz	z	г	з
*k	c	c	c	к	ц
*ch / h	s / h	sz	š	х	с

Betroffen von der 2. Palatalisation waren auch die Verbindungen *gv*, *kv*, *chv*, die sich im Ost- und Südslavischen zu *zv*, *cv*, *sv* wandelten. Nachfolgend Beispiele für *gv* und *kv*.

Urslav.	Südslavisch	Westslavisch		Ostslavisch		Deutsch
	BKS	*Polnisch*	*Tschech.*	*Russisch*	*Ukrainisch*	
*gvězda	zvijezda, zvezda	gwiazda	hvězda	звездá	[зірка]	Stern
*květъ	cvijet, cvet	kwiat	květ	цветóк цвет Blüte; Farbe	цвіт Blüte[29]	Blume

Die (stark vereinfachte) Regel lautet:

Urslavisch	Südslavisch	Westslavisch		Ostslavisch	
	BKS	*Polnisch*	*Tschechisch*	*Russisch*	*Ukrainisch*
*gv vor i oder ě	zv	gw	hv	зв	зв
*kv vor i oder ě	cv	kw	kv	цв	цв

[29] ‚Blume' im **Ukrainischen** ist *квітка* – eine Entlehnung aus dem Westslavischen (daher *kv* im Anlaut).

13 Epenthetisches *l*

Urslavisch	Südslav.	Westslavisch		Ostslavisch		Deutsch
	BKS	*Polnisch*	*Tschech.*	*Russisch*	*Ukrainisch*	
*zemja	zemlja	ziemia	země	землЯ́	землЯ́	Erde
*kapja	kaplja	kropla	kápě	ка́пля	кра́пля	Tropfen
*kupiti – *kupjenъ	kupiti – kupljen	kupić – kupiony	koupit – koupen	купи́ть – ку́плен	купи́ти – ку́плений	kaufen – gekauft
*l'ubiti – *l'ubjǫ	ljubiti – ljubim *)	lubić – lubię	líbit se – libím +)	люби́ть – люблю́	люби́ти – люблю́	lieben – ich liebe
*loviti – *lovjǫ	loviti – lovim	łowić – łowię	[chytat – chytám]	лови́ть – ловлю́	лови́ти – ловлю́	fangen – ich fange

*) **bks.** *ljubiti* bedeutet auch ‚küssen'.
+) **tsch.** *líbit se* bedeutet ‚gefallen'.

Das epenthetische (eingeschobene) *l* findet sich nach den Labialen *m, b, p, v* vor *j* im Ost- und Südslavischen (Ausnahme: Bulgarisch und Makedonisch), nicht jedoch im Westslavischen (dort nur in Einzelwörtern wie **poln.** *kropla* ‚Tropfen' oder *grobla* ‚Damm'). Im **Russischen** und **Ukrainischen** erscheint das *l* im Paradigma einiger Verben in der 1. Ps. Sg. Präsens (im Ukrainischen auch in der 3. Ps. Pl. Präsens) – als Analogieerscheinung inzwischen auch nach *f* vor *j*: **russ.** *графи́ть* ‚eine Linie ziehen' – *графлю́* (1. Ps. Sg. Prs.), **ukr.** *графи́ти – графлю́* (1. Ps. Sg. Prs.).

14 Vereinfachung von Konsonantengruppen

Urslav.	Südslav.	Westslavisch		Ostslavisch		Deutsch
	BKS	*Polnisch*	*Tschechisch*	*Russisch*	*Ukrainisch*	
*gъrdlo	grlo	gardło	hrdlo	го́рло	го́рло	Kehle
*vedli	veli	wiedli	vedli	вели́	вели́	sie führten
*vędnǫti	venuti	więdnąć	vadnout	вя́нуть	в'я́нути	schwinden
*sedmь	sedam	siedem	sedm *)	семь	сім	sieben
*plet-l-	pleo, plela	plótł, plotła	pletl, pletla	плёл, плела́	плів, плела́	er flocht, sie flocht

*) **Tsch.** *sedm* wird wie [sedum], d. h. mit einem in der Schrift nicht wiedergegebenen eingeschobenen *u* gesprochen.

Konsonantengruppen wie *dl, dm, dn* u. a. wurden in einigen Slavinen vereinfacht: *dl* > *l*, *dm* > *m*, *dn* > *n* usw. In einigen Fällen wurde ein zusätzlicher Vokal eingeschoben wie in **bks.** *sedam*, **poln.** *siedem*. Im **Westslavischen** sind die Verbindungen *dn*, *dl* und *tl* erhalten.

Im **Ukrainischen** kommt es bei folgenden Konsonantengruppen zu einer Vereinfachung[30]:

- ждн – жн: *тиждень – тижня, тижнéвий* ‚Woche' – G. Sg., Possesivadj. zu ‚Woche'
- здн – зн: *виїздити – виїзний* ‚hinausfahren – Ausreise…'
- стн – сн: *честь – чéсний* ‚Ehre – ehrlich'
- стл – сл: *щáстя – щаслúвий* ‚Glück – glücklich'
- слн – сн: *ремеслó – ремісник* ‚Handwerk – Handwerker'
- стськ – ськ: *мíсто – міськúй* ‚Stadt – städtisch'

15 Reflex von urslav. **tj* und **dj*

Urslav.	Südslavisch	Westslavisch		Ostslavisch		Deutsch
	BKS	*Polnisch*	*Tschechisch*	*Russisch*	*Ukrainisch*	
*medja	međa	miedza	meze	межá	межá	Grenze, Hain
*světja	svijeća, sveća	świeca	svíce	свечá	свíчка	Kerze

Die Konsonanten *t* und *d* wurden unter dem Einfluss von nachfolgendem *j* in allen slavischen Sprachen mit ganz unterschiedlichen Ergebnissen verändert. Im Altkirchenslavischen wurde ***tj > št (шт)** und ***dj > žd (жд)** – Verbindungen, die auch im **Russischen** in Wörtern wie *мéжду* ‚zwischen' vorkommen (ostslavisch wäre *ж* anstelle von *жд*; so im **Ukrainischen** *мéжи*). Bei solchen Wörtern handelt es sich um Entlehnungen aus dem **(Alt-)Kirchenslavischen**, die sich dann eben auch innerhalb von Wortfamilien finden (vgl. **russ.** (eigentlich südslav.) *рождéние* ‚Geburt', aber („echt" ostslav.) *рожáть* ‚gebären').

Die (stark vereinfachte) Regel lautet:

Urslavisch	Südslavisch	Westslavisch		Ostslavisch	
	BKS	*Polnisch*	*Tschechisch*	*Russisch*	*Ukrainisch*
*dj	đ	dz	z	ж	ж
*tj	ć	c	c	ч	ч

Betroffen waren auch eine Reihe weiterer Konsonantenverbindungen wie *-skj-*, *-stj-*, *-sk-* oder *-kt-* (vor *i*), auf die im Einzelnen nicht weiter eingegangen wird.

[30] Hierdurch erklärt sich auch die heutige Form von Wörtern wie *сóнце* ‚Sonne', *сéрце* ‚Herz', *скло* ‚Glas (Material)'.

Nachfolgend zwei Beispiele für die Ergebnisse dieses Lautwandels:

Urslavisch	Südslav.	Westslavisch		Ostslavisch		Deutsch
	BKS	*Polnisch*	*Tschechisch*	*Russisch*	*Ukrainisch*	
*nokt'ь	noć	noc	noc	ночь	ніч	Nacht
*mogt'i (> mokti)	moć	moc	moci / moct	мочь	[могти́]	können

16 *g* versus *h*

Urslavisch	Südslavisch	Westslavisch		Ostslavisch		Deutsch
	BKS	*Polnisch*	*Tschech.*	*Russisch*	*Ukrainisch*	
*golsъ	glas	głos	hlas	го́лос	го́лос	Stimme
*jьgra (igra)	igra	gra	hra	игра́	гра	Spiel
*ognь	(veralt. oganj) [vatra]	ogień	oheň	ого́нь	housekeeping	Feuer

Im **Tschechischen** und **Ukrainischen** fand ein Wandel von *g* zu *h* statt. Zu beachten ist, dass ukrainisches kyrillisches *г* für [h] steht und in Latinica auch mit *h* transliteriert wird (*holos*, *hra*, *vohon'*).

17 *rz – ř – r*

Südslavisch	Westslavisch		Ostslavisch		Deutsch
BKS	*Polnisch*	*Tschech.*	*Russisch*	*Ukrainisch*	
breza	brzoza	bříza	берёза	бере́за	Birke
rijeka, reka	rzeka	řeka	река́	ріка́	Fluss
riječ, reč Wort	rzecz Ding, Sache	řeč Rede	речь Rede	річ Ding, Sache	
krik	krzyk	křik	крик	крик	Schrei
tri	trzy	tři	три	три	drei
kr. liječnik sr. ljekar	lekarz	lékař	(veralt. ле́карь) [врач]	лікар	Arzt
red Ordnung	rząd Reihe, Ordnung, Regierung	řád Ordnung	ряд Reihe	ряд Reihe	Reihe, Ordnung

Polnischem *rz* (gesprochen *ž*) und **tschechischem** *ř* (eine Mischung aus *ž*+*š*+*r*) entspricht im **BKS**, **Russischen** und **Ukrainischen** in verwandten Wörtern das lateinische Graphem *r* bzw. kyrillisches *р* – und meist, aber nicht immer, ein palatal(isiert)es *r'* (z. B. nicht in **ukr.** *берéза*).

Poln. *rz* und **tsch.** *ř*, die aus palatalisierten *r'* entstanden sind, können in den Paradigmen mit *r* alternieren; vgl. **poln.** *teatr* – *w teatrze*, *chytry* (adj) – *chytrze* (adv) ‚listig, schlau', **tsch.** *chytrý* (adj) – *chytře* (adv) ‚schlau'. Poln. *rz* und tsch. *ř* haben verschiedene, teils komplexe Entwicklungswege hinter sich.[31]

18 Anlaut *je-* > ostslav. *o-*

Urslavisch	Südslavisch	Westslavisch		Ostslavisch		Deutsch
	BKS	*Polnisch*	*Tschech.*	*Russisch*	*Ukrainisch*	
*jezero	jezero	jezioro	jezero	óзеро	óзеро	See
*jedinъ	jedan	jeden	jeden	оди́н	оди́н	einer (eins)
*jesenь	jesen	jesień	[podzim]	óсень	óсінь	Herbst
*jelenь	jelen	jeleń	jelen	олéнь	олéнь	Hirsch

Anlautendes *je-* wurde im Ostslavischen zu *o-*. Zunächst schwand das *j*, dann wurde *e* zu *o*: **je* > *e* > *o*.

19 *j-* und *v-*Prothese

Vokalisch anlautenden urslavischen Wörtern wurde – dem Vokal im Anlaut entsprechend – häufig ein Sonant *j* oder *v* vorangestellt, wobei für die heutigen Einzelslavinen gemeinsame, aber auch unterschiedliche Entwicklungen zu beobachten sind. (In einigen Fällen ist die Prothese auch Folge des Jerwandels.)[32]

Beispiele für *j*-Prothese

(Früh-) Urslavisch	Südslavisch	Westslavisch		Ostslavisch		Deutsch
	BKS	*Polnisch*	*Tschech.*	*Russisch*	*Ukrainisch*	
*avorъ	javor	jawor	javor	я́вор	я́вір	Ahorn
*edla	jela	jodła	jedle	ель *)	яли́на	Fichte
*emь	jedem	jem	jím	ем	їм	ich esse
*inъjь	inače	inny	jiný	инóй	інший	anderer
*ęzykъ	jezik	język	jazyk	язы́к	язи́к Zunge	Sprache / Zunge

*) Die **russischen**, grafisch mit *e* anlautenden Beispiele werden mit *j*-Vorschlag (*je-*) gesprochen.

[31] Vgl. Panzer (1991, 264ff.).
[32] Weitgehend nach Townsend/Janda (2002, 54ff.).

Beispiele für *v*-Prothese

Urslavisch	Südslavisch	Westslavisch		Ostslavisch		Deutsch
	BKS	*Polnisch*	*Tschech.*	*Russisch*	*Ukrainisch*	
*ǫgъlъ	ugao	[kąt; róg a. Horn]	úhel	ýгол	вýгол	Ecke
*ǫglь	ugalj	węgiel	uhlí	ýголь	вугілля вýгіль[33]	Kohle
*okъno	okno[34] Fensterscheibe	okno	okno	окнó	вікнó	Fenster
*ucho	bs., kr. uho sr. uvo	ucho	ucho	ýхо	вýхо	Ohr
*vъzjęti	uzeti	wziąć	vzít	взять	взяти узяти	nehmen
*osmь	osam	osiem	osm	вóсемь	вісім	acht
*učitelь	učitelj	nauczyciel	učitel	учи́тель	вчи́тель учи́тель	Lehrer
*udra	vidra	wydra	vydra	вы́дра	ви́дра	Otter

Der *v*-Vorschlag (Prothese) findet sich in der Regel vor Vokalen der hinteren Reihe (Formen wie **poln.** *węgiel* repräsentieren einen älteren Sprachzustand; anlautendes *a* zog dagegen *j* an).[35]

Im **Ukrainischen** kann *v*- auch vor Konsonanten erscheinen, z. B. in *вчи́тель* neben *учи́тель*. Ukr. *в* und *у* sind gleichwertig (auch als Präfixe); vgl. z. B. *війти́ / увійти́ / ввійти́* ‚reingehen', ‚hineingehen'.

20 Abweichungen und Ausnahmen

Nicht zuletzt aufgrund von Entlehnungsprozessen zwischen den Slavinen finden sich immer wieder Formen, die nicht in dieses „lautgesetzliche Bild" passen. Das **Russische** weist zahlreiche Entlehnungen bzw. Einflüsse aus dem südslavischen (Alt-)Kirchenslavischen auf (weitaus mehr als das **Ukrainische**), und auch das **Polnische** kennt Formen mit *-ra-* bzw. *-la-* anstelle von erwartbaren *-ro-* und *-lo-*, die aus dem **Tschechischen** entlehnt wurden (*władać* ‚beherrschen', *własny* ‚eigen'). Nachfolgend ein Vergleich von **russischen** Wörtern (alt-)kirchenslavischer Herkunft und ihren „echt ostslavischen" **ukrainischen** Entsprechungen[36].

---

33 **Ukr.** G. Sg. *вýголю*.
34 ‚Fenster' ist im **BKS** *prozor*.
35 Vgl. Panzer (1991, 261) und Townsend/Janda (2002, 54ff.).
36 Nach Panzer (1991, 34 u. 72).

Altkirchenslavisch	*Russisch*	*Ukrainisch*	**Deutsch**
межд*оу*	мéжду	мéжи між	zwischen
одежда Kleid	одéжда	одéжа	Kleidung
врагъ	враг	вóрог	Feind
срамъ	срам	сóром	Schande
сладъкъ	слáдкий	солóдкий	süß

Aufgabe 1: Können Sie angeben, worin das „Südslavische" in den **russischen** bzw. das „Ostslavische" in den **ukrainischen** Beispielen besteht?

21 Vergleich ausgewählter Wörter

Aufgabe 2: Nachfolgend eine vergleichende Übersicht über einige Wörter des Grundwortschatzes. Wo finden sich Beispiele für die oben skizzierten Sprachwandelerscheinungen? Versuchen Sie auch, alltagssprachliche Regeln oder Eselsbrücken zu formulieren.

Deutsch	**Südslavisch**	**Westslavisch**		**Ostslavisch**	
	BKS	*Polnisch*	*Tschechisch*	*Russisch*	*Ukrainisch*
alles	sve	wszystko	vše	всё	все
Apfel	jabuka	jabłko	jablko	я́блоко	я́блуко
bereit, fertig	gotov	gotowy	hotový	готóвый	готóвий
(Berg-)Ahorn	javor	jawor	javor	я́вор	я́вір
bitter	gorak, gorka, o	gorzki	hořký	гóрький	гірки́й
Blut	krv	krew	krev	кровь	кров
Boot	lađa	łódź; łódka	loďka; lodička	лóдка	[чóвен]
deinem (Dat.)	tvojem(u)	twemu	tvému	твоемý	твоє́му
dir (Dativ)	tebe	ciebie	tobě	тебé	тобí
Eis	led	lód	led	лёд	лід
Elster	svraka	sroka	straka	сорóка	сорóка
eng	uzak, uska, o	wąski	úzký	ýзкий	вузьки́й

Deutsch	Südslavisch	Westslavisch		Ostslavisch	
	BKS	*Polnisch*	*Tschechisch*	*Russisch*	*Ukrainisch*
er, sie, es	on, ona, ono	on, ona, ono	on, ona, ono	он, она́, оно́	він, вона́, воно́
esse (ich ~)	jedem	jem	jím	ем	їм
Fleisch	meso	mięso	maso	мя́со	м'я́со
Frost	mraz	mróz	mráz	моро́з	моро́з
führen (er führte)	uvezao, uveo einführen (Part. Akt.)	wiódł	ved(l)	вёл	вів
gelb	žut	żółty	žlutý	жёлтый	жо́втий
grau	[siv]	szary	šerý	се́рый	сі́рий
halten	držati	dzierżyć veralt. [trzymać]	držet	держа́ть	держа́ти
Honig	med	miód	med	мёд	мед
Hunger	glad	głód	hlad	го́лод	го́лод
Igel	jež	jeż	ježek	ёж	їжа́к
kaufen (sie ~)	kupe	kupią	koupí (koupějí)	ку́пят	ку́плять
König	kralj	król	král	коро́ль	коро́ль
Korn	zrno	ziarno	zrno	зерно́	зерно́
Krähe	vrana	wrona	vrána; [havran]	воро́на	воро́на; во́рон
Kuh	krava	krowa	kráva	коро́ва	коро́ва
lang	dug	długi	dlouhý	до́лгий	до́вгий
Markt	trg	targ	trh	торг	торг
Meer	more	morze	moře	мо́ре	мо́ре
Mehl	brašno	mąka	mouka	мука́	мука́; бо́рошно
Monat	mjesec, mesec	miesiąc	měsíc	ме́сяц	мі́сяць
Morgen	jutro	jutro adv; ranek	jitro ugs.; ráno	у́тро	ра́нок
Mühle	mlin	młyn	mlýn	ме́льница	млин
Nadel	igla	igła	jehla	игла́	го́лка
noch	još	jeszcze	ještě	ещё	ще

Deutsch	Südslavisch	Westslavisch		Ostslavisch	
	BKS	Polnisch	Tschechisch	Russisch	Ukrainisch
Ort / Stadt	mjesto, mesto Ort	miasto Stadt miejsce Ort	město Stadt	мéсто Ort	мíсто Stadt мíсце Ort
Qual	muka	męka	muka	мýка	мýка
Quark	sir	twaróg	tvaroh	твóрóг	сир
Rabe	gavran	kruk	krkavec	вóрон	вóрон крук
Regen	[kiša]	deszcz	déšť	дождь	дощ
Salz	so(l)	sól	sůl	соль	сіль
salzig	slan	słony	slaný	солёный	солóний
sammeln	sabirati	zbierać	sbírati	собирáть	збирáти
scharf	ostar, ostra, o	ostry	ostrý	óстрый	гóстрий
schon	već	już	už	ужé	ужé, вже
Schuld	dug	dług	dluh	долг	[борг]
schwarz	crn	czarny	černý	чёрный	чóрний
sehen (Inf.)	vidjeti, videti	widzieć	vidět	вúдеть	вúдiти; бáчити
sehen (sie sehen)	vide	widzą	vidí	вúдят	вúдять; бáчать
Seife	[sapun]	mydło	mýdlo	мы́ло	мúло
Sonne	sunce	słońce	slunce	сóлнце	сóнце
Spitze	vrh	wierzch	vrch	верх	верх
Sprache	jezik	język	jazyk	язы́к	[мóва]
Stadt / Ort	mjesto, mesto	miasto Stadt	město Stadt	мéсто	мíсто Stadt
Stroh	slama	słoma	sláma	солóма	солóма
süß	sladak, slatka, o	słodki	sladký	слáдкий	солóдкий
Tod	smrt	śmierć	smrt	смерть	смерть
tragen (er trug)	nosio zu nositi donio, sr. -neo zu donijeti, doneti ‚bringen'.	niósł	nes(l)	нёс	ніс
Träne	suza	łza	slza	слезá	сльозá
Verstand	razum	rozum	rozum	рáзум	рóзум

Deutsch	Südslavisch	Westslavisch		Ostslavisch	
	BKS	*Polnisch*	*Tschechisch*	*Russisch*	*Ukrainisch*
verteilen	razdati	rozdać	rozdat	раздáть	роздáти
vor	ispred	przed	před	пéред	пéред
Wald	[šuma]	las	les	лес	ліс
Witwe	udovica	wdowa	vdova	вдовá	вдовá; удовá
Witwer	udovac	wdowiec	vdovec	вдовéц	вдівéць; удівéць

Aufgabe 3: Nennen Sie für **BKS**, **Polnisch**, **Russisch**, **Tschechisch** und **Ukrainisch** die Formen, die sich jeweils aus **urslav.** **goldъ* entwickelt haben.

Aufgabe 4: Auf welche **urslav.** Form lassen sich **bks.** *grašak*, **poln.** *groch*, **russ.** *горóх*, **tsch.** *hrách*, **ukrain.** *горóх* ‚Erbse' zurückführen?

Aufgabe 5: Warum heißt ‚Feind' im **Russischen** *враг*, im **Ukrainischen** aber *вóрог*?

Aufgabe 6: Schlagen Sie im Wörterbuch **russ.** *хранúть – хоронúть*, *рáвный – рóвный* nach. Wie sind solche Paare historisch zu erklären?

Aufgabe 7: Können Sie die folgenden Wörter übersetzen? Wie lauten die Entsprechungen in den anderen Slavinen?
bks. *ukus,* **poln.** *las,* **russ.** *дéрево,* **tsch.** *hruď,* **ukr.** *вýлиця*

22 Weitere Konsonantenalternationen in der Formen- und Wortbildung

Innerhalb der Flexionsparadigmen sowie im Bereich der Wortbildung ist die Alternation bestimmter Laute (Vokale und Konsonanten) charakteristisch für die slavischen Sprachen – wenngleich für **BKS** und **Tschechisch**[37] ein teilweiser Abbau dieser Lautwechsel beobachtet wird.

In Ergänzung zu den oben genannten Lautentsprechungen sei hier noch einmal eine Übersicht über die wichtigsten (panslavischen) Konsonanten-Alterna-

[37] Das **Tschechische** zeigt eine Tendenz zur Beseitigung dieser Morphoneme; vgl. *peču* ‚ich backe' vs. veraltetes *peku.* Zum **BKS** vgl. S. 106 und Fn. 39 und 40 in diesem Kapitel.

tionen gegeben. Ursache sind historische Palatalisierungsprozesse bzw. der Einfluss von *j* auf Konsonanten und Konsonantengruppen. Die Lücken und Asymmetrien in den nachfolgenden Tabellen zeigen, dass nicht alle Alternationen in allen slavischen Sprachen vorkommen bzw. dass sie einzelsprachlich differieren. Die (grobe) Kenntnis möglicher Alternationen kann, ungeachtet der Gefahr, auf falsche Freunde zu stoßen, das Erkennen sinnverwandter Wörter innerhalb einer Slavine und über die Sprachgrenze hinweg erleichtern.

Wir führen nachfolgend diejenigen Konsonanten und Konsonantengruppen auf, bei denen Sie in den Slavinen (und zwischen den Slavinen) sowohl in der Formen- als auch in der Wortbildung mit Alternationen rechnen müssen. Unsere Aufzählung ist allerdings nur als erste Orientierungshilfe, d. h. *nur summarisch, nicht chronologisch* und *nicht* als exakte Abbildung historischer Lautwandelprozesse zu verstehen; wir nennen nur die *grafischen* Entsprechungen.

	BKS	**Polnisch**	**Tschechisch**	**Russisch**	**Ukrainisch**
g (h)	ž z	ż dz	ž z	ж з	ж з
k	č ć c	cz ci ć c	č c	ч ц	ч ц (ць)
ch (h) [38]	š s	sz si ś	š	ш	ш с
d	đ (dj)	dz dc dź dzi	z dc	ж жд	ж дж
t	ć	cz ci c	č c	ч щ	ч щ
s	š	sz si ś	š	сь ш	сь ш
sk	šč	szcz	sč st št	с-ч щ ст	с-ч щ ст
st	šć št	szcz ści	šť	щ	щ
z	ž	ż zi ź dzi	ž	ж з	ж з
zk	ž z	ż ź	ž	ж з	ж з
zd	žđ	ździ żdż	žd	з ж	ждж

Zu einzelsprachlichen Besonderheiten und den jeweiligen (ortho-)grafischen Darstellungen siehe Kapitel *II Fünf Slavinen.*

[38] Diese drei Reihen zeigen die Ergebnisse der ersten (*ž, č, š*) und der zweiten Palatalisationen (*z / dz, c, s*).

g: g / h – ž (ż) – z – dz

BKS	Polnisch	Tschechisch	Russisch	Ukrainisch
drug Kamerad druzi N. Pl. (selten)[39] druže! društvo *) Gesellschaft	druh Kamerad drużba Brautführer	druh Gefährte družnost veralt. Freundschaft	друг Freund друзья́ дру́жба Freundschaft	друг [h] Freund дру́зі дру́жба Freundschaft
noga Fuß/ Bein nozi D. Sg. nožni adj	noga nodze D. Sg. nożny adj	noha noze D. Sg. nožka dim	нога́ но́жка dim	нога́ нозі́ D. Sg. ні́жка dim
mogu – možeš ich kann – du kannst	mogę – możesz	mohu/ můžu – můžeš	могу́ – мо́жешь	могти́ Inf. – мо́жеш 2. Sg. Prs.
drag – draži lieb, teuer – Komp.	drogi – droższy	drahý – draze	дорого́й – доро́же	дороги́й – доро́жче
biolog – biolozi N. Pl.	pedagog – pedagodzy N. Pl.	geolog – o geolozích P. Pl.		
		biolog – biložka f.		

*) Im **BKS** finden regressive Stimmtonassimilationen (wie in *društvo* ‚Gesellschaft' zu *drug* ‚Kamerad') ihren Niederschlag in der Orthografie. Ein weiteres Beispiel ist *drugo* ‚anders' neben *drukčije* ‚anders'. Siehe auch Kapitel *II Fünf Slavinen.*

[39] **Bks.** Nom. Plural zu *drug* ist eigentlich *drugovi; druzi* ist zwar möglich, wird aber selten verwendet.

k: k – č (cz) – ci – ć – c

BKS	Polnisch	Tschechisch	Russisch	Ukrainisch
učenik Schüler učenici N. Pl. učeniče! V. Sg.	biblioteka bibliotece biblioteczny	žák Schüler žáci N. Pl. žačka f.	кли́кать rufen восклица́ть (aus)rufen клич Ruf	бібліоте́ка бібліоте́ці D. Sg. бібліоте́чний
pekar Bäcker pecivo Brötchen peć Ofen pečem ich backe	piekarz Bäcker piec backen;Ofen pieczywo Gebäck	pekař Bäcker pec Ofen pečivo Gebäck	пе́карь Bäcker печь backen; Ofen	пе́кар Bäcker печу́ ich backe
banka – banci		banka – bance		ба́нка – ба́нці
prorok Prophet proroci N. Pl. proročanstvo Prophezeihung	prorok Prophet prorocy N. Pl. proroczy adj proroctwo Prophezeihung	prorok Prophet proroci N. Pl. proroctví Prophezeiung	проро́к Prophet проро́чица f. проро́чество Prophezeiung	проро́к Prophet проро́чиця f. проро́цтво Prophezeiung
plakati – plačem weinen – 1. Sg.	płakać – płaczę	plakat – pláču	пла́кать – пла́чу	пла́кати – пла́чу
otac – oče!	ojciec – ojcze!	otec – otče!	оте́ц – оте́ческий väterlich	оте́ць – о́тче!

ch: ch (h) – š (sz) – si – s

BKS	Polnisch	Tschechisch	Russisch	Ukrainisch
duh Geist dusi N. Pl. (selten)[40] duše! V. Sg.	duch Geist dusza Seele	duch Geist duše Seele	дух Geist душа́ Seele	дух Geist дусі́ P. Sg. душа́ Seele
tih still tiši Komp.	cichy still cisza Stille	ticho Stille tiše adv	ти́хий still ти́ше Komp.	ти́хий still ти́ша Stille
bs., kr. gluh taub[41] zaglušiti betäuben	głuchy głusza Dickicht głusi N. Pl. mp	hluchý ohlušovat betäuben	глухо́й глуши́ть betäuben	глухи́й глуши́ти betäuben
Čeh – Česi	Czech – Czesi			ву́хо – у ву́сі Ohr – P.Sg.

[40] **Bks.** Nom. Plural zu *duh* ist eigentlich *duhovi*; *dusi* ist zwar möglich, wird aber selten verwendet.
[41] **serb.** *gluv*.

d: d – ž – đ – dzi – žd – dž – dź –z – dz – dc

BKS	Polnisch	Tschechisch	Russisch	Ukrainisch
voditi führen vođenje Führen	dowodzić führen (milit.) dowódca Befehlshaber	vodit průvodce (Touristen-) Führer	води́ть вожу́ 1.Sg. Prs. вождь Führer	води́ти воджу́ 1.Sg. Prs.
roditi gebären rođendan Geburtstag	ród (Groß-) Familie, Stamm, Geschlecht rodzić gebären rodzę 1. Sg. Prs. rodź! Imp.	rodit gebären narození Geburt	роди́ть gebären рожа́ть gebären рожде́ние Geburt	роди́ти рожа́ти gebären наро́дження Geburt
	Szwed – Szwedzi			

t: t – č (cz) – ć – ci – šč – c

BKS	Polnisch	Tschechisch	Russisch	Ukrainisch
htjeti – hoću wollen – ich will	chcieć – chcę	chtít – chci	хоте́ть – хочу́	хоті́ти – хо́чу
svijet Licht svijećnjak Leuchter	światło Licht świeca Kerze świecić leuchten świecznik Leuchter	svit Schein svícen Leuchter svíčka Kerze	свет Licht подсве́чник Leuchter освеща́ть er-/beleuchten	світ Licht сві́чка Kerze освіща́ти er-/beleuchten
smrt – smrću Tod – I. Sg.	student – studenci	chytat – chycen (ab)fangen		

s: s – š (sz) – si – ś

BKS	Polnisch	Tschechisch	Russisch	Ukrainisch
pisati – pišem	pisać – piszę	psát – píšu	писа́ть – пишу́	писа́ти – пишу́
prositi werben prosjak Bettler prošnja Bettelei prosidba Werbung	prosić einladen proszę bitte proś! bitte! prośba Bitte	prosit bitten prošen Partizip prosba Bitte	проси́ть bitten прошу́ ich bitte про́сьба Bitte	проси́ти bitten прошу́ ich bitte про́сьба Bitte
	wczesny – wcześniejszy früh			
	nasz nasi N. Pl. mp			

sk: sk – šč (szcz) – št – sč – st – s-č

BKS	Polnisch	Tschechisch	Russisch	Ukrainisch
pijesak, pesak Sand u p(ij)esku P.Sg. pješčan, pešćan adj	piasek Sand piasku P. Sg. piaszczysty adj	písek Sand v písku P. Sg. písčitý adj	песóк Sand на пескé P. Sg. песóчный adj песчáный adj	пісóк Sand на піскý P. Sg. пісóчний adj піщáний adj
[42]			пускáть lassen пусти́ть пущý 1. Sg. Prs. pf.	пускáти lassen пусти́ти пущý 1. Sg. Prs. pf.
	pysk Maul pyszczek dim	český – čeští N. Pl. čeština tsch. Sprache	искáть suchen ищý ich suche	полоскáти spülen полощý ich spüle
		miska Schälchen mistička dim		

st: št – šť – šć – šč – ści – stsz – stš

BKS	Polnisch	Tschechisch	Russisch	Ukrainisch
prost einfach uprostiti vereinfachen uprošćen vereinfacht	prosty gerade, einfach prości N. Pl. mp uprościć – upraszczać vereinfachen	prostý einfach	простóй einfach прóще Komp.	простий einfach
oprostiti entschuldigen oproštaj Verzeihung	przeprosić – przepraszać entschuldigen	oprostit frei machen oproštěný	прости́ть – прощáть entschuldigen	прости́ти – прощáти entschuldigen
mesto Ort meštanin Ein-heimischer	miasto Stadt w mieście	město Stadt měšťanský bürgerlich	мéсто Ort, Platz мещани́н Klein-bürger	мíсто Stadt примíщення Raum (Gebäu-de)
radost – radošću Freude – I. Sg.	chlustać schütten, gie-ßen, spritzen (Wasser), pras-seln, platschen chluszcze 3. Ps. Sg. Prs.			
	slawista – slawiści			

[42] Vgl. **bks.** *puštati / pustiti*, **poln.** *puścić / puszczać* (ipf.) ‚lassen', **tsch.** *pouštět, pustit* ‚(los)lassen'.

z: z – ž (ż) – ź – dzi

BKS	Polnisch	Tschechisch	Russisch	Ukrainisch
kazati sagen – kažem 1. Sg.	kazać – każę befehlen	kázat – kážu predigen	сказа́ть – скажу́ sagen (pf.)	(с)каза́ти – (с)кажу́ sagen
voziti fahren vožah 1. Ps. Sg. Impf.	wozić fahren, transportieren wożę ich fahre/ transportiere woźnica Fuhrmann prowadzić führen (Auto); leiten (Unternehmen)	vozit fahren vožen Part.	вози́ть führen вожу́ ich führe	вози́ти führen вожу́ ich führe

zk: ž (ż) – ź – žč – z – z'

BKS	Polnisch	Tschechisch	Russisch	Ukrainisch
blizu nahe blizak, f. bliska nah bližnji Komp.	bliski nah bliżej Komp. bliźni Mitmensch	blízký nah blíže Komp.	бли́зиться nahen бли́зкий nah бли́же Komp.	близьки́й nah наближа́тися nahen бли́жче Komp.

zd: zd – ździ – żdż – žd – zž – ždž – žđ

BKS	Polnisch	Tschechisch	Russisch	Ukrainisch
	jezdnia Fahrbahn jeździć fahren	jezdit fahren ježdění Fahrt	е́здить fahren е́зжу ich fahre	ї́здити fahren ї́жджу ich fahre
grozd Traube grožđe Pl.	bruzda Furche, Falte, Runzel; Rinne, Rille bruździć furchen; jdm. Schwierigkeiten machen			

VI Morphologie

Neben einem Überblick über die grammatischen Kategorien und die Wortarten stellen wir hier die wichtigsten Flexionsmuster unserer fünf Slavinen vor. Es handelt sich um die Bereiche *Deklination der Substantive, Konjugation der Verben, Adjektive (Genusmarkierung, Komparation)* und von Adjektiven abgeleitete *Adverbien.* Darüber hinaus werden die wichtigsten *Pronomen* aufgeführt. Weitere tabellarische Übersichten für slavische Sprachen finden sich in Panzer 1991.

Innerhalb der Flexionsparadigmen oder auch im Bereich der Wortbildung ist die Alternation bestimmter Laute charakteristisch für die slavischen Sprachen. Die wichtigsten Lautentsprechungen werden im Kapitel *V Lautentsprechungen* aufgeführt. Vgl. dort insbesondere noch einmal die Übersicht über die konsonantischen Alternationen.

1 Wortarten

Der Bestand an Wortarten ist in den slavischen Sprachen weitgehend vergleichbar, und das Erkennen sollte in den meisten Fällen spontan möglich sein.

Nichtsdestotrotz ist die Wortartenklassifikation ein Thema für sich. Fast alle Grammatiken weichen in der Darstellung von Art, Anzahl und / oder Benennung der Wortarten voneinander ab. Auch unsere Klassen *Prädikativ* und *Partikel* sind nicht unumstritten, denn hier werden Wörter zusammengefasst, für die die traditionelle lateinisch-griechisch basierte Schulgrammatik keine Entsprechungen bzw. Vorbilder bietet und die in der Literatur entsprechend uneinheitlich behandelt werden. Diskussionsstoff bieten auch Fragen wie *Handelt es sich bei* Million *um ein Substantiv oder ein Numerale?, In welche Klasse gehört* hallo*?* u. v. a. m.

Für das Verstehen eines Textes sind oft gerade die „kleinen", aber nur schwer einsortierbaren Wörter wie die hier als Prädikative und Partikeln bezeichneten besonders wichtig; die besonders häufig verwendeten sollten daher gesondert aufgelistet und nach Möglichkeit auswendig gelernt werden (siehe die Übersicht in Kapitel *IV Wortschatz*). Ihre Klassifizierung nach Wortarten ist für die Interkomprehension im Grunde unerheblich.

Einige Schwierigkeiten bereitet erfahrungsgemäß das Erkennen nicht regelhaft gebildeter Adverbien; sie sollten ebenfalls gesondert und einzelsprachspezifisch thematisiert werden.

Wortart	BKS	Polnisch	Tschechisch	Russisch	Ukrainisch
Substantiv	tekst sestra slovo[1] more	tekst siostra słowo morze	text sestra slovo moře	текст сестрá слóво мóре	текст сестрá слóво мóре
Verb	čitati moći pasti	czytać móc paść	číst moct pást	читáть мочь пастѝ	читáти могтѝ пастѝ
Adjektiv	dobar, best. dobri dobra dobro	dobry dobra dobre	dobrý dobrá dobré	дóбрый дóбрая дóброе	дóбрий дóбра дóбре
Adverb	dobro	dobrze	dobře	[дóбро][2]	дóбре
Pronomen	ja, ti, on ovaj, ova, ovo kr. nitko, sr. niko	ja, ty, on ten, ta, to nikt	já, ty, on tento, tato, toto nikdo	я, ты, он э́тот, э́та, э́то никтó	я, ти, він цей, ця, це ніхтó
Numerale	jedan, dva, tri prvi drugi treći	jeden, dwa, trzy pierwszy drugi trzeci	jeden, dva, tři první druhý třetí	одѝн, два, три пéрвый вторóй трéтий	одѝн, два, три пéрший дрýгий трéтій
Konjunktion	i ili kada jer / zato	i / a albo / lub kiedy dlatego (że)	a nebo kdy protože	и ѝли когдá потомý что	і (й) / та абó / чи колѝ томý що
Präposition	na o iz	na o z(e)	na o z	на о из	на про з (із, зі)
Interjektion	ah! oj!	ach! ojej!	ach! ojé!	ах! ой!	ах! ой!
Prädikativ	treba ne treba 	trzeba można nie wolno powinien powinna powinno	třeba	 мóжно нельзя́ нáдо дóлжен должнá должнó	трéба мóжна немóжна повѝнен повѝнна повѝнне
Partikel	 li ne	że czy nie	 ne	же ли не	ж чи не

[1] **Bks.** *slovo* bedeutet nicht – wie in den anderen vier Slavinen – ‚Wort', sondern ‚Buchstabe'.

[2] **Russ.** *дóбрый* bedeutet ‚gut' im Sinne von ‚guter Charakter'. Das Adverb *дóбро* ist bildbar, aber in dieser Bedeutung ungebräuchlich. ‚Gut' im Allgemeinen ist *хорóший*, Adverb *хорошó*.

2 Die grammatischen Kategorien

Die → grammatischen Kategorien der hier behandelten Slavinen sind weitgehend identisch[3]. Leichte Unterschiede gibt es (auch abhängig von der zugrunde gelegten Klassifikation) in Bezug auf Art und Anzahl der → Grammeme in den Kategorien Kasus, Genus, Belebtheit, Tempus und Modus.

(Die nachfolgend aufgeführten Kategorien sind hinsichtlich Status und Inhalt nicht unumstritten.)

Nominale Kategorien

Kategorie	**Grammeme**
Numerus	Singular, Plural[4]
Kasus	Nominativ, Genitiv, Dativ, Akkusativ, Instrumental, Präpositiv (Lokativ), Vokativ (nicht im **Russischen**)
Genus	maskulin (s. auch unter *Belebtheit*) feminin neutral ambigen (Genus commune) semi-ambigen (**Russisch**, eingeschränkt **Polnisch** und **Ukrainisch**)
Belebtheit	belebt, unbelebt **Polnisch** außerdem: Personalform / Sachform bzw. Unterscheidung maskulin-personal / nicht-maskulin-personal im Plural

3 Im **Bulgarischen** und **(West-)Makedonischen** gibt es einen postponierten bestimmten Artikel, weshalb für diese Sprachen eine Kategorie der Determiniertheit zu ergänzen wäre.

4 Das **Sorbische** und das **Slovenische** (ebenso das **Altkirchenslavische**) weisen ein drittes Numerus-Grammem zur Bezeichnung einer „Zweiheit“ – den Dual – auf. In den anderen Slavinen finden sich nur noch Restbestände alter Dualformen, etwa in den Pluralformen von ‚Auge‘ (**bks.** *oči*, **poln.** *oczy*, **tsch.** *oči*, **russ.** *óчи* (veralt.; russ. ‚Auge‘ ist *глаз*, Pl. *глазá*), **ukr.** *очі*).

Verbale Kategorien

Kategorie	Grammeme
Person	1., 2., 3.
Tempus	für alle: Vergangenheit (Präteritum bzw. Perfekt), Gegenwart (Präsens), Zukunft (Futur); daneben weitere, meist selten gebräuchliche Tempora in einzelnen Slavinen
Aspekt	imperfektiv (unvollendet), perfektiv (vollendet)
Modus	Indikativ, Konjunktiv // Imperativ
Genus verbi	Aktiv, Passiv[5]
Numerus	Singular, Plural
Genus	maskulin, feminin, neutral in Vergangenheitstempora und Konjunktiv; **BKS** auch Futurum exactum: **Polnisch**: im Plural Unterscheidung von Personal- und Sachformen bzw. von maskulin-personalen / nicht-maskulin-personalen Formen **Russisch** und **Ukrainisch**: Genusunterscheidung nur im Singular
Belebtheit / Personalkategorie	belebt / unbelebt **Polnisch** außerdem: Sachform / Personalform bzw. Unterscheidung maskulin-personal / nicht-maskulin-personal im Plural

Kategorien des Adjektivs

Kategorie	Grammeme
Komparation	Positiv, Komparativ, Superlativ
Determination	**BKS**: determiniert, indeterminiert
Numerus	Kongruenzkategorien; *siehe oben* unter *Substantiv*!
Kasus	
Genus	
Belebtheit	

Abhängig von ihrer Semantik verfügen **bks.** Adjektive ggf. über determinierte (bestimmte) und indeterminierte (unbestimmte) Formen, die jeweils eigenen Deklinationsmustern folgen. Bestimmte Adjektive werden ähnlich wie Pronomen, unbestimmte vergleichbar mit Substantiven dekliniert. Vgl. *mladi* ‚der junge', G. Sg. *mladog(a)* vs. *mlad* ‚ein junger', G. Sg. *mlada.*

3 Die Kasus

Zu beachten sind gewisse Unterschiede bei Art und Anzahl der Kasus sowie bei der z. T. differierenden Reihenfolge in Aufzählungen. Die hier behandelten Slavinen weisen im Einzelnen folgende Kasus auf:

[5] Das Grammem „Passiv" umfasst sehr heterogene Ausdrucksmittel, darunter auch reflexive Verben, durch die passivische Bedeutungen wiedergegeben werden können (vgl. Abschnitt 4 in Kapitel *VII Syntax*). Dieser Heterogenität wird manchmal in Klassifikationen dadurch Rechnung getragen, dass neben „Aktiv" und „Passiv" eine dritte Größe „Medium" aufgeführt wird.

BKS	Polnisch	Tschechisch	Russisch	Ukrainisch
Nominativ	Nominativ	Nominativ	Nominativ	Nominativ
Genitiv	Genitiv	Genitiv	Genitiv	Genitiv
Dativ	Dativ	Dativ	Dativ	Dativ
Akkusativ	Akkusativ	Akkusativ	Akkusativ	Akkusativ
Instrumental	Instrumental	Instrumental	Instrumental	Instrumental
Präpositiv (Lokativ)	Präpositiv (Lokativ)	Präpositiv (Lokativ)	Präpositiv	Präpositiv (Lokativ)
Vokativ	Vokativ	Vokativ	---	Vokativ

Lokativ versus Präpositiv

Die einzelsprachlichen Grammatikschreibungen setzen für das **Russische** (einige auch für das **Tschechische**) einen so genannten Präpositiv an und bringen damit zum Ausdruck, dass dieser Kasus nur nach Präpositionen auftritt. Ein reiner („echter") Lokativ dagegen käme ohne Präposition vor. Nichtsdestotrotz stehen auch die für **BKS**, **Polnisch** und **Ukrainisch** (und manchmal auch für **Tschechisch**) als „Lokativ" bezeichneten Formen ausschließlich nach Präpositionen. Die Darstellung der Kasusformen in den Paradigmen ist uneinheitlich. Im **Russischen** wird die Präpositivform traditionell mit der Präposition *o* angegeben; in **polnischen** Grammatiken wird manchmal ebenfalls *o* vorangestellt, manchmal steht auch nur die reine Kasusform. Im **Ukrainischen** erscheint in den Paradigmen vor Lokativformen üblicherweise die Präposition *на*.

Wir verwenden hier nur die Bezeichnung *Präpositiv* für alle Slavinen. Alle Präpositivformen werden mit einer exemplarischen Präposition *o* bzw. *на* für **Ukrainisch** genannt.

Vokativ

BKS, **Polnisch**, **Tschechisch** und **Ukrainisch** kennen spezielle Vokativ-Endungen für Maskulina und Feminina im Singular. Für das **Russische** (auch für das **Ukrainische** und **Polnische**) wird die Existenz eines so genannten „neuen Vokativs" in der Umgangssprache diskutiert; es handelt sich dabei um Anredeformen mit „Null-Suffix" wie **russ.** *мам!* anstelle von *мáма!*, *Саш!* anstelle von *Сáша!* oder *ребя́т!* ‚Kinder (Pl.)' anstelle von *ребя́та!* Diese neuen Formen bleiben in den nachfolgenden Paradigmen allerdings unberücksichtigt.

Für Anreden im Plural verwenden alle Slavinen in den meisten Fällen Formen, die mit den Formen im Nominativ Plural übereinstimmen.[6] Prinzipiell ist daher in den Paradigmen die Zeile „Vokativ Plural" ebenso entbehrlich wie die Angabe des Vokativs für Neutra im Singular und Plural. Allerdings ist zu bedenken, dass hier auch semantisch-lexikalische u. a. Faktoren mit hineinspielen können, die ggf. abgebildet werden sollten. So ist im **Tschechischen** als Anredeform für ‚Himmel' (in religiösen Kontexten) die (mit dem Nominativ identische) Pluralform *nebesa!* die üblichere (*siehe unten*).

6 Zum Vokativ im Slavischen vgl. Anstatt 2008.

Das **Tschechische** bildet Vokativformen im Grunde nur für belebte Einheiten – und das offenbar mit gewissen Einschränkungen, die Tiere betreffen: eine Vokativform *koni!* ‚Pferd!' wird akzeptiert, ein Vokativ zu *myš* ‚Maus' dagegen eher nicht. Bei der Anrede von Unbelebten wird, sofern sie überhaupt vorkommt, der Nominativ verwendet (vgl. unten die Paradigmen zu ‚Knochen'). Aus diesen Gründen weisen die Paradigmen für die tschechischen Substantive Lücken auf.

4 Kasusfunktionen

Generell gilt, dass die Kasus polyfunktional und die Unterschiede zwischen den einzelnen Slavinen nicht so groß sind, dass sie ein Erschließen der Satzglieder behinderten. Die nachfolgende Kurz-Übersicht orientiert sich an Panzer (1991, 191f.).

Kasus	**Funktionen**
Nominativ	▪ bezeichnet das Satzsubjekt ▪ Form der Anrede in Sprachen ohne Vokativ (z. T. auch in Sprachen mit Vokativ)
Genitiv	▪ kann nach bestimmten Verben (des Wünschens, Fürchtens, Beraubens) eine Objektfunktion übernehmen ▪ wird nach Negationen verwendet (Ausnahme: **Tschechisch**); bezeichnet das Negierte, das Nicht-Vorhandene ▪ vertritt im Rahmen der (einzelsprachlich unterschiedlich ausgestalteten) Belebtheitskategorie den Akkusativ ▪ Verwendung als Genitivus partitivus
Dativ	▪ bezeichnet das indirekte Objekt ▪ Verwendung in unpersönlichen Sätzen (z. B. russ. *emú ne spítsja* ‚er kann nicht schlafen' bzw. ‚ihm nicht schläft-sich')
Akkusativ	▪ bezeichnet das direkte Objekt ▪ Verwendung in Orts- und Zeitangaben ▪ fällt im Rahmen der (einzelsprachlich unterschiedlich ausgestalteten) Belebtheitskategorie formal mit dem Genitiv zusammen ▪ nach der Präposition *przez* Bezeichnung des Agens in Passivsätzen im **Polnischen**
Instrumental	▪ bezeichnet ein Mittel oder Werkzeug ▪ bezeichnet (außer im **Polnischen**) das Agens in Passivsätzen ▪ kann das Prädikatsnomen bezeichnen (nicht im **BKS**) ▪ Lokativfunktion (im **BKS**)
Präpositiv (Lokativ)	▪ Verwendung nur nach Präpositionen, meist für Orts- und Zeitangaben; siehe S. 127.
Vokativ	▪ Anrede

Das Auftreten von Kasusformen ist zudem abhängig von der Rektion, d. h., in der Kombination erfordern Wortarten wie Verben, Präpositionen, Adjektive oder andere Substantive bestimmte Kasusformen (sie regieren bestimmte Kasus).

5 Pluralmarkierung

Ein gewisser Formenreichtum findet sich in den Pluralmarkierungen im Nominalsystem. Vgl. die nachfolgende abstrahierte Übersicht für den Nominativ:

<table>
<tr><th>Nom. Pl.</th><th>BKS</th><th>Polnisch</th><th>Tschechisch</th><th>Russisch</th><th>Ukrainisch</th></tr>
<tr><td>maskulin</td><td>(ov)i</td><td>y / i / e
owie</td><td>i / ové / y / e</td><td>ы / и
а / я</td><td rowspan="2">и / і / ї</td></tr>
<tr><td>feminin</td><td>e</td><td>y / i / e</td><td>y / e / ě / i</td><td>ы / и</td></tr>
<tr><td>neutral</td><td>a</td><td>a</td><td>a / e / i
í</td><td>а / я</td><td>а / я</td></tr>
</table>

Im **Polnischen** wird hier unterschieden zwischen belebten und unbelebten Maskulina. Die Endung *-owie* haben im Plural Maskulina aus bestimmten Personengruppen (einige Verwandtschafts-, Nationalitäten- und Funktionsbezeichnungen, einige Vor- und Familiennamen); vgl. z. B. *pan – panowie* ‚Herren', *król – królowie* ‚Könige', *profesor – profesorowie, uczeń – uczniowie* ‚Schüler', *Nowak – Nowakowie* ‚die Nowaks', *Belg – Belgowie* ‚Belgier', *syn – synowie* ‚Söhne'.[7]

Im **Tschechischen** fand keine Vereinheitlichung der Pluralmarkierung statt, weshalb hier 8 Flexionsklassen unterschieden werden. Im Plural gibt es daher 4 Dativ-, 5 Instrumental- und 3 Präpositivformen (vgl. Panzer 1991, 96).

Daneben sind in den Slavinen Suppletivformen oder Stammerweiterungen möglich.

6 Genus- / Sexusmarkierung

Viele slavische Substantive zeigen „typische" Genusendungen, allerdings nicht alle. Als *typisch* (aber eben nicht in allen Fällen hinreichend) können gelten:

- harter Konsonant → *maskulin*
- *a / ja* → *feminin*
- *o / (j)e* → *neutral*
  -nie / **tsch.** *-ní*
  poln. *-um, -ę*
  ukr. Doppelkonsonant + *ja*

BKS, **Polnisch**, **Tschechisch**, **Russisch** und **Ukrainisch** kennen zudem Maskulina, die auf *-a* enden und wie Feminina dekliniert werden. Dass es sich dabei um Maskulina handelt, zeigt sich in den Formen der kongruierenden Wortarten. Beispiele für solche Maskulina sind **bks.** *kolega* ‚Kollege', **poln.** *mężczyzna* ‚Mann', **tsch.** *předseda* ‚Vorsitzender', **russ.** *djádja* ‚Onkel', **ukr.** *стáроста* ‚der Älteste'.

Daneben können innerhalb der Kategorie Genus mit Bezug auf belebte Referenten (also eigentlich richtiger *Sexus* statt *Genus*) noch *ambigene* (Genus commune) und unter Umständen auch *semi-ambigene* Substantive unterschieden werden.

[7] Vgl. Bartnicka, B. et al. (2004), *Grammatik des Polnischen*. München, 202.

Ambigene können sowohl auf weibliche als auch auf männliche Personen referieren (→ Referenz), wobei sich kongruierende Wortarten wie Adjektive oder bestimmte Verbformen (*l*-Partizip bei Vergangenheit) in allen Kasus / syntaktischen Umgebungen nach dem natürlichen Geschlecht richten; vgl. zum Beispiel **bks.** *on je sirota (siroče, sirotica)* ‚er ist Waise' neben *Ona je sirota (siroče, sirotica)* ‚sie ist Waise', **poln.** *Janek jest biednym sierotą* ‚Jan ist ein armes Waisenkind' neben *Magda jest biedną sierotą* ‚Magda ist ein armes Waisenkind'[8] oder **russ.** *bédnyj sirotá* ‚ein armer Waisenjunge' vs. *bédnaja sirotá* ‚ein armes Waisenmädchen'.

Bei den Semi-Ambigenen (**Polnisch**, **Russisch**, z. T. auch **Ukrainisch**) sind Kongruenzfähigkeit kongruierender Wortarten und/oder morphologische Eigenschaften dagegen eingeschränkt. ‚Unsere Präsidentin' heißt in der **russischen** Standardsprache *náša* (f) *prezidént* (m)[9], im Dativ Singular wäre aber nur noch *nášemu* (m) *prezidéntu* (m) möglich. Im **Polnischen** sind nicht-movierte Berufsbezeichnungen indeklinabel (*profesor* ‚Professorin'). Zu → Movierungen von Personenbezeichnungen ausführlicher in Kapitel *VIII Wortbildung*.

Vgl. die nachfolgenden Beispiele:

	BKS	**Polnisch**	**Tschechisch**	**Russisch**	**Ukrainisch**
maskulin	tekst gost kamen posao Arbeit G. Sg. posla muškarčina Mann augm. slavist tata Vati radio taksi	tekst gość kamień mężczyzna Mann slawista tata, tato Vati	text host kámen předseda[10] Vorsitzender slavista táta Vati	текст гость ка́мень мужчи́на Mann слави́ст па́па Papa	текст гость ка́мінь хлопчи́на[11] Bursche славíст та́то Vati
feminin	lampa zemlja misao, G. Sg. misli krv kost ljubav radost	lampa ziemia pani myśl krew kość miłość radość	lampa země paní [myšlenka] krev kost [láska] radost	ла́мпа земля́ мысль кровь кость любо́вь ра́дость	ла́мпа земля́ [ду́мка] кров кíсть любо́в ра́дість

[8] Beispiel aus Bartnicka et al. (2004, 210).

[9] Möglich ist aber auch *naš* (m) *prezidént* (m) mit Referenz auf eine Frau.

[10] ‚Mann' im **Tschechischen** ist *muž*.

[11] Ein Wort wie *люди́на* ‚Mensch' ist dagegen feminin: *до́бра люди́на* ‚ein guter Mensch'. **Ukr.** ‚Mann' ist *чолові́к*.

	BKS	Polnisch	Tschechisch	Russisch	Ukrainisch
neutral	tijelo, telo more pokoljenje [12])	ciało morze pokolenie radio [→ fem. taksówka]	tělo moře pokolení rádio taxi	тéло мóре поколéние рáдио таксѝ	тíло мóре поколíння рáдіо таксí
ambigen (m / f)	sirota (siroče, sirotica)	sierota	sirotek	сиротá	сиротá
semi-ambigen (m / f)	siehe unter *VIII Wortbildung*				

7 Belebtheit / Personalformen

Vermutlich um ehemals im Singular formal nicht unterschiedene Nominativ- und Akkusativformen maskuliner Substantive und damit handelndes Subjekt (Nominativ) und erduldendes direktes Objekt (Akkusativ) auseinanderhalten zu können, um also beispielsweise zweifelsfrei auszudrücken, ob der Herr den Sklaven oder der Sklave den Herrn lobt, wurden die Akkusativformen zunehmend durch die Formen des Genitivs ersetzt. So entwickelte sich allmählich die so genannte Belebtheitskategorie, die später auch weitere Formen erfasste – allerdings mit einzelsprachlichen Unterschieden. Betroffen sind von dieser Kategorie die Singularformen belebter endungsloser Maskulina sowie kongruierende Wortarten wie Adjektive oder Partizipien. Je nach Sprache können auch belebte Feminina und Neutra im Plural (so im **Russischen** und **Ukrainischen**) im Akkusativ die Genitivformen zeigen. Zum Teil werden auch unbelebte Substantive wie belebte behandelt, etwa wenn sie metaphorisch verwendet werden oder unter unklaren Bedingungen wie im **Ukrainischen** (z. B. ist sowohl ukr. *я пишý лист* als auch *я пишý листá* möglich; ferner *я пасý конéй* neben *я пасý кóни*).

Im **Polnischen** spricht man im Plural nicht von einer Belebtheitskategorie, sondern von einer *Personalkategorie* bzw. von Personalformen im Unterschied zu Sachformen. Andere Bezeichnungen sind „maskulin-personal" gegenüber „feminin", „neutral" und „maskulin-nichtpersonal" (letzteres mit den Unterkategorien „nichtpersonal-belebt" und „nichtpersonal-unbelebt").[13] Hier werden zwar ebenfalls belebte und unbelebte Substantive unterschieden, innerhalb der belebten aber steht die Gruppe der personalen Maskulina (Substantive, die männliche Personen bezeichnen) derjenigen der belebten Maskulina, die keine Personen bezeichnen, sowie den belebten und unbelebten Feminina und Neutra (= „Sachformen") gegenüber; vgl.[14]

[12] Die **bks.** Wörter für ‚Radio' und ‚Taxi' sind maskulin (*siehe dort*).
[13] Vgl. Bartnicka et al. (2004, 208).
[14] Nach: Bartnicka et al. (2004, 208).

- mask. bel. personal: *chłopiec* ‚Junge'
- mask. bel. nichtpersonal: *pies* ‚Hund'
- mask. unbel.: *stół* ‚Tisch'
- fem.: *kobieta* ‚Frau', *ściana* ‚Wand'
- neutr.: *niemowlę* ‚Säugling', *drzewo* ‚Baum'

Bei allen belebten Maskulina (also sowohl bei *chłopiec* als auch bei *pies*) entspricht die Form des Akkusativ Singular dem Genitiv Singular (*chłopca, psa*), während die Form des Akkusativ Singular bei unbelebten Substantiven identisch ist mit dem Nominativ Singular (*stół*). Im Akkusativ Plural zeigen dann nur noch personale Maskulina dieselbe Form wie im Genitiv Plural (*chłopców*), während alle anderen belebten (nichtpersonalen) und unbelebten Maskulina sowie Feminina und Neutra den Akkusativ Plural wie den Nominativ Plural bilden (*psy, stoły*).

Entsprechend werden zwei Personalpronomen (*oni* für personale Maskulina, *one* für alle übrigen) verwendet. Die Unterscheidung von maskulin-personalen und allen übrigen Formen findet sich auch in den Formen des Präteritums (siehe Abschnitt 11). Zur Kennzeichnung dieser Unterscheidung verwenden wir in diesem Studienbuch die Termini „maskulin-personal" bzw. „mp" (entspricht den „Personalformen") und „nicht maskulin-personal" bzw. „nmp" (entspricht den „Sachformen").

Das **Tschechische** verwendet bei belebten Maskulina im Singular Akkusativ = Genitiv-Formen, im Dativ und Präpositiv Singular kann ein Suffix *-ovi* auftreten. Unterschiedliche Endungen finden sich auch im Nominativ Plural (*páni* oder *pánové* ‚Herren' vs. *hrady* ‚Burgen'). In Bezug auf Pronomina und Verbformen mit Genusunterschieden (Präteritum) sind die Verhältnisse ähnlich wie im **Polnischen**: Auch das Tschechische hat spezielle Verb- und Pronominalformen für belebte Maskulina, unbelebte Maskulina und Feminina sowie für Neutra (z. B. *oni četli* ‚sie (bel. m.) haben gelesen' vs. *ony četly* ‚sie (f.) haben gelesen').

Die nachfolgende Übersicht bezieht sich auf Maskulina, die nicht formal wie Feminina dekliniert werden (wie **bks.** *muškarčina*, **poln.** *mężczyzna*, **tsch.** *předseda*, **russ.** *мужчи́на*; hier zeigt sich die Belebtheits- bzw. Personalkategorie nur an kongruierenden Wortarten). Die in der Tabelle nicht aufgeführten Substantiv-Gruppen zeigen entweder spezielle Akkusativ- oder Akkusativ- = Nominativ-Formen.

BKS	Polnisch	Tschechisch	Russisch	Ukrainisch
Belebte Maskulina A. Sg. = G. Sg.	Belebte Maskulina A. Sg. = G. Sg.	Belebte Maskulina A. Sg. = G. Sg. z. T. Suffix *-ovi* im D. u. P. Sg.	Belebte Maskulina A. Sg. = G. Sg. A. Pl. = G. Pl.	Belebte Maskulina A. Sg. = G. Sg. A. Pl. = G. Pl.
	Personale Maskulina A. Pl. = G. Pl.			
			Belebte Feminina und Neutra A. Pl. = G. Pl.	Belebte Feminina und Neutra A. Pl. = G. Pl.

Zu Details siehe einzelsprachliche Grammatiken und die nachfolgenden Deklinationstabellen.

8 Indeklinabilia

Während im **BKS** und im **Tschechischen** fast alle Substantive dekliniert werden, ist die Anzahl der Indeklinabilia im **Polnischen**, **Russischen** und **Ukrainischen** etwas höher. In der Regel handelt es sich hier um Lehn- bzw. Fremdwörter, die in allen Kasus und Numeri unverändert bleiben. Im **Ukrainischen** sind mitunter Dubletten möglich; offenbar gibt es zurzeit eine Tendenz, diese Wörter zu deklinieren – so etwa bei *кінó* (*кінó, кінá, кіні́* usw.) oder *есé* ‚Essay' (meist im Plural: *есé, есéї, есéїв*).

	BKS	Polnisch	Tschechisch	Russisch	Ukrainisch	Deutsch
N. Sg. G. Sg. N. Pl.	radio radija radiji	radio radia radia	rádio rádia rádia	рáдио рáдио рáдио	рáдіо рáдіо рáдіо	Radio
N. Sg. G. Sg. N. Pl. *)	kakao kakaoa kakao	kakao kakao kakao	kakao kakaa kakaa	какáо какáо какáо	какáо какáо какáо	Kakao
N. Sg. G. Sg. N. Pl.	ledi ledi ledi	lady lady lady	madam[15] madam madam	лéди лéди лéди	лéді лéді лéді	Lady / Madame

*) Der Plural von ‚Kakao' entspräche dann ‚Kakaosorten'.

[15] Engl. *lady* wird im **Tschechischen** in der Regel mit *dáma* ‚Dame' wiedergegeben.

Im **BKS** werden nicht dekliniert:

- fremde weibliche Eigennamen und Titel wie *Astrid, Džudi* bzw. *madam, ledi* usw.

Im **Polnischen** werden nicht dekliniert:

- insbesondere nicht-polnische Gattungs- und Eigennamen, die auf Vokal enden (z. B. die Neutra *boa, alibi, Tokio*)
- Gattungs- und Eigennamen (Neutra), die auf *-um* enden (z. B. *Bochum, muzeum*), sind im Singular indeklinabel (in allen Kasus *muzeum*, aber Pl. *muzea* usw.)
- Vor- und Familiennamen weiblicher Personen, die auf Konsonant enden (*Karin, pani Nowak*)
- bestimmte Abkürzungen (z. B. *NRD* ‚DDR')

Im **Tschechischen** werden nicht dekliniert:

- fremde weibliche Eigennamen wie *Silke*, Lehnwörter wie *madam*
- fremde Gattungs- und Eigennamen auf *e* wie *faksimile*, auf *i* wie *alibi*, auf *y* wie *buly*, auf *u* wie *Baku* (alle Neutra)

Im **Russischen** werden nicht dekliniert:

- häufig Fremd- und Lehnwörter, die auf Vokal enden (*ра́дио, кенгуру́, атташе́, ле́ди*)
- Vor- und Familiennamen weiblicher Personen, die auf Konsonant enden (*Ка́рмен, Ме́льник*)
- Familiennamen auf *-енко, -ко, -ово, -аго, -ых, -их*
- bestimmte Abkürzungen (*СССР*)

Im **Ukrainischen** werden nicht dekliniert:

- die meisten Fremd- und Lehnwörter sowie Eigennamen, die auf Vokal enden (*siehe aber oben*)
- ukrainische Familiennamen weiblicher Personen, die auf *-ко* oder Konsonant enden (*Мельник*)
- Vornamen weiblicher Personen, die auf Konsonant enden (*Кармен*)
- Abkürzungen

9 Dubletten und Formenreichtum

Einige Slavinen weisen in ihren Flexionsparadigmen Varianten auf, die nicht immer durch eine einfache Regel erklärt werden können. So kann im **Polnischen** und **Ukrainischen** der Genitiv maskuliner Substantive auf *-a* oder auf *-u* gebildet werden, wobei, grob gesagt, im **Ukrainischen** *-а / -я* für Konkreta, *-у / -ю* für Abstrakta verwendet wird. Im **Polnischen** bilden belebte Maskulina den Genitiv Singular immer auf *-a* (Ausnahmen: *woł-u* ‚Ochse', *bawoł-u* ‚Bison'), während die Genitiv-Bildung mit *-u* oder *-a* bei unbelebten Maskulina gewissen (aber nicht eindeutigen) semantischen Prinzipien folgt: „gestalthafte" Maskulina (z. B. Bezeichnungen von Werkzeugen, Monaten, Maßen, Städenamen) bilden den Genitiv auf *-a*, „gestaltlose“ (Substanzen, Abstrakta, Kollektiva) dagegen tendieren zu *-u*.[16]

Das **Ukrainische** zeigt auch in anderen Kasus (etwa im Dativ oder Präpositiv Sg. u. a. m.) sowie in den Numerusformen Dubletten. Zu Einzelheiten siehe die einzelsprachlichen Grammatiken.

Im **Tschechischen** wiederum gibt es, historisch bedingt, in der Substantiv-Deklination eine Vielzahl an Flexionssuffixen, für die hier im Einzelnen keine Beispiele gegeben werden.

Die Slavinen bewahren außerdem Restbestände alter Deklinationsmuster, neben Dual-Resten etwa der alten *n-*, *r-*, *s-*, *t*-Stämme, die (sachlich nicht ganz zutreffend) in **altkirchenslavischen** Grammatiken oft unter „konsonantische Deklination“ zusammengefasst werden. Hierher gehören die Wörter für ‚Name‘ (**ursl.** **imę → n*), ‚Mutter‘ (**mati → r*), ‚Himmel‘ (**nebo → s*), ‚Kalb‘ (**telę → t*).

10 Deklinationsmuster ausgewählter Substantive

Die Flexionsparadigmen sind im Grunde recht ähnlich und sollten relativ leicht erschlossen werden können. Nachfolgend einige ausgewählte Beispiele der wichtigsten Deklinationstypen (überwiegend regelmäßige Formen).

Die in den einzelsprachlichen Grammatikschreibungen verwendeten Klassifikationen und Bezeichnungen sind uneinheitlich und erschweren einen Vergleich. Unter Rückgriff auf historische Gegebenheiten wird im Folgenden nach harten und weichen Stämmen, einer „*i*- bzw. gemischten[17] Deklination“ und „konsonantischen Stämmen“ unterschieden, obwohl dies streng genommen heute nicht mehr für alle Slavinen angebracht ist.

Eine Einteilung nach Genus, hart/weich und belebt/unbelebt, wie sie hier vorgenommen wurde, stützt sich zwar auf einen „gemeinsamen Kern“, ist aber letztendlich ein Konstrukt, das die Orientierung und den Vergleich zwischen den einzelnen Slavinen erleichtern soll. Sie weicht von den in einzelsprachlichen Grammatiken und Übersichten üblichen Beschreibungen ab. Darüber hinaus werden hier die Kasus Präpositiv (nur im **Russischen** und **Tschechischen**) und Lokativ (nominell in den anderen Slavinen) zusammengefasst (hierzu siehe oben S. 127).

Nach „typischen“ (produktiven) Deklinationsmustern folgen einige Beispiele für alte konsonantische Stämme, die im **Ukrainischen** in einer so genannten „4. Deklination“ zusammengefasst werden (dort allerdings nur Neutra).

---

[16] Vgl. Bartnicka, B. (2004) et al., *Grammatik des Polnischen.* München, 210f.

[17] Z. B. **ukr.** Sg. *кущ, кущá, кущý/кущéві, кущ, кущéм, (на) кущí, кущ!*; Pl. *кущí, кущíв, кущáм, кущí, кущáми, (на) кущáх, кущí!* (dt. ‚Busch‘).

Exemplarisch vorgestellt werden die jeweiligen Entsprechungen für:

maskulin	hart belebt:	STUDENT
	hart unbelebt:	STIMME
	weich belebt:	LEHRER, PFERD
	weich unbelebt:	[STROJ]
feminin	hart belebt:	SCHWESTER
	hart unbelebt:	FUSS / BEIN
	weich belebt:	GÖTTIN
	weich unbelebt:	ERDE
neutral	hart unbelebt:	ORT / STADT
	weich unbelebt:	FELD, GENERATION
i-Deklination / gemischt:		KNOCHEN
Sonstige:		NAME, MUTTER, KALB, HIMMEL

Maskulin hart (belebt): Student

Sg.	**BKS**	**Polnisch**	**Tschechisch**	**Russisch**	**Ukrainisch**
N	student	student	student	студе́нт	студе́нт
G	studenta	studenta	studenta	студе́нта	студе́нта
D	studentu	studentowi	studentovi[18]	студе́нту	студе́нтові студе́нту
A	studenta	studenta	studenta	студе́нта	студе́нта
I	studentom	studentem	studentem	студе́нтом	студе́нтом
P	(o) studentu	(o) studencie	(o) studentovi	(o) студе́нте	(на) студе́нтові (на) студе́нті
V	studente!	studencie!	studente!	---	студе́нте!

Pl.	**BKS**	**Polnisch**	**Tschechisch**	**Russisch**	**Ukrainisch**
N	studenti	studenci	studenti	студе́нты	студе́нти
G	studenata	studentów	studentů	студе́нтов	студе́нтів
D	studentima	studentom	studentům	студе́нтам	студе́нтам
A	studente	studentów	studenty	студе́нтов	студе́нтів
I	studentima	studentami	studenty	студе́нтами	студе́нтами
P	(o) studentima	(o) studentach	(o) studentech	(o) студе́нтах	(на) студе́нтах
V	studenti!	studenci!	studenti!	---	студе́нти!

[18] D. Sg. im **Tschechischen**, je nach Substantiv, auch auf *-u*: z. B. *pánu* ‚dem Herrn'.

Maskulin hart (unbelebt): Stimme

Sg.	BKS	Polnisch [19])	Tschechisch	Russisch	Ukrainisch [19])
N	glas	głos	hlas	го́лос	го́лос
G	glasa	głosu	hlasu	го́лоса	го́лосу
D	glasu	głosowi	hlasu	го́лосу	го́лосу
A	glas	głos	hlas	го́лос	го́лос
I	glasom	głosem	hlasem	го́лосом	го́лосом
P	(o) glasu	(o) głosie	(o) hlase	(о) го́лосе	(на) го́лосі
V	glasu!	głosie!	---	---	го́лосе!

Pl.	BKS [20])	Polnisch	Tschechisch	Russisch	Ukrainisch
N	glasovi	głosy	hlasy	голоса́	голоси́
G	glasova	głosów	hlasů	голосо́в	голосі́в
D	glasovima	głosom	hlasům	голоса́м	голоса́м
A	glasove	głosy	hlasy	голоса́	голоси́
I	glasovima	głosami	hlasy	голоса́ми	голоса́ми
P	(o) glasovima	(o) głosach	(o) hlasech	(о) голоса́х	(на) голоса́х
V	glasovi!	głosy!	---	---	голоси́!

Maskulin weich (belebt): Lehrer

Sg.	BKS	Polnisch	Tschech.	Russisch	Ukrainisch
N	učitelj	nauczyciel	učitel	учи́тель	вчи́тель (учи́тель)
G	učitelja	nauczyciela	učitele	учи́теля	вчи́теля
D	učitelju	nauczycielowi	učiteli učitelovi	учи́телю	вчи́телеві вчи́телю
A	učitelja	nauczyciel	učitele	учи́теля	вчи́теля
I	učiteljem	nauczycielem	učitelem	учи́телем	вчи́телем
P	(o) učitelju	(o) nauczycielu	(o) učiteli (o) učitelovi	(об[21]) учи́теле	(на) вчи́телеві (на) вчи́телі
V	učitelju!	nauczycielu!	učiteli!	---	вчи́теле!

Pl.	BKS	Polnisch	Tschech.	Russisch	Ukrainisch
N	učitelji	nauczyciele	učitelé	учителя́	вчителі́
G	učitelja	nauczycieli	učitelů	учителе́й	вчителі́в
D	učiteljima	nauczycielom	učitelům	учителя́м	вчителя́м
A	učitelje	nauczyciele	učitele	учителе́й	вчителі́в
I	učiteljima	nauczycielami	učiteli	учителя́ми	вчителя́ми
P	(o) učiteljima	(o) nauczycielach	(o) učitelích	(об) учителя́х	(на) вчителя́х
V	učitelji!	nauczyciele!	učitelé!	---	вчителі́!

---

[19] Im **Polnischen** und im **Ukrainischen** kann der G. Sg. auf *-a* oder *-u* enden (*siehe oben*).

[20] **Bks.** einsilbige Maskulina zeigen eine Stammerweiterung mit *-ov-* (hart) bzw. *-ev-* nach Palatalen und *j* (*grad* – Pl. *gradovi*, *kraj* – Pl. *krajevi*; dt. ‚Stadt' bzw. ‚Gegend').

[21] Vor einer vokalisch anlautenden Form steht im **Russischen** *об*.

Maskulin weich (belebt): Pferd

Sg.	BKS	Polnisch	Tschechisch	Russisch	Ukrainisch
N	konj	koń	kůň	конь	кінь
G	konja	konia	koně	коня́	коня́
D	konju	koniowi	koni	коню́	коню́ / коне́ві
A	konja	konia	koně	коня́	коня́
I	konjem	koniem	koněm	конём	коне́м
P	(o) konju	(o) koniu	(o) koni	(о) коне́	(на) коні́ (на) коне́ві
V	konju!	koniu!	koni!	---	ко́ню!

Pl.	BKS	Polnisch	Tschech. [22])	Russisch	Ukrainisch
N	konji	konie	koně	ко́ни	ко́ні
G	konja	koni	koní koňů	коне́й	коне́й
D	konjima	koniom	koňům koním	коня́м	коня́м
A	konje	konie	koně	коне́й	коне́й ко́ні (für Tiere)
I	konjima	końmi	koni koňmi	коня́ми	коня́ми кіньми́
P	(o) konjima	(o) koniach	(o) koních	(о) коня́х	(на) коня́х
V	konji!	konie!	koně!	---	ко́ні!

Maskulin weich (unbelebt): [stroj] *)

*) Die folgenden Wörter differieren in ihren Bedeutungen: **bks.** *stroj* ‚Maschine', **poln.** *strój* ‚Kleidung, Tracht' (neben *ustrój* ‚Organismus, Struktur, System'), **tsch.** *stroj* ‚Maschine', **russ.** *строй* und **ukr.** *стрій* ‚Ordnung, Struktur, Reihe'.

Sg.	BKS	Polnisch	Tschechisch	Russisch	Ukrainisch
N	stroj	strój	stroj	строй	стрій
G	stroja	stroju	stroje	стро́я	стро́ю
D	stroju	strojowi	stroji	стро́ю	стро́ю / стро́єві
A	stroj	strój	stroj	строй	стрій
I	strojem	strojem	strojem	стро́ем	стро́єм
P	(o) stroju	(o) stroju	(o) stroji	(о) стро́е	(на) стро́ї
V	stroje!	stroju!	---	---	стро́ю!

[22] Die Pluralendungen für **tsch.** *kůň* sind nicht „typisch", da dieses Wort zu den unregelmäßig deklinierten Maskulina gehört. Ein besseres Beispiel wäre *muž* ‚Mann' mit den Pluralformen *muži, mužů, mužům, muže, muži,* (o) *mužích.* Die entsprechenden Vergleichsformen in den anderen Slavinen sind allerdings hart.

Pl.	BKS	Polnisch	Tschechisch	Russisch	Ukrainisch
N	strojevi	stroje	stroje	строи́	строї́
G	strojeva	strojów	strojů	строёв	строї́в
D	strojevima	strojom	strojům	строя́м	строя́м
A	strojeve	stroje	stroje	строи́	строї́
I	strojevima	strojami	stroji	строя́ми	строя́ми
P	(o) strojevima	(o) strojach	(o) strojích	(o) строя́х	(на) строя́х
V	strojevi!	stroje!	---	---	строї́!

Femininum hart (belebt): Schwester

Sg.	BKS	Polnisch	Tschechisch	Russisch	Ukrainisch
N	sestra	siostra	sestra	сестра́	сестра́
G	sestre	siostry	sestry	сестры́	сестри́
D	sestri	siostrze	sestře	сестре́	сестрí
A	sestru	siostrę	sestru	сестру́	сестру́
I	sestrom	siostrą	sestrou	сестро́й сестро́ю *)	сестро́ю
P	(o) sestri	(o) siostrze	(o) sestře	(o) сестре́	(на) сестрí
V	sestro!	siostro!	sestro!	---	се́стро!

Pl.	BKS	Polnisch	Tschechisch	Russisch	Ukrainisch
N	sestre	siostry	sestry	сёстры	се́стри
G	sestara	sióstr	sester	сестёр	сесте́р
D	sestrama	siostrom	sestrám	сёстрам	се́страм
A	sestre	siostry	sestry	сестёр	сесте́р
I	sestrama	siostrami	sestrami	сёстрами	се́страми
P	(o) sestrama	(o) siostrach	(o) sestrách	(o) сёстрах	(на) се́страх
V	sestre!	siostry!	sestry!	---	се́стри!

*) Die Varianten für die Formen des **russ.** I. Sg. der Feminina auf *-a* / *-ja* sind im Grunde gleichberechtigt. Allerdings widersprechen sich hier Grammatiken und kompetente MutterssprachlerInnen. Die Endung *-oju* gilt den einen als ausschließlich buchsprachlich, den anderen lediglich als etwas gehobener, schriftsprachlicher, aber auch in gesprochener Sprache möglich.

Femininum hart (unbelebt): Fuß / Bein

Sg.	BKS	Polnisch	Tschechisch	Russisch	Ukrainisch
N	noga	noga Bein	noha	нога́	нога́
G	noge	nogi	nohy	ноги́	ноги́
D	nozi	nodze	noze	ноге́	нозí
A	nogu	nogę	nohu	но́гу	но́гу
I	nogom	nogą	nohou	ного́й ного́ю	ного́ю
P	(o) nozi	(o) nodze	(o) noze	(o) ноге́	(на) нозí
V	nogo!	nogo!	---	---	но́го!

Pl.	BKS	Polnisch	Tschechisch	Russisch	Ukrainisch
N	noge	nogi	nohy	но́ги	но́ги
G	nogu *)	nóg	noh	ног	ніг
D	nogama	nogom	nohám	нога́м	нога́м
A	noge	nogi	nohy	но́ги	но́ги
I	nogama	nogami	nohama	нога́ми	нога́ми
P	(o) nogama	(o) nogach	(o) nohách	(о) нога́х	(на) нога́х
V	noge!	nogi!	---	---	но́ги!

*) **Bks.** *nogu* ist eine alte Dual-Form; ebenso G. Pl. *ruku* (*ruka* ‚Hand, Arm'). Üblich ist für Feminina auf *-a* die Endung *-a* im G. Pl., ggf. mit eingeschobenem a (*žena, sestara*).

Femininum weich (belebt): Göttin

Sg.	BKS	Polnisch	Tschechisch	Russisch	Ukrainisch
N	boginja[23]	bogini	bohyně	боги́ня	боги́ня
G	boginje	bogini	bohyně	боги́ни	боги́ні
D	boginji	bogini	bohyni	боги́не	боги́ні
A	boginju	boginię	bohyni	боги́ню	боги́ню
I	boginjom	boginią	bohyní	боги́ней	боги́нею
P	(o) boginji	(o) bogini	(o) bohyni	(о) боги́не	(на) боги́ні
V	boginjo!	bogini!	bohyně!	---	боги́не!

Pl.	BKS	Polnisch	Tschechisch	Russisch	Ukrainisch
N	boginje	boginie	bohyně	боги́ни	боги́ні
G	boginja	bogiń	bohyň	боги́нь	боги́нь
D	boginjama	boginiom	bohyním	боги́ням	боги́ням
A	boginje	boginie	bohyně	боги́нь	боги́нь
I	boginjama	boginiami	bohyněmi	боги́нями	боги́нями
P	(o) boginjama	(o) boginiach	(o) bohyních	(о) боги́нях	(на) боги́нях
V	boginje!	boginie!	bohyně!	---	боги́ні!

Femininum weich (unbelebt): Erde

Sg.	BKS	Polnisch	Tschechisch	Russisch	Ukrainisch
N	zemlja	ziemia	země	земля́	земля́
G	zemlje	ziemi	země	земли́	землі́
D	zemlji	ziemi	zemi	земле́	землі́
A	zemlju	ziemię	zemi	зе́млю	зе́млю
I	zemljom	ziemią	zemí	землёй	земле́ю
P	(o) zemlji	(o) ziemi	(o) zemi	(о) земле́	(на) землі́
V	zemljo!	ziemi!	---	---	зе́мле!

23 **Bks.** auch *božica.*

Pl.	BKS	Polnisch	Tschechisch	Russisch	Ukrainisch
N	zemlje	ziemie	země	зе́мли	зе́млі
G	zemalja	ziem	zemí	земе́ль	земе́ль
D	zemljama	ziemiom	zemím	зе́млям	зе́млям
A	zemlje	ziemie	země	зе́мли	зе́млі
I	zemljama	ziemiami	zeměmi	зе́млями	зе́млями
P	(o) zemljama	(o) ziemiach	(o) zemích	(о) зе́млях	(на) зе́млях
V	zemlje!	ziemie!	---	---	зе́млі!

Neutrum hart: Ort / Stadt

Sg.	BK	S	Polnisch	Tschech.	Russisch	Ukrainisch
N	mjesto+	mesto+	miasto*[24]	město*	ме́сто+	мі́сто*[25]
G	mjesta	mesta	miasta	města	ме́ста	мі́ста
D	mjestu	mestu	miastu	městu	ме́сту	мі́сту
A	mjesto	mesto	miasto	město	ме́сто	мі́сто
I	mjestom	mestom	miastem	městem	ме́стом	мі́стом
P	(o) mjestu	(o) mestu	(o) mieście	(o) městě	(о) ме́сте	(на) мі́сті
V	mjesto!	mesto!	miasto!	---	---	мі́сто!

* Stadt + Ort

Pl.	BK	S	Polnisch	Tschech.	Russisch	Ukrainisch
N	mjesta	mesta	miasta	města	места́	міста́
G	mjesta	mesta	miast	měst	мест	міст
D	mjestima	mestima	miastom	městům	места́м	міста́м
A	mjesta	mesta	miasta	města	места́	міста́
I	mjestima	mestima	miastami	městy	места́ми	міста́ми
P	(o) mjestima	(o) mestima	(o) miastach	(o) městech	(о) места́х	(на) міста́х
V	mjesta!	mesta!	miasta!	---	---	міста́!

Neutrum weich: Feld

Sg.	BKS	Polnisch	Tschechisch	Russisch	Ukrainisch
N	polje	pole	pole	по́ле	по́ле
G	polja	pola	pole	по́ля	по́ля
D	polju	polu	poli	по́лю	по́лю
A	polje	pole	pole	по́ле	по́ле
I	poljem	polem	polem	по́лем	по́лем
P	(o) polju	(o) polu	(o) poli	(о) по́ле	(на) по́лі
V	polje!	pole!	---	---	по́ле!

[24] Neben **poln.** *miasto* ‚Stadt' gibt es auch *miejsce* ‚Platz, Ort'.

[25] Im **Ukrainischen** ist *місто* ‚Stadt' und *місце* ‚Ort'. Deklination von *мі́сце*: Sg. *мі́сце, мі́сця, мі́сцю, мі́сце, мі́сцем, (на) мі́сці, мі́сце!*; Pl. *місця́, місць, місця́м, місця́, місця́ми, (на) місця́х, місця́!*

Pl.	BKS	Polnisch	Tschechisch	Russisch	Ukrainisch
N	polja	pola	pole	поля́	поля́
G	polja	pól	polí	поле́й	поле́й
D	poljima	polom	polím	поля́м	поля́м
A	polja	pola	pole	поля́	поля́
I	poljima	polami	poli	поля́ми	поля́ми
P	(o) poljima	(o) polach	(o) polích	(о) поля́х	(на) поля́х
V	polja!	pola!	---	---	поля́!

Neutrum weich auf -nje / -nie / -ní / -ние / -ння: Generation

Sg.	BKS	Polnisch	Tschechisch	Russisch	Ukrainisch
N	pokoljenje sr. pokolenje	pokolenie	pokolení	поколе́ние	покoлі́ння
G	pokoljenja	pokolenia	pokolení	поколе́ния	поколі́ння
D	pokoljenju	pokoleniu	pokolení	поколе́нию	поколі́нню
A	pokoljenje	pokolenie	pokolení	поколе́ние	поколі́ння
I	pokoljenjem	pokoleniem	pokolením	поколе́нием	поколі́нням
P	(o) pokoljenju	(o) pokoleniu	(o) pokolení	(о) поколе́нии	(на) поколі́нні
V	pokoljenje!	pokolenie!	---	---	поколі́ння!

Pl.	BKS	Polnisch	Tschechisch	Russisch	Ukrainisch
N	pokoljenja sr. pokolenja	pokolenia	pokolení	поколе́ния	поколі́ння *)
G	pokoljenja	pokoleń	pokolení	поколе́ний	поколі́нь
D	pokoljenjima	pokoleniom	pokolením	поколе́ниям	покоління́м
A	pokoljenja	pokolenia	pokolení	поколе́ния	поколі́ння
I	pokoljenjima	pokoleniami	pokoleními	поколе́ниями	поколі́ннями
P	(o) pokoljen- jima	o pokoleniach	(o) pokoleních	(о) поколе́ниях	(на) поколі́ннях
V	pokoljenja!	pokolenia!	---	---	поколі́ння!

*) Bei den **ukrainischen** Neutra auf Doppelkonsonant + *ja* (hier *-ння*) hat der Nom. Pl. dieselbe Form wie Nom. Sg.

Feminina auf Konsonant / i-Deklination / gemischte Deklination (Ukr.): Knochen

Sg.	BKS	Polnisch	Tschechisch	Russisch	Ukrainisch
N	kost	kość	kost	кость	кість
G	kosti	kości	kosti	ко́сти	ко́сті
D	kosti	kości	kosti	ко́сти	ко́сті
A	kost	kość	kost	кость	кість
I	košću, kosti	kością	kostí	ко́стью	кі́сттю
P	(o) kosti	(o) kości	(o) kosti	(о) ко́сти	(на) ко́сті
V	kosti!	kości!	---	---	ко́сте!

Pl.	BKS	Polnisch	Tschechisch	Russisch	Ukrainisch
N	kosti	kości	kosti	кóсти	кóсті
G	kosti, kostiju	kości	kostí	костéй	костéй
D	kostima	kościom	kostem	костя́м	костя́м
A	kosti	kości	kosti	кóсти	кóсті
I	kostima	kośćmi	kostmi	костя́ми	костя́ми, кістьми́
P	(o) kostima	(o) kościach	(o) kostech	(o) костя́х	(на) костя́х
V	kosti!	kości!	---	---	кóсті!

Alte konsonantische Stämme:

Name (n-Stamm)

Sg.	BKS	Polnisch	Tschechisch	Russisch	Ukrainisch
N	ime	imię	jméno	и́мя	ім'я́
G	imena	imienia	jména	и́мени	і́мені
D	imenu	imieniu	jménu	и́мени	і́мені
A	ime	imię	jméno	и́мя	ім'я́
I	imenom	imieniem	jménem	и́менем	і́менем ім'я́м
P	(o) imenu	(o) imieniu	(o) jméně	(об) и́мени	(на) і́мені
V	ime!	imię!	---	---	і́мене!

Pl.	BKS	Polnisch	Tschechisch	Russisch	Ukrainisch
N	imena	imiona	jména	именá	іменá
G	imena	imion	jmen	имён	імéн
D	imenima	imionom	jménům	именáм	іменáм
A	imena	imiona	jména	именá	іменá
I	imenima	imionami	jmény	именáми	іменáми
P	(o) imenima	(o) imionach	(o) jménech	(об) именáх	(на) іменáх
V	imena!	imiona!	---	---	іменá!

Mutter (r-Stamm)

Sg.	BKS[26]	Polnisch	Tschechisch	Russisch	Ukrainisch
N	mati	matka	matka	мать	мáти
G	matere	matki	matky	мáтери	мáтері
D	materi	matce	matce	мáтери	мáтері
A	mater	matkę	matku	мать	мáти
I	materom	matką	matkou	мáтерью	мáтір'ю
P	(o) materi	(o) matce	(o) matce	(o) мáтери	(на) мáтері
V	mati!	matko!	matko!	---	мáти!

[26] Im **BKS** heißt ‚Mutter' auch *majka*: Sg. *majka, majke, majki/ majci, majku, majkom, (o) majki/ majci, majko!*; Pl. *majke, majki, majkama, majke, majkama, (o) majkama, majke!*

Pl.	BKS	Polnisch	Tschechisch	Russisch	Ukrainisch
N	matere	matki	matky	ма́тери	матері́
G	matera	matek	matek	матере́й	матері́в
D	materama	matkom	matkám	матеря́м	матеря́м
A	matere	matki	matky	матере́й	матері́в (!)
I	materama	matkami	matkami	матеря́ми	матеря́ми
P	(o) materama	(o) matkach	(o) matkách	(о) матеря́х	(на) матеря́х
V	matere!	matki!	matky!	---	матері́!

Im **BKS**, **Russischen** und **Ukrainischen** erkennt man noch den alten *r*-Stamm.

Kalb (t-Stamm)

Sg.	BKS	Polnisch	Tschechisch	Russisch	Ukrainisch
N	tele	cielę	tele	телёнок	теля́
G	teleta	cielęcia	telete	телёнка	теля́ти
D	teletu	cielęciu	teleti	телёнку	теля́ті
A	tele	cielę	tele	телёнка	теля́
I	teletom	cielęciem	teletem	телёнком	теля́м
P	(o) teletu	o cielęciu	(o) teleti	(о) телёнке	на теля́ті
V	tele!	cielę!	tele!	---	теля́!

Pl.	BKS	Polnisch	Tschechisch	Russisch	Ukrainisch
N	telad	cielęta	telata	теля́та	теля́та
G	teladi	cieląt	telat	теля́т	теля́т
D	teladima teladi	cielętom	telatům	теля́там	теля́там
A	telad	cielęta	telata	теля́т	теля́т
I	teladima teladi	cielętami	telaty	теля́тами	теля́тами
P	(o) teladima (o) teladi	(o) cielętach	(o) telatech	(о) теля́тах	(на) теля́тах
V	telad!	cielęta!	telata!	---	теля́та!

Nach diesen Mustern werden vor allem Substantive dekliniert, die junge Lebewesen bezeichnen. Im **Russischen** enden diese Substantive im Nominativ Singular auf *-ёнок*. Bei **bks.** *-ad* (im Plural) handelt es sich um eine Kollektivendung.

Himmel (s-Stamm)

Sg.	BKS	Polnisch	Tschechisch	Russisch	Ukrainisch
N	nebo	niebo	nebe	нéбо	нéбо
G	neba	nieba	nebe	нéба	нéба
D	nebu	niebu	nebi	нéбу	нéбу
A	nebo	niebo	nebe	нéбо	нéбо
I	nebom	niebem	nebem	нéбом	нéбом
P	(o) nebu	(o) niebie	(o) nebi	(o) нéбе	(на) нéбі
V	nebo!	niebo!	nebe! (selten)	---	нéбо!

Pl.	BKS	Polnisch	Tschechisch	Russisch	Ukrainisch
N	nebesa	nieba	nebesa	небесá	небесá
G	nebesa	nieb	nebes	небéс	небéс
D	nebesima	niebom	nebesům	небесáм	небесáм
A	nebesa	nieba	nebesa	небесá	небесá
I	nebesima	niebami	nebesy	небесáми	небесáми
P	(o) nebesima	(o) niebach	(o) nebesích	(o) небесáх	(на) небесáх
V	nebesa!	nieba!	nebesa!	---	небесá!

Einzelsprachliche Besonderheiten

Die slavischen Sprachen scheinen in ihren Deklinationsmustern sehr ähnlich zu sein, dennoch ist es auch hier erstaunlich schwierig, einheitliche, vergleichbare Beispielwörter für mehrere Slavinen zu finden. Die hier gewählten Wörter – für Lehrer, Student, Stadt / Ort, Feld usw. – tauchen in fast allen Grammatiken und vergleichenden Übersichten auf, was sicher nicht nur an der mangelnden Phantasie und dem spärlichen Wortschatz der AutorInnen liegt. Vielmehr zeigt mindestens eine Slavine an irgendeiner Stelle, in irgendeiner Kategorie eine „Abweichung“ (für die Texterschließung dürfte das allerdings kein Hindernis sein). Eines dieser Wörter, die nicht mehr ins „Raster“ passen, ist ‚Maus‘: Für **Polnisch**, **Tschechisch** und **Russisch** kann dieses Wort die alte *i*-Deklination illustrieren. Im **BKS** haben wir es dagegen mit einem regelmäßig deklinierten Maskulinum in der weichen Variante zu tun, im **Ukrainischen** mit einem Femininum auf *-a*; vgl.

Maus

Sg.	BKS	Polnisch	Tschechisch	Russisch	Ukrainisch
N	miš (m)	mysz (f)	myš (f)	мышь (f)	мúша (f)
G	miša	myszy	myši	мы́ши	мúші
D	mišu	myszy	myši	мы́ши	мúші
A	miša	mysz	myš	мышь	мúшу
I	mišem	myszą	myší	мы́шью	мúшею
P	(o) mišu	(o) myszy	(o) myši	(o) мы́ши	(на) мúші
V	mišu!	myszy!	---	---	мúше!

Pl.	BKS	Polnisch	Tschechisch	Russisch	Ukrainisch
N	miševi	myszy	myši	мы́ши	ми́ші
G	miševa	myszy	myší	мыше́й	мише́й
D	miševima	myszom	myším	мыша́м	миша́м
A	miševe	myszy	myši	мыше́й	мише́й
I	miševima	myszami	myšmi	мыша́ми	миша́ми
P	(o) miševima	(o) myszach	(o) myších	(о) мыша́х	(на) миша́х
V	miševi!	myszy!	---	---	ми́ші!

11 Die Konjugation der Verben

Die Übersicht über die wichtigsten regelmäßigen sowie einige frequente unregelmäßige Konjugationsmuster beschränkt sich weitgehend auf die Präsens- und Vergangenheitsformen folgender Verben:

lesen	analysieren	haben	gehen
führen / geleiten	tragen	wollen	geben
sich fürchten	sein	können	essen

Für das **Polnische** ist zu beachten, dass es im Präteritum synthetische Personalformen, im Plural zudem eine Unterscheidung von maskulin-personalen und nicht-maskulin-personalen Formen gibt.

Für Details zu einzelnen Stämmen und Stammveränderungen (Infinitiv-, Präsens-, Präteritalstamm) sei auf die einzelsprachlichen Grammatiken verwiesen.

Die Klassifizierung der Verben (die Einteilung in Verbklassen) ist uneinheitlich – sowohl im gesamtslavischen Vergleich (d. h. in vergleichenden Grammatiken) als auch innerhalb der einzelsprachlichen Grammatikschreibung.

lesen (Präsens)

„Typische" (produktive) Konjugation.

	BKS	Polnisch	Tschechisch	Russisch	Ukrainisch
	čitati	czytać	číst	чита́ть	чита́ти
1. Sg.	čitam	czytam	čtu	чита́ю	чита́ю
2. Sg.	čitaš	czytasz	čteš	чита́ешь	чита́єш
3. Sg.	čita	czyta	čte	чита́ет	чита́є
1. Pl.	čitamo	czytamy	čteme	чита́ем	чита́ємо
2. Pl.	čitate	czytacie	čtete	чита́ете	чита́єте
3. Pl.	čitaju	czytają	čtou	чита́ют	чита́ють

Einzelsprachliche Besonderheiten

Im **Polnischen** kann – je nach Konjugationsklasse – die 1. Ps. Sg. auf *-ę* oder auf *-m* auslauten: *piszę* ‚ich schreibe' – *czytam* ‚ich lese'. Die Formen der 3. Ps. Sg. enden auf Vokal (*e, i, y, a*).

So auch im **Tschechischen**: Die Verben einiger regelmäßiger Klassen zeigen im Präsens in der 1. Ps. Sg. auslautendes *-u*, die anderen regelmäßigen Klassen dagegen *-m* (z. B. *dělám* ‚ich tue' zu *dělat*). In der 3. Ps. Pl. alternieren – je nach Verbklasse – die Endungen *-ou, -í, -ejí, -ají.*

Vergangenheit (Präteritum / Partizip Aktiv):

BKS	Sg.	(m, f, n)	čitao, čitala, čitalo	Pl.	(m, f, n)	čitali, čitale, čitala
Poln	Sg.	1. (m, f) 2. (m, f) 3. (m, f, n)	czytałem, czytałam czytałeś, czytałaś czytał, czytała, czytało	Pl.	1. (mp, nmp[27]) 2. 3.	czytaliśmy, czytałyśmy czytaliście, czytałyście czytali, czytały
Tsch	Sg.	(m, f, n)	četl, četla, četlo	Pl.	(mb, mu/f, n[28])	četli, četly, četla
Russ	Sg.	(m, f, n)	читáл, читáла, читáло	Pl.		читáли
Ukr	Sg.	(m, f, n)	читáв, читáла, читáло	Pl.		читáли

führen, geleiten (Präsens)

Infinitivstamm auf *-i-* und Vokal *i* in bestimmten Personalformen.

	BKS	**Polnisch** *)	**Tschechisch**	**Russisch**	**Ukrainisch**
	voditi	wodzić	vodit	водúть	водúти
1. Sg.	vodim	wodzę	vodím	вожý	воджý
2. Sg.	vodiš	wodzisz	vodíš	вóдишь	вóдиш
3. Sg.	vodi	wodzi	vodí	вóдит	вóдить
1. Pl.	vodimo	wodzimy	vodíme	вóдим	вóдимо
2. Pl.	vodite	wodzicie	vodíte	вóдите	вóдите
3. Pl.	vode	wodzą	vodí	вóдят	вóдять

*) **Poln.** *wodzić* ‚führen' kommt nur in einigen Phraseologismen vor (z. B. *wodzić za nos* ‚an der Nase herumführen'). Häufiger sind Präfigierungen wie *przewodzić* ‚befehligen' oder (militärisches) *dowodzić*.

27 Die Abkürzungen für **Polnisch** bedeuten: **mp** – maskulin-personal (= Personalform), **nmp** – nicht-maskulin-personal (= Sachform).

28 Die Abkürzungen für **Tschechisch** bedeuten: **mb** – maskulin belebt, **mu** – maskulin unbelebt, **f** – feminin, **n** – neutral.

Vergangenheit (Präteritum / Partizip Aktiv):

BKS	Sg.	(m, f, n)	vodio, vodila, vodilo	Pl.	(m, f, n)	vodili, vodile, vodila
Poln	Sg.	1. (m, f) 2. (m, f) 3. (m, f, n)	wodziłem, wodziłam wodziłeś, wodziłaś wodził, wodziła, wodziło	Pl.	1. (mp, nmp) 2. 3.	wodziliśmy, wodziłyśmy wodziliście, wodziłyście wodzili, wodziły
Tsch	Sg.	(m, f, n)	vodil, vodila, vodilo	Pl.	(mb, mu/f, n)	vodili, vodily, vodila
Russ	Sg.	(m, f, n)	води́л, води́ла, води́ло	Pl.		води́ли
Ukr	Sg.	(m, f, n)	води́в, води́ла, води́ло	Pl.		води́ли

sich fürchten (Präsens)

Reflexives Verb.

	BKS	Polnisch	Tschechisch	Russisch	Ukrainisch
	bojati se	bać się	bát se	боя́ться	боя́тися
1. Sg.	bojim se	boję się	bojím se	бою́сь	бою́ся
2. Sg.	bojiš se	boisz się	bojíš se	бои́шься	бої́шся
3. Sg.	boji se	boi się	bojí se	бои́тся	бої́ться
1. Pl.	bojimo se	boimy się	bojíme se	бои́мся	боїмо́ся
2. Pl.	bojite se	boicie się	bojíte se	бои́тесь	боїте́ся
3. Pl.	boje se	boją się	bojí se	боя́тся	боя́ться

Vergangenheit (Präteritum / Partizip Aktiv):

BKS	Sg.	(m, f, n)	bojao se, bojala se, bojalo se	Pl.	(m, f, n)	bojali se, bojale se, -la se
Poln	Sg.	1. (m, f) 2. (m, f) 3. (m, f, n)	bałem się, bałam się bałeś się, bałaś się bał się, bała się, bało się	Pl.	1. (mp, nmp) 2. 3.	baliśmy się, bałyśmy się baliście się, bałyście się bali się, bały się
Tsch	Sg.	(m, f, n)	bál se, bála se, bálo se	Pl.	(mb, mu/f, n)	báli se, bály se, bála se
Russ	Sg.	(m, f, n)	боя́лся, боя́лась, боя́лось	Pl.		боя́лись
Ukr	Sg.	(m, f, n)	боя́вся / боя́всь, боя́лась, боя́лось	Pl.		боя́лися

Einzelsprachliche Besonderheiten

Formal sind reflexive Verben im **Russischen** und **Ukrainischen** durch ein Postfix *-ся* bzw. *-сь* nach Vokalen gekennzeichnet. Die anderen Slavinen weisen hier ein Reflexivpronomen (**bks.** *se*, **poln.** *się*, **tsch.** *se* für alle Personen und Numeri) auf.

Im **BKS** ist die Stellung der Klitika im Satz zu beachten – z. B. *ja sam se bojao / bojao sam se, one su se bojale / bojale su se* usw. In der 3. Ps. Sg. entfällt die Kopula *je*: *on se bojao.*

Suffix *-(o)va-* > *-uj-*: analysieren (Präsens)

Verben, deren Infinitivstamm auf *-ova-* bzw. *-iva-* im **Serbischen**, *-ova-* oder *-eva-* im **Russischen**, *-owa-* im **Polnischen**, *-ova-* im **Tschechischen** oder *-uva-* bzw. *-juva-* im **Ukrainischen** lautet, bilden den Präsensstamm auf *-uj-*.

	Serbisch*	**Polnisch**	**Tschechisch**	**Russisch**	**Ukrainisch**
	analizovati	analizować	analyzovat	анализи́ровать	аналізува́ти
1. Sg.	analizujem	analizuję	analyzuji / -ju	анализи́рую	аналізу́ю
2. Sg.	analizuješ	analizujesz	analyzuješ	анализи́руешь	аналізу́єш
3. Sg.	analizuje	analizuje	analyzuje	анализи́рует	аналізу́є
1. Pl.	analizujemo	analizujemy	analyzujeme	анализи́руем	аналізу́ємо
2. Pl.	analizujete	analizujecie	analyzujete	анализи́руете	аналізу́єте
3. Pl.	analizuju	analizują	analyzují / -jou	анализи́руют	аналізу́ють

Vergangenheit (Präteritum / Partizip Aktiv):

Serb	Sg.	(m, f, n)	analizovao, analizovala, -lo	Pl.	(m, f, n)	analizovali, -le, -la
Poln	Sg.	1. (m, f) 2. (m, f) 3. (m, f, n)	analizowałem, -łam analizowałeś, -łaś analizował, -ła, -ło	Pl.	1. (mp, nmp) 2. 3.	analizowaliśmy, -łyśmy analizowaliście, -łyście analizowali, -ły
Tsch	Sg.	(m, f, n)	analyzoval, -la, -lo	Pl.	(mb, mu/f, n)	analyzovali, -ly, -la
Russ	Sg.	(m, f, n)	анализи́ровал, -ла, -ло	Pl.		анализи́ровали
Ukr	Sg.	(m, f, n)	аналізува́в, -ла, -ло	Pl.		аналізува́ли

*) Im **Kroatischen** und **Bosnischen** wird anstelle von *-ova-* das Suffix *-ira-* (*analizirati*) verwendet. Verben auf *-irati* werden wie *a*-stämmige Verben konjugiert: *analiziram, analiziraš, analizira* usw., Part. Aktiv Sg. *analizirao, analizirala, -lo*, Pl. *analizirali, -le, -la.*

tragen (Präsens)

Infinitivstamm auf Konsonant

	BKS	Polnisch	Tschechisch	Russisch	Ukrainisch
	donijeti, doneti bringen[29]	nieść	nést	нести́	нести́
1. Sg.	donesem	niosę	nesu	несу́	несу́
2. Sg.	doneseš	niesiesz	neseš	несёшь	несе́ш
3. Sg.	donese	niesie	nese	несёт	несе́
1. Pl.	donesemo	niesiemy	neseme	несём	несе́мо
2. Pl.	donesete	niesiecie	nesete	несёте	несе́те
3. Pl.	donesu	niosą	nesou	несу́т	несу́ть

Vergangenheit (Präteritum / Partizip Aktiv):

BK	Sg.	(m, f, n)	donio, donila, donilo	Pl.	(m, f, n)	donijeli, donijele, donijela
Serb	Sg.	(m, f, n)	doneo, donela, donelo	Pl.	(m, f, n)	doneli, donele, donela
Poln	Sg.	1. (m, f) 2. (m, f) 3. (m, f, n)	niosłem, -łam niosłeś, -łaś niósł, niosła, niosło	Pl.	1. (mp, nmp) 2. 3.	nieśliśmy, niosłyśmy nieśliście, niosłyście nieśli, niosły
Tsch	Sg.	(m, f, n)	nesl, nesla, neslo	Pl.	(mb, mu/f, n)	nesli, nesly, nesla
Russ	Sg.	(m, f, n)	нёс, несла́, несло́	Pl.		несли́
Ukr	Sg.	(m, f, n)	ніс, несла́, несло́	Pl.		несли́

sein (Präsens)

	BKS	Polnisch	Tschechisch	Russisch	Ukrainisch
	biti	*być*	*být*	*быть*	*бути*
1. Sg.	jesam, sam	jestem	jsem		є
2. Sg.	jesi, si	jesteś	jsi		є
3. Sg.	jest, je	jest	je	(есть)	є
1. Pl.	jesmo, smo	jesteśmy	jsme		є
2. Pl.	jeste, ste	jesteście	jste		є
3. Pl.	jesu, su	są	jsou	(суть)	є

[29] Eine Form **nesti* alleine existiert nicht (nur präfigiert). **Bks.** *donesti* ist ungebräuchlich.

Vergangenheit (Präteritum / Partizip Aktiv):

BKS	Sg.	(m, f, n)	bio, bila, bilo	Pl.	(m, f, n)	bili, bile, bila
Poln	Sg.	1. (m, f) 2. (m, f) 3. (m, f, n)	byłem, byłam byłeś, byłaś był, była, było	Pl.	1. (mp, nmp) 2. 3.	byliśmy, byłyśmy byliście, byłyście byli, były
Tsch	Sg.	(m, f, n)	byl, byla, bylo	Pl.	(mb, mu/f, n)	byli, byly, byla
Russ	Sg.	(m, f, n)	был, былá, бы́ло	Pl.		бы́ли
Ukr	Sg.	(m, f, n)	був, булá, булó	Pl.		були́

Einzelsprachliche Besonderheiten

Das **BKS** unterscheidet lange, betonte (*jesam, jesi, jest, …*) und kurze, unbetonte (*sam, si, je, …*) Formen. Nur die betonten Formen können am Satzanfang oder alleine stehen. Näheres im Kapitel *VII Syntax.*

Außerdem gibt es synthetische verneinte Präsens-Formen (‚nicht sein': ‚ich bin nicht', ‚du bist nicht' usw.):

Sg.	1.	nisam	Pl.	1.	nismo
	2.	nisi		2.	niste
	3.	nije		3.	nisu

Im **Tschechischen** gibt es mit *není* ‚ist nicht' eine verneinte Präsens-Form für die 3. Ps. Sg.

Russisch und **Ukrainisch** haben das alte Präsensparadigma von urslav. **byti* nur in wenigen Restbeständen bewahrt, die im Russischen zudem eingeschränkt verwendet werden. **Ukr.** *є* (ursprünglich 3. Ps. Sg.) kann in allen Personen und Numeri verwendet werden. Bei der Verneinung erscheint die Negationspartikel als Präfix am Verb: *немá(є)* (nicht zu verwechseln mit den negierten (und getrennt geschriebenen) Formen von ‚haben': *не мáю, не мáєш, не мáє, …* (‚ich habe nicht' usw.)). Näheres im Kapitel *VII Syntax.*

sein (Futur)

	BKS *)	Polnisch	Tschechisch	Russisch	Ukrainisch
1. Sg.	budem	będę	budu	бýду	бýду
2. Sg.	budeš	będziesz	budeš	бýдешь	бýдеш
3. Sg.	bude	będzie	bude	бýдет	бýде
1. Pl.	budemo	będziemy	budeme	бýдем	бýдемо
2. Pl.	budete	będziecie	budete	бýдете	бýдете
3. Pl.	budu	będą	budou	бýдут	бýдуть

*) Diese Futurformen werden nur für die Bildung des Futurum exactum verwendet. Zur Bildung des Futurs im **BKS** siehe *htjeti* ‚wollen' und Abschnitt 12. Auch das Futur von *biti* wird mithilfe der enklitischen Formen von *htjeti* gebildet: z. B. *bit će* ‚er/sie wird sein' / ‚sie werden sein'.

haben (Präsens)

	BKS	Polnisch	Tschechisch	Russisch *)	Ukrainisch
	imati	mieć	mít	име́ть	ма́ти
1. Sg.	imam	mam	mám	име́ю	ма́ю
2. Sg.	imaš	masz	máš	име́ешь	ма́єш
3. Sg.	ima	ma	má	име́ет	ма́є
1. Pl.	imamo	mamy	máme	име́ем	ма́ємо
2. Pl.	imate	macie	máte	име́ете	ма́єте
3. Pl.	imaju	mają	mají	име́ют	ма́ють

*) **Russisch** *име́ть* bedeutet zwar ‚haben, besitzen', entspricht in Bedeutung und Funktion aber weder dem dt. *haben* noch den anderen slavischen Versionen von ‚haben'; *име́ть* drückt eher ein explizites ‚Besitzen' aus oder wird in Phraseologismen (*име́ть в виду́* ‚beabsichtigen') verwendet. Zu den Entsprechungen von dt. *haben* siehe unter *VII Syntax*, Abschnitt 8.

Vergangenheit (Präteritum / Partizip Aktiv):

BKS	Sg.	(m, f, n)	imao, imala, imalo	Pl.	(m, f, n)	imali, imale, imala
Poln	Sg.	1. (m, f) 2. (m, f) 3. (m, f, n)	miałem, miałam miałeś, miałaś miał, miała, miało	Pl.	1. (mp, nmp) 2. 3.	mieliśmy, miałyśmy mieliście, miałyście mieli, miały
Tsch	Sg.	(m, f, n)	měl, měla, mělo	Pl.	(mb, mu/f, n)	měli, měly, měla
Russ	Sg.	(m, f, n)	име́л, име́ла, име́ло	Pl.		име́ли
Ukr	Sg.	(m, f, n)	мав, ма́ла, ма́ло;	Pl.		ма́ли

Einzelsprachliche Besonderheiten

Das **BKS** weist synthetische verneinte Formen auf (*nemati* ‚nicht haben'):

Sg.	1.	nemam	Pl.	1.	nemamo
	2.	nemaš		2.	nemate
	3.	nema		3.	nemaju

wollen (Präsens)

	BKS	Polnisch	Tschechisch	Russisch	Ukrainisch
	htjeti *)	chcieć	chtít	хоте́ть	хотíти
1. Sg.	hoću, ću	chcę	chci	хочу́	хóчу
2. Sg.	hoćeš, ćeš	chcesz	chceš	хóчешь	хóчеш
3. Sg.	hoće, će	chce	chce	хóчет	хóче
1. Pl.	hoćemo, ćemo	chcemy	chceme	хоти́м	хóчемо
2. Pl.	hoćete, ćete	chcecie	chcete	хоти́те	хóчете
3. Pl.	hoću, će	chcą	chtějí	хотя́т	хóчуть

*) **BKS** unterscheidet lange, betonte (*hoću, hoćeš*) und kurze, unbetonte Formen (*ću, ćeš*). Nur die betonten Formen können am Satzanfang oder alleine stehen.

Vergangenheit (Präteritum / Partizip Aktiv):

BK	Sg.	(m, f, n)	htio, htjela, htjelo	Pl.	(m, f, n)	htjeli, htjele, htjela
Serb	Sg.	(m, f, n)	hteo, htela, htelo	Pl.	(m, f, n)	hteli, htele, htela
Poln	Sg.	1. (m, f) 2. (m, f) 3. (m, f, n)	chciałem, chciałam chciałeś, chciałaś chciał, chciała, chciało	Pl.	1. (mp, nmp) 2. 3.	chcieliśmy, chciałyśmy chcieliście, chciałyście chcieli, chciały
Tsch	Sg.	(m, f, n)	chtěl, chtěla, chtělo	Pl.	(mb, mu/f, n)	chtěli, chtěly, chtěla
Russ	Sg.	(m, f, n)	хотéл, хотéла, хотéло	Pl.		хотéли
Ukr	Sg.	(m, f, n)	хотíв, хотíла, хотíло	Pl.		хотíли

Einzelsprachliche Besonderheiten

Bks. *htjeti* wird verwendet als Kopula (‚werden') bei der Bildung des zusammengesetzten Futurs. Außerdem gibt es synthetische verneinte Formen (‚nicht wollen', ‚nicht werden'):

Sg.	1.	neću	Pl.	1.	nećemo
	2.	nećeš		2.	nećete
	3.	neće		3.	neće

können (Präsens)

	BKS	Polnisch	Tschechisch	Russisch	Ukrainisch
	moći	móc	moct /moci	мочь	могти́

1. Sg.	mogu	mogę	mohu / můžu	могу́	мóжу
2. Sg.	možeš	możesz	můžeš	мóжешь	мóжеш
3. Sg.	može	może	může	мóжет	мóже

1. Pl.	možemo	możemy	můžeme	мóжем	мóжемо
2. Pl.	možete	możecie	můžete	мóжете	мóжете
3. Pl.	mogu	mogą	mohou / můžou	мóгут	мóжуть

Vergangenheit (Präteritum / Partizip Aktiv):

BKS	Sg.	(m, f, n)	mogao, mogla, moglo	Pl.	(m, f, n)	mogli, mogle, mogla
Poln	Sg.	1. (m, f) 2. (m, f) 3. (m, f, n)	mógłem, mogłam mógłeś, mogłaś mógł, mogła, mogło	Pl.	1. (mp, nmp) 2. 3.	mogliśmy, mogłyśmy mogliście, mogłyście mogli, mogły
Tsch	Sg.	(m, f, n)	mohl, mohla, mohlo	Pl.	(mb, mu/f, n)	mohli, mohly, mohla
Russ	Sg.	(m, f, n)	мог, моглá, моглó	Pl.		могли́
Ukr	Sg.	(m, f, n)	міг, моглá, моглó	Pl.		могли́

gehen (Präsens)

	BKS	Polnisch	Tschechisch	Russisch	Ukrainisch
	ići	iść	jít	идти́	іти́ (йти)

1. Sg.	idem	idę	jdu	иду́	іду́
2. Sg.	ideš	idziesz	jdeš	идёшь	іде́ш
3. Sg.	ide	idzie	jde	идёт	іде́

1. Pl.	idemo	idziemy	jdeme	идём	іде́мо
2. Pl.	idete	idziecie	jdete	идёте	іде́те
3. Pl.	idu	idą	jdou	иду́т	іду́ть

Vergangenheit (Präteritum / Partizip Aktiv):

BKS	Sg.	(m, f, n)	išao, išla, išlo	Pl.	(m, f, n)	išli, išle, išla
Poln	Sg.	1. (m, f) 2. (m, f) 3. (m, f, n)	szedłem, szłam szedłeś, szłaś szedł, szła, szło	Pl.	1. (mp, nmp) 2. 3.	szliśmy, szłyśmy szliście, szłyście szli, szły
Tsch	Sg.	(m, f, n)	šel, šla, šlo	Pl.	(mb, mu/f, n)	šli, šly, šla
Russ	Sg.	(m, f, n)	шёл, шла, шло	Pl.		шли
Ukr	Sg.	(m, f, n)	ішóв, ішлá, ішлó йшов, йшла, йшло	Pl.		ішли́ йшли

Einzelsprachliche Besonderheiten

Die Komposita von **bks.** *ići* (z. B. *doći* ‚kommen', *izići* ‚hinausgehen', *ući* ‚hineingehen, eintreten') sind perfektiv und bilden den Präsensstamm auf *-đ-*; vgl. zu *doći: dođem, dođeš, dođe, dođemo, dođete, dođu*). Die imperfektiven Aspektpartner werden suppletiv mit *-laziti* gebildet: *doći – dolaziti, otići – odlaziti* ‚weggehen' usw.

Siehe auch Abschnitt 15 *Verben der Bewegung.*

geben (Präsens)

	BKS		Polnisch		Tschechisch		Russisch		Ukrainisch	
	davati	dati[30]	dawać	dać	dávat	dát	давáть	дать	давáти	дáти
Sg.										
1.	dajem	dam	daję	dam	dávám	dám	даю́	дам	даю́	дам
2.	daješ	daš	dajesz	dasz	dáváš	dáš	даёшь	дашь	дає́ш	даси́
3.	daje	da	daje	da	dává	dá	даёт	даст	дає́	дасть
Pl.										
1.	dajemo	damo	dajemy	damy	dáváme	dáme	даём	дади́м	дає́мо	дамó
2.	dajete	date	dajecie	dacie	dáváte	dáte	даёте	дади́те	дає́те	дастé
3.	daju	daju	dają	dadzą	dávají	dají	даю́т	даду́т	даю́ть	даду́ть

Die Formen *davati, dawać, dávat, давáть, давáти* sind imperfektiv, die Formen *dati, dać, dát, дать, дáти* perfektiv, d. h., die perfektiven Präsensformen haben futurische Bedeutung.

30 Hier finden sich Varianten, beispielsweise umgangssprachlich *davam* (1. Ps. Sg.) zu *davati* oder Formen mit Stammerweiterung zu *dati* (*dadnem*, ...).

Vergangenheit (Präteritum / Partizip Aktiv) von ***davati*** u. a.:

BKS	Sg.	(m, f, n)	davao, davala, davalo	Pl.	(m, f, n)	davali, davale, davala
Poln	Sg.	1. (m, f) 2. (m, f) 3. (m, f, n)	dawałem, dawałam dawałeś, dawałaś dawał, dawała, dawało	Pl.	1. (mp, nmp) 2. 3.	dawaliśmy, dawałyśmy dawaliście, dawałyście dawali, dawały
Tsch	Sg.	(m, f, n)	dával, dávala, dávalo	Pl.	(mb, mu/f, n)	dávali, dávaly, dávala
Russ	Sg.	(m, f, n)	давáл, давáла, давáло	Pl.		давáли
Ukr	Sg.	(m, f, n)	давáв, давáла, давáло	Pl.		давáли

Vergangenheit (Präteritum / Partizip Aktiv) von ***dati*** u. a.:

BKS	Sg.	(m, f, n)	dao, dala, dalo	Pl.	(m, f, n)	dali, dale, dala
Poln	Sg.	1. (m, f) 2. (m, f) 3. (m, f, n)	dałem, dałam dałeś, dałaś dał, dała, dało	Pl.	1. (mp, nmp) 2. 3.	daliśmy, dałyśmy daliście, dałyście dali, dały
Tsch	Sg.	(m, f, n)	dal, dala, dalo	Pl.	(mb, mu/f, n)	dali, daly, dala
Russ	Sg.	(m, f, n)	дал, далá, дáлó	Pl.		дáли
Ukr	Sg.	(m, f, n)	дав, далá, далó	Pl.		дали́

essen (Präsens)

	BKS	Polnisch	Tschechisch	Russisch	Ukrainisch
	jesti	jeść	jíst	есть	ї́сти
1. Sg.	jedem	jem	jím	ем	їм
2. Sg.	jedeš	jesz	jíš	ешь	їси́
3. Sg.	jede	je	jí	ест	їсть
1. Pl.	jedemo	jemy	jíme	еди́м	їмó
2. Pl.	jedete	jecie	jíte	еди́те	їсте́
3. Pl.	jedu	jedzą	jedí	едя́т	їдя́ть

Vergangenheit (Präteritum / Partizip Aktiv):

BKS	Sg.	(m, f, n)	jeo, jela, jelo	Pl.	(m, f, n)	jeli, jele, jela
Poln	Sg.	1. (m, f) 2. (m, f) 3. (m, f, n)	jadłem, jadłam jadłeś, jadłaś jadł, jadła, jadło	Pl.	1. (mp, nmp) 2. 3.	jedliśmy, jadłyśmy jedliście, jadłyście jedli, jadły
Tsch	Sg.	(m, f, n)	jedl, jedla, jedlo	Pl.	(mb, mu/f, n)	jedli, jedly, jedla
Russ	Sg.	(m, f, n)	ел, éла, éло	Pl.		éли
Ukr	Sg.	(m, f, n)	їв, ́їла, ́їло	Pl.		́їли

12 Weitere Tempora, Aspekt und Modus

Tempora

Das **BKS** weist im Vergleich mit den anderen vier Slavinen das umfassendste Tempussystem auf. Das am häufigsten verwendete Vergangenheitstempus ist jedoch das Perfekt. Aorist und Imperfekt gehören eher der Sprache der Literatur an (werden aber auch dort – ebenso wie das Plusquamperfekt – zunehmend vom Perfekt verdrängt).

Im **Polnischen** gibt es im zusammengesetzten Futur zwei gleichwertige Bildungsmöglichkeiten: Futurformen von *być* + Formen der 3. Ps. Präteritum oder Futurformen von *być* + Infinitiv. Bei Modalwörtern ist nur die erste Variante möglich; vgl. *będzie chciała/ mogła/ musiała* (nicht: **będzie chcieć* usw.). Die im **Polnischen** übliche Bezeichnung „Futur II“ meint nicht „Futurum exactum“ (‚ich werde getan haben‘) und kann daher im Vergleich mit anderen Sprachen (u. a. **BKS**) irreführend sein. (Als „Futur I“ wird in der **polnischen** Grammatikschreibung das einfache Futur bezeichnet.)

Das Präteritum im **Polnischen** zeigt eine synthetische Personalflexion, die im Singular Person, Numerus und Genus, im Plural maskulin-personale und nicht-maskulin-personale Formen (Personal- und Sachformen) unterscheidet.

Die am häufigsten verwendeten *Vergangenheitsformen* sind gut zu erkennen durch ein Suffix *-l-*, das zusammengesetzte Futur (Ausnahme: **BKS**, das auf *htjeti* ‚wollen, werden‘ zurückgreift) an den entsprechenden Formen des Verbs ‚sein‘ (z. B. **poln.** *będ-*, **russ.** *буд-*, **tsch.** *bud-*, **ukr.** *буд-*) (*siehe unten*).

Die nachfolgende Übersicht zeigt den Bestand der Tempora in den jeweiligen Slavinen, illustriert durch ausgewählte Beispiele zum Verb ‚lesen‘. Aufgeführt werden im Wesentlichen nur die Formen der 3. Ps. Sg. f. (Präsens), der 1. Ps. Sg., 3. Ps. Sg., 3. Ps. Pl., jeweils m. und f. (Präteritum/Perfekt), der 3. Ps. Sg. f. (Futur; **bks.** Futurum exactum auch m.), 3. Ps. Sg. m. und f. (Plusquamperfekt), 1. Ps. Sg., 3. Ps. Sg. f., 3. Ps. Pl. (Aorist und Imperfekt.)

	BKS	Polnisch	Tschechisch	Russisch	Ukrainisch
Präsens	ona čita	ona czyta	ona čte	она́ читáет	вонá читáє
Präteritum BKS: Perfekt	čitao sam m čitala sam f čitao je čitala je oni su čitali / čitali su m Pl one su čitale/ čitale su f Pl	ja czytałem m ja czytałam f on czytał ona czytała oni czytali mp Pl one czytały nmp Pl	já jsem četl m já jsem četla f četl četla oni četli mb Pl ony četly f Pl	я читáл m я читáла f он читáл она читáла они читáли Pl	я читáв m я читáла f він читáв вонá читáла вони́ читáли Pl
einfaches Futur (Präsens pf. Verben)	--- Gebrauch der Präsensformen pf. Verben ist auf Nebensätze beschränkt; Ausdruck einer relativen Tempusbedeutung	ona przeczyta	přečte	онá прочитáет	вонá прочитáє
einfaches Futur (synthetische Bildung)	---	---	---	---	synthetische Bildung: Infinitiv + Endungen *-му, -меш, -ме, -мемо, -мете, -муть*[31] вонá читáтиме

[31] Die synthetische Futurform ist im **Ukrainischen** frequenter als die analytische.

	BKS	Polnisch	Tschechisch	Russisch	Ukrainisch
zusammengesetztes Futur	Kopula (Präsens von *hjeti*) + Infinitiv oder mit einer *da*-Konstruktion Varianten: ona će čitati sr. ona će da čita bs. čitaće, čitat će kr. čitat će sr. čitaće	Kopula (Futur von *być*) + Infinitiv oder Präteritumformen der 3. Ps. ona będzie czytać ona będzie czytała	Kopula (Futur von *být*) + Infinitiv bude číst	Kopula (Futur von *быть*) + Infinitiv oнá бýдет читáть	Kopula (Futur von *бýти*) + Infinitiv вонá бýде читáти
Futurum exactum	on bude čitao ona bude čitala	---	---	---	---
Perfekt	*siehe bei Präteritum*	---	---	---	---
Plusquamperfekt	Perfekt von *biti* + Partizip Aktiv on je bio čitao bio je čitao ona je bila čitala bila je čitala Imperfekt von *biti* + Partizip Aktiv (on) bijaše / bješe čitao (ona) bijaše / bješe čitala	---	---	---	Präteritum + Präteritum von *бýти* він читáв був вонá читáла булá
Aorist	ja pročitah ona pročita oni pročitaše	---	---	---	---
Imperfekt	ja čitah ona čitaše oni čitahu	---	---	---	---

Aspekt

BKS, **Polnisch**, **Russisch**, **Tschechisch** und **Ukrainisch** kennen zwei Verbalaspekte:

- imperfektiv (unvollendet)
- perfektiv (vollendet),

deren Formen, sofern sie nicht biaspektuell, suppletiv oder nur durch den Akzent unterschieden sind, sich meist erschließen lassen, zum einen durch entsprechende Präfixe (wie *na-, o-, za-*) und Suffixe wie *-nu-*, die auf perfektive Verben hinweisen, oder Suffixe wie *-iva-, -yva-, -ava-, -a-*, die zur Bildung imperfektiver Aspektpartner dienen. Welcher Aspekt vorliegt, ergibt sich zum anderen aber meist aus dem Kontext.

Durch die Präfigierung verändert sich in den wohl meisten Fällen auch die lexikalische Bedeutung der Verben[32]. In welchem Umfang dies allerdings zutrifft, ist in der Literatur umstritten; vgl.

	BKS	Polnisch	Tschechisch	Russisch	Ukrainisch
ipf.	čitati	czytać	číst	читáть	читáти
pf.	pročitati	przeczytać	přečíst	прочитáть	прочитáти

Ob sich hier die Bedeutung von ‚lesen' zu ‚durchlesen' (je nach Kontext auch ‚vorlesen, rezitieren') verändert (so wohl im **BKS**), oder ob nur eine Perfektivierung ohne Bedeutungsmodifikation vorliegt (wohl im **Russischen**), wird kontrovers diskutiert; wir verweisen in dieser Frage auf die entsprechende Literatur[33].

Vergleich präfigierter perfektiver Verben:

BKS	Polnisch	Tschechisch	Russisch	Ukrainisch
dopisati	dopisać	dopsat	дописáть	дописáти
napisati	napisać	napsat	написáть	написáти
opisati	opisać	opsat	описáть	описáти
potpisati	podpisać	podepsat	подписáть	підписáти
...	...	...	...	...

In diesen Beispielen ändert sich die lexikalische Bedeutung von ‚schreiben' zu ‚zu Ende schreiben', ‚aufschreiben' (im **Russischen** evtl. nur perfektiv zu ‚schreiben'), ‚beschreiben', ‚unterschreiben'.

In den folgenden Beispielen hat die Präfigierung dagegen nur eine grammatische Funktion (Aspektbildung) und modifiziert wohl nicht die Verbbedeutung.

[32] Durch Präfigierung werden auch Aktionsarten gebildet, auf die wir hier allerdings nicht eingehen.
[33] Vgl. hierzu zum Beispiel Dickey 2000. Für das **Tschechische** bestreitet Vintr (2001, 66) die Existenz „leerer grammatikalischer" Präfixe.

	ipf.	pf.
BK	analizirati	proanalizirati
S	analizovati	proanalizovati
Polnisch	analizować	przeanalizować
Tschechisch	analyzovat	proanalyzovat
Russisch	анализи́ровать	проанализи́ровать
Ukrainisch	аналізува́ти	проаналізува́ти

Die Suffigierung (z. B. mithilfe eines Suffixes *-iva- oder -yva-*) zur Derivation imperfektiver Aspektpartner modifiziert die Verbbedeutung dagegen nicht. Ein Beispiel wäre **russ.** pf. *dočitát'* ‚zu Ende lesen' zu ipf. *čitát'* ‚lesen'. Von der präfigierten Form kann wieder ein imperfektiver Aspektpartner abgeleitet werden: *čitát'* (ipf.) → *dočitát'* (pf.) → *dočítyvat'* (ipf.). Oder im **BKS**: *pisati* → *opisati* (pf.) ‚beschreiben'→ *opisivati* (ipf.) usw.

Vergleich suppletiver Aspektpartner:

In einigen Fällen sind die Aspektpartner suppletiv, d. h. von verschiedenen Wurzeln / Stämmen gebildet. In der nachfolgenden Übersicht (‚nehmen', ‚sagen', ‚weggehen') wird zuerst der perfektive Partner genannt.

BKS	Polnisch	Tschechisch	Russisch	Ukrainisch
uzimati iter. uzeti	brać wziąć	brát vzít	брать взять	бра́ти взя́ти
govoriti reći	mówić powiedzieć	říkat říct	говори́ть сказа́ть	говори́ти сказа́ти
otići odlaziti	odejść odchodzić	odejít odcházet	отойти́ отходи́ть	відійти́ відхо́дити

Die Funktionen der Aspekte in den einzelnen Slavinen sind ähnlich, aber nicht völlig deckungsgleich; Details liefern Grammatiken und entsprechende einzelsprachliche bzw. vergleichende Untersuchungen.

Einzelsprachliche Besonderheiten

Auf eine Besonderheit des **BKS** sei an dieser Stelle noch hingewiesen: anders als in den anderen vier Slavinen haben die Präsensformen perfektiver Verben keine futurische Bedeutung. Vielmehr können von perfektiven Verben analytische Futurformen gebildet werden (vgl. die tabellarische Übersicht zu den Tempusformen auf S. 158ff.).

Modus

BKS, **Polnisch**, **Tschechisch**, **Russisch** und **Ukrainisch** kennen neben dem

- Imperativ

zwei Modi:

- Indikativ
- Konjunktiv / Konditional.

Imperativ

Synthetische Bildungen gibt es für die 2. Person Singular und Plural sowie für die 1. Person Plural. Daneben sind analytische Konstruktionen für die 3. Person der Art ‚möge X machen' möglich (im **Russischen** Konstruktionen mit *пусть, пускáй, да*).

Als typische Imperativformen können die folgenden gelten:

	BKS	Polnisch	Tschechisch	Russisch	Ukrainisch
2. Sg. lies! geh! sei! nimm! gib!	 čitaj! idi! budi! beri! pflück! daj!	 czytaj! idź! bądź! bierz! daj!	 čti! jdi! buď! ber! dej!	 читáй! иди́! будь! бери́! дай!	 читáй! іди́! будь! бери́! дай!
2. Pl.	čitajte! idite! budite! berite! dajte	czytajcie! idźcie! bądźcie! bierzcie! dajcie!	čtěte! jděte! buďte! berte! dejte!	чи́тайте! иди́те! бýдьте! бери́те! дáйте!	читáйте! ідíть! бýдьте! бери́те! дáйте!
1. Pl.	čitajmo! idimo! budimo!	czytajmy! idźmy! bądźmy!	čtěme! jděme! buďme!	читáем! идём! бýдем!	читáймо! ідéмо! бýдьмо!
3. Ps. analytisch (~ mö-ge(n) X machen)	neka čita!	niech czyta!	ať čte!	пусть онá прочитáет книгу!	(не)хáй вонá прочитáє кни́гу!
Verneint hier: 2. Pl.	Ne čitajte to! Nemoj(te) to čitati!	Nie czytajcie tego!	Nečtěte!	Не читáйте это!	Не читáйте це!

Imperativische Bedeutungen können auch mit anderen sprachlichen Mitteln wie Infinitiven (z. B. im **Polnischen** mit *proszę*: *Proszę czekać!* ‚Bitte warten!') oder Paraphrasen ausgedrückt werden. Auf der anderen Seite können Imperativformen nicht-imperativische Funktionen übernehmen oder stilistische Markierungen transportieren. Details liefern die einzelsprachlichen Grammatiken.

Einzelsprachliche Besonderheiten

Im **Russischen** gibt es noch eine Imperativform, die eine Art Kombination aus 1. und 2. Person darstellt. Diese Formen werden verwendet, wenn man sich an eine Gruppe von Personen wendet, die man siezt, und wenn man selbst zu dieser Gruppe gehört. Eine Form wie *пойдёмте!* bedeutet also ‚lassen Sie uns gehen!' im Gegensatz zu *пойдём!* ‚lasst uns gehen!'

Für den Imperativ der 1. Ps. Pl. sind auch Konstruktionen mit *давай(те)* möglich (z. B. *давайте пойдём гулять!* ‚gehen wir spazieren!' / ‚lasst uns spazierengehen!').

Im **Polnischen** sind Konstruktionen mit *niech* auch in Verbindung mit *pan/pani* bzw. *państwo / panowie / panie* möglich (z. B. *Niech pan idzie/ czyta/ będzie!* bzw. *Niech państwo idą/ czytają/ będą!*).

Indikativ – Konjunktiv / Konditional

Die Termini *Konjunktiv* und *Konditional* werden in den Arbeiten zur slavischen Grammatik uneindeutig und uneinheitlich verwendet. Im **Polnischen, Russischen** und **Ukrainischen** spricht man meist von „Konjunktiv", während **BKS** und **Tschechisch** einen „Konditional" aufweisen. Im Allgemeinen drückt der Konditional die Bedingtheit des mitgeteilten Sachverhalts, der Konjunktiv die Einstellung des Sprechers zum mitgeteilten Sachverhalt aus; letzterer kann aber noch eine Reihe weiterer Funktionen (darunter auch die des Konditionals) übernehmen. (Für die hier behandelten Slavinen wäre wohl der Terminus *Konditional* der angemessenere.)

Marker für Konjunktiv-/ Konditional-Formen ist im **Polnischen, Russischen** und **Ukrainischen** eine Partikel *by, бы, б,* wobei *by* im Polnischen zwischen Präterital- und Personalendung eingeschoben wird. Diese drei Slavinen weisen nur jeweils eine Konjunktiv-/ Konditionalform auf.

Im **BKS** und im **Tschechischen** kommen die personalen Aoristformen von *biti* bzw. *být* ‚sein' zum Einsatz (**bks.** *bih, bi, bi, bismo, biste, bi*; **tsch.** *bych, bys, by, bychom, byste, by*). Beide Sprachen unterscheiden einen Konditional I und einen Konditional II (Konditional der Vergangenheit).

Vgl. die folgenden Formen für ‚sie hat gelesen' (Indikativ), ‚ich (f.) würde lesen / läse' bzw. ‚sie würde lesen / läse' (Konjunktiv / Konditional I), ‚ich hätte gelesen' bzw. ‚sie hätte gelesen' (Konjunktiv / Konditional II).

	BKS	Polnisch	Tschech.	Russisch	Ukrainisch
Indikativ	ona je čitala	czytała	četla	онá читáла	вона читáла
Konjunktiv / Konditional I	ja bih čitala	przeczytałabym	četla bych	я бы читáла я читáла бы	я б читáла я читáла б
	ona bi čitala	przeczytałaby	četla by	онá бы читала онá читáла бы	вонá б читáла вонá читáла б
Konjunktiv / Konditional II	ja bih bila čitala		byla bych četla		
	ona bi bila čitala		byla by četla		

13 Genus verbi

Passiv

Das Passiv ist im **BKS** und im **Tschechischen** unproduktiv, aber auch in den anderen Slavinen nicht so frequent wie etwa im Deutschen. Entsprechende Perspektivwechsel können mithilfe von Partizipialkonstruktionen ausgedrückt werden, aber auch durch reflexive Verben, unpersönliche Konstruktionen u. a. Siehe auch Kapitel *VII Syntax*, Abschnitt 4.

14 Partizipien

Die slavischen Sprachen kennen – wiederum in unterschiedlichen Ausprägungen – deklinierbare Aktiv- und Passivpartizipien und indeklinierbare Adverbialpartizipien (im **BKS** auch: Gerundium). Das **Tschechische** weist allerdings nur Formen eines Partizips Präteritum Passiv auf.[34] Im **BKS** fehlen ebenfalls die Aktiv-Partizipien. Präsens-Aktiv-Partizipien sind im **Ukrainischen** zwar bildbar (z. B. *читáючий, проклинáючий*), aber ungebräuchlich: sie gelten als Russismen und werden in der Regel durch Nebensätze ersetzt. Das Partizip Präteritum Aktiv ist im **Ukrainischen** ebenfalls ungebräuchlich. Bildungen mit den Suffixen *-ш-* und *-вш-* (*прочитáвший, проклинáвший* (ipf.), *проклявший* (pf.)) gelten als nicht normgerecht.

[34] In der **tschechischen** Schriftsprache kommen allerdings dem Partizip Präsens Aktiv vergleichbare Formen vor, die auch als *Transgressiv* bezeichnet werden und die relative Zeitangabe (gleichzeitig oder vorzeitig zur Handlung des Hauptsatzes) ausdrücken (vgl. Vintr (2001, 76); z. B. für ‚lesend' *čta* (m. Sg.), *čtouc* (f. u. n. Sg.), *čtouce* (Pl.) oder für ‚machend' *dělaje* (m. Sg.), *dělajíc* (f. u. n. Sg.), *dělajíce* (Pl.)). In der Umgangssprache finden sich Transgressive in festen Verbindungen (Redewendungen) wie *počinaje* ‚beginnend', *nemluvě o* ‚ganz zu schweigen von', *soudě podle* ‚nach … zu urteilen'. Adverbiale Verwendungen sind *vsedě* ‚sitzend', *vleže* ‚liegend'.

Nachfolgend eine Übersicht über die einzelnen Formenbestände sowie als ausgewählte Beispiele zur Illustration die Entsprechungen von ‚(durch-)lesen' (*siehe oben* S. 160) sowie ‚(ver)fluchen':

bks. *prokleti* pf. / *kleti* ipf.
poln. *przekląć* pf. / *przeklinać* ipf.
tsch. *proklít* pf. / *klít* ipf.
russ. *проклясть* pf. / *проклинать* ipf.
ukr. *проклямти* pf. / *проклинати* ipf.

Aktiv-Partizipien

Aktiv	BKS *)	Polnisch	Tschechisch	Russisch	Ukrainisch
Präsens ein lesender ein fluchen-der	---	 czytający przeklinający	---	 чита́ющий проклина́ющий	--- (ungebräuchlich)
Präteritum einer, der gelesen hat einer, der-geflucht hat	---	---	---	 (про)чи́тавший проклина́вший ipf. прокля́вший pf.	--- (ungebräuchlich)

*) Das im **BKS** so genannte „Partizip Aktiv" (*čitao, čitala, čitalo* usw.), das zusammen mit entsprechenden Formen von *biti* ‚sein' das Perfekt bildet, wird hier ausgeklammert. **Bks.** flektierbare Formen wie *vodeći* ‚führend', *idući* ‚kommend', *galopirajuća inflacija* ‚galoppierende Inflation' sind aus Adverbialpartizipien entstandene Adjektive (*siehe unten*; bes. Fußnote 38.)[35]

Nachfolgend einige Beispiele für Passiv-Partizipien.

[35] Vgl. Kunzmann-Müller (^{3}2002, 84f.).

Passiv-Partizipien

Passiv	BKS	Polnisch	Tschech.	Russisch	Ukrainisch
Präsens m-Partizip	---	---	---		---
gelesen werdend (der zu lesende)				чита́емый, ая, ое	
verflucht werdend (der zu verfluchende)				проклина́емый ая, ое	
Präteritum n-Partizip					
(durch-)gelesen	pročitan, a, o	przeczytany, a, e	přečtěn, a, o	(про)чи́танный, ая, ое (про)чи́тан, а, о	прочи́таний, а, о[36]
Präteritum t-Partizip					
ge-/ verflucht	proklet, a, o	przeklęty, a, e	(pro)klet, a, o	про́клятый, ая, ое про́клят, á, о	про́клятий, а, о[37]

Adverbialpartizipien

Nachfolgend einige Beispiele für Adverbialpartizipien im **BKS**, **Polnischen**, **Russischen** und **Ukrainischen** (im **Tschechischen** gibt es keine Adverbialpartizipien; *siehe oben* Fn. 34). Die Formen sind indeklinabel[38] und dienen der Verkürzung temporaler Nebensätze (*siehe* Kapitel *VII Syntax*). Unterschieden werden Formen, die in Bezug auf die Handlung des Hauptsatzes Gleichzeitigkeit oder Vorzeitigkeit ausdrücken (‚während sie las (lesend), ...' vs. ‚nachdem sie gelesen hatte (gelesen habend), ...'). Die Formen zum Ausdruck von Gleichzeitigkeit werden in der Regel von unvollendeten, die Formen zum Ausdruck von Vorzeitigkeit von vollendeten Verben gebildet.

36 Die Kurzformen (*прочи́тан, а, о*) sind im **Ukrainischen** ungebräuchlich.

37 Die Kurzformen (*про́клят, а, о*) sind im **Ukrainischen** ungebräuchlich.

38 Allerdings sind Wortartwechsel in die Klasse der Adjektive möglich; vgl. **bks.** *stajaća voda* ‚stehendes Gewässer'.

	BKS	Polnisch	Tschechisch	Russisch	Ukrainisch
Gleichzeitigkeit	čitajući ---	czytając przeklinając	---	чита́я проклина́я	чита́ючи проклина́ючи
Vorzeitigkeit	pročitavši proklevši	przeczytawszy przekląwszy	---	(про)чита́в (про)чита́вши проклЯ́в проклЯ́вши	(про)чита́вши проклЯ́вши

15 Verben der Bewegung

In jeweils unterschiedlichen Ausprägungen wird in slavischen Sprachen zwischen einer zielgerichteten (bestimmten, determinierten) und einer nicht-zielgerichteten (unbestimmten, indeterminierten) (Fort-)Bewegung unterschieden. Diese Bedeutungsunterschiede sind im **Polnischen**, **Tschechischen**, **Russischen** und **Ukrainischen** in paarigen, nicht-präfigierten, unvollendeten Verben lexikalisiert. Die Anzahl dieser Paare schwankt in den verschiedenen Klassifikationen. Im **BKS** gibt es keine vergleichbaren paarigen Verben der Bewegung; auch *ići* und *hodati* werden in der Regel nicht als Paar geführt. Allerdings sind die „paarigen Stämme“ in Komposita erhalten (z. B. *donijeti, doneti*[39] ‚bringen‘ zu *donositi*).

Die folgenden Beispiele illustrieren die Unterschiede zwischen zielgerichteter und nicht-zielgerichteter (Fort-)Bewegung.

Deutsch	BKS	Polnisch	Tschechisch	Russisch	Ukrainisch
Sie geht auf den Hof.	Ona ide u dvor.	(Ona) idzie na podwórko.	(Ona) jde na dvůr.	Она́ идёт во дво́р.	Вона́ йде у двір.
Sie geht auf dem Hof herum.	Ona hoda po dvoru.	(Ona) chodzi po podwórku.	(Ona) chodí po dvoře.	Она́ хо́дит по́ двору.	Вона́ хо́дить по дво́рі.

Nachfolgend eine Übersicht über die Verben der Bewegung. Das bestimmte / determinierte Verb wird zuerst genannt. Alle Verben sind imperfektiv. Der Vollständigkeit halber werden für **BKS** und ggf. für **Polnisch** und **Tschechisch** die entsprechenden (unpaarigen) Äquivalente mit aufgeführt; sie sind grau gesetzt.

39 **Bks.** *donesti* ist ungebräuchlich. Die Form **nesti* alleine gibt es nicht (nur präfigiert).

Deutsch	BKS	Polnisch	Tschechisch	Russisch	Ukrainisch
fahren	voziti	jechać jeździć	jet jezdit	éхать éздить	ї́хати ї́здити
fahren (transportieren)	voziti	wieźć wozić	vézt vozit	везти́ вози́ть	везти́ вози́ти
fliegen	letjeti, leteti	lecieć latać	letět létat	лете́ть лета́ть	летíти літа́ти
führen	voditi	wieść wodzić	vést vodit	вести́ води́ть	вести́ води́ти
gehen	ići hodati[40]	iść chodzić	jít chodit	идти́ ходи́ть	йти / іти́ ходи́ти
jagen, treiben, hetzen, verfolgen	goniti	gonić ganiać	hnát honit	гнать гоня́ть	гна́ти гоня́ти
klettern	penjati se puzati se	wspiąć się wspinać się wejść wchodzić	lézt	лезть ла́зить	лізти ла́зити
kriechen	puziti gmizati	pełznąć pełzać	lézt	ползти́ по́лзать	повзти́ по́взати
laufen	trčati sr. bežati	biec / biegnąć biegać	běžet běhat	бежа́ть бе́гать	бігти бігати
rollen, schieben	kotrljati (po)vući (po)gurati	pchnąć pchać przesunąć przesuwać	valit válet	кати́ть ката́ть	коти́ти ката́ти
schlendern	švrljati lutati	przechadzać się włóczyć się	vléct se	брести́ броди́ть	брести́ броди́ти
schwimmen	plivati	płynąć pływać	plavat	плыть пла́вать	плисти́ / пливти́ пла́вати
tragen, bringen	nositi	nieść nosić	nést nosit	нести́ носи́ть	нести́ носи́ти
ziehen, schleppen	vući povući izvući / izvlačiti	ciągnąć ciągać	táhnout tahat	тащи́ть таска́ть	тягну́ти тяга́ти

Präfigierung und Suffigierung (Aspekt- und Wortbildung)

Mithilfe von Präfixen können Komposita (z. B. *hinein-*, *hinaus-*, *weg-* + *-gehen* / *-fahren* usw.) gebildet werden, wodurch einerseits neue Verben, aber auch Aspektpartner entstehen: die präfigierten bestimmten (zielgerichteten) Verben sind

[40] **Bks.** *ići* und *hodati* sind kein „echtes" Paar; *hodati* ist z. T. veraltet bzw. auf bestimmte Kontexte beschränkt. Das Verb *ići* kann auch „unbestimmt" verwendet werden.

dann perfektiv, die präfigierten unbestimmten in der Regel (aber nicht immer[41]) imperfektiv. Die Ableitung der Aspekte kann in verschiedene Richtungen erfolgen, wobei einzelsprachliche Unterschiede zu beachten sind:

- Durch Präfigierung des bestimmten Verbs entsteht ein perfektiver Aspekt, von dem ein imperfektiver Aspektpartner duch Suffigierung abgeleitet (wie **russ.** *доплы́ть – доплыва́ть* ‚hinschwimmen') oder suppletiv gebildet wird (wie **poln.** *wejść – wchodzić* ‚hineingehen').
- Sowohl das bestimmte als auch das unbestimmte Verb werden präfigiert, und es entstehen ein perfektiver und ein imperfektiver Aspekt (z. B. **tsch.** *přinést – přinášet* (mit Dehnung) ‚bringen', **russ.** *уйти́ – уходи́ть* ‚weggehen', **ukr.** *зайти́ – захо́дити* ‚vorbeikommen'). (Dagegen sind sowohl **poln.** *pójść* (zu ipf. *iść*) als auch *pochodzić* (zu ipf. *chodzić*) perfektiv.)

Zu Einzelheiten (insbesondere auch zur unterschiedlichen Beibehaltung der Zielgerichtetheit / Telizität) siehe einzelsprachliche Grammatiken und Wörterbücher.

Das **BKS** unterscheidet für die Bedeutung ‚gehen' Komposita mit *ići* (*izići, doći*) und Komposita mit *-laziti* (*izlaziti, dolaziti*) und entsprechend suppletive Aspektpartner (pf. *izići*, ipf. *izlaziti* usw.).

Bewegungsverb und Aspektverwendung

Im **Polnischen**, **Russischen** und **Ukrainischen** kann durch die Verwendung eines präfigierten zielgerichteten (perfektiven) Verbs bzw. eines präfigierten nicht-zielgerichteten (imperfektiven) Verbs auch die Bedeutung ‚vorliegendes' oder ‚annuliertes Resultat' ausgedrückt werden; vgl.

Deutsch	BKS	Polnisch	Tschechisch	Russisch	Ukrainisch
Sie ging aus dem Zimmer (*und ist jetzt nicht mehr dort*).	Ona je izašla iz sobe.	(Ona) wyszła z pokoju.	(Ona) vyšla z pokoje.	Она́ вы́шла из ко́мнаты.	Вона́ ви́йшла із кімна́ти.
Sie ging aus dem Zimmer (*ist aber wieder zurück*).	*)	(Ona) wychodziła z pokoju.	*)	Она́ вы́ходила из ко́мнаты.	Вона́ вихо́дила із кімна́ти.

*) Im **Polnischen**, **Russischen** und **Ukrainischen** wird der Bedeutungsunterschied zwischen den beiden letzten Sätzen allein durch das jeweilige Verb (durch den Aspekt) ausgedrückt. Im **BKS** und im **Tschechischen** kann die Bedeutung des letzten Satzes (‚sie befindet sich wieder im Zimmer') nur paraphrasierend wiedergegeben werden.

[41] Vgl. zum **Polnischen** Bartnicka et al. (2004, 392f.).

16 Adjektive

Die Adjektive weisen in den fünf Slavinen im Singular Genus-Formen (maskulin, feminin, neutral) auf, wobei nur das **BKS** eine Differenzierung in dieser Form auch im Plural zeigt. Das **Polnische** unterscheidet im Plural maskulin-personale und nicht-maskulin-personale Formen (Personal- und Sachformen), **Russisch** und **Ukrainisch** kennen keine Genusmarkierung im Plural. Im **Tschechischen** findet sich eine Genusmarkierung im Plural nur in der „harten Deklination" mit Formen für „maskulin belebt", „maskulin unbelebt und feminin" und „neutral".

Neben einer jeweils „harten" und einer „weichen" Deklination gibt es im **BKS** noch eine bestimmte (determinierte) und eine unbestimmte (indeterminierte) Deklination; vgl. *nov* ‚ein neuer' – *novi* ‚der neue', *dobar* ‚ein guter' – *dobri* ‚der gute'. Im **Russischen** und **Ukrainischen** werden Lang- und Kurzformen unterschieden; zu Details siehe einzelsprachliche Grammatiken.

In der nachfolgenden abstrahierten Übersicht werden nur die Langformen berücksichtigt. Wiedergegeben werden die Endungen entsprechend ihrer (ortho-)grafischen Darstellung.

Nom. Sg.	**BKS**	**Polnisch**	**Tschechisch**	**Russisch**	**Ukrainisch**
maskulin	∅ / i	y / i	ý / í	ый / óй / ий	ий / ій / їй[42]
feminin	a	a	á / í	ая / яя	а / я
neutral	o / e	e	é / í	ое / ее	е / є

Beispiele:

Die Adjektivformen von ‚neu' vertreten den Typ mit hartem Stammauslaut, die Formen für ‚vorder-' den Typ mit weichem Stammauslaut. Für **BKS** und **Russisch** werden außerdem Beispiele für einzelsprachliche Typen angeführt.

42 **Ukr.** *їй* kommt nicht oft vor; diese Variante steht nach einem Vokal, z. B. für *короткошиїй* ‚kurzhalsig'.

Nom. Sg.	BKS	Polnisch	Tschechisch	Russisch	Ukrainisch
maskulin neu vorder… hell groß	 nov / novi prednji svijetao, svetao *)	 nowy przedni	 nový přední	 но́вый пере́дний большо́й +)	 нови́й пере́дній
feminin	nova prednja svijetla, svetla	nowa przednia	nová přední	но́вая пере́дняя больша́я	нова́ пере́дня
neutral	novo prednje svijetlo, svetlo	nowe przednie	nové přední	но́вое пере́днее большо́е	нове́ пере́днє

*) Hier zeigen sich die Resultate der Vokalisierung von *l* (siehe Kapitel *V Lautentsprechungen,* Abschnitt 7).
+) Die Adjektivendung *-ой* (Nom. (Akk.) Sg.) ist immer betont, *-ый* und *-ий* sind immer unbetont.

Nachfolgend Muster für die harte und die weiche Deklination, d. h. für Adjektive mit hartem oder weichem Stammauslaut.

BKS

Die unbestimmten Formen der Adjektive (*nov* ‚ein neuer') werden nach der Nominaldeklination, d. h. wie Substantive dekliniert (*nov, nova, novu* usw.).

Harte Deklination (bestimmt)

	Singular		
	m	*n*	*f*
N	novi	novo	nova
G	novog(a)		nove
D	novom(e, u)		novoj
A bel. unbel.	novog(a) novi	novo	novu
I	novim		novom
P	novom(e, u)		novoj
V	novi	novo	nova

Plural		
m	*n*	*f*
novi	nova	nove
novih		
novim(a)		
nove	nova	nove
novim(a)		
novim(a)		
novi	nova	nove

Weiche Deklination (bestimmt[43])

	Singular		
	m	*n*	*f*
N	prednji	prednje	prednja
G	prednjeg(a)		prednje
D	prednjem(u)		prednjoj
A bel. unbel.	prednjeg(a) prednji	prednje	prednju
I	prednjim		prednjom
P	prednjem(u)		prednjoj
V	prednji	prednje	prednja

Plural		
m	*n*	*f*
prednji	prednja	prednje
prednjih		
prednjim(a)		
prednje	prednja	prednje
prednjim(a)		
prednjim(a)		
prednji	prednja	prednje

Polnisch

Harte Deklination

	Singular		
	m	*n*	*f*
N	nowy	nowe	nowa
G	nowego		nowej
D	nowemu		nowej
A bel. unbel.	nowego nowy	nowe	nową
I	nowym		nową
P	nowym		nowej
V	nowy	nowe	nowa

Plural	
mp	*nmp*
nowi[44]	nowe
nowych	
nowym	
nowych	nowe
nowymi	
nowych	
nowi	nowe

Weiche Deklination

	Singular		
	m	*n*	*f*
N	przedni	przednie	przednia
G	przedniego		przedniej
D	przedniemu		przedniej
A bel. unbel.	przedniego przedni	przednie	przednią
I	przednim		przednią
P	przednim		przedniej
V	przedni	przednie	przednia

Plural	
mp	*nmp*
przedni	przednie
przednich	
przednim	
przednich	przednie
przednimi	
przednich	
przedni	przednie

[43] **Bks.** *prednji* ‚vorder...' kommt eigentlich nur in der längeren Form vor, wurde aus Gründen der besseren Vergleichbarkeit hier aber ausgewählt, um die weiche (bestimmte) Adjektivdeklination zu illustrieren. Ein besseres Beispiel wäre *tuđi, tuđa, tuđe* ‚fremd' (Sg. *tuđi, tuđeg(a), tuđem(u),* N / G, *tuđim, tuđem(u), tuđi!* usw.).

[44] **Poln.** maskulin-personale Adjektivformen können im Nom. Pl. auch auf *-y* enden: z. B. *wysocy* zu Nom. Sg. *wysoki* ‚groß'.

Tschechisch

Harte Deklination

	Singular		
	m	*n*	*f*
N	nový	nové	nová
G	nového		nové
D	novému		nové
A	nového bel. nový unbel.	nové	novou
I	novým		novou
P	novém		nové
V	nový	nové	nová

Plural		
mb	*n*	*mu / f*
noví	nová	nové
nových		
novým		
nové	nová	nové
novými		
nových		
noví	nová	nové

Weiche Deklination

	Singular		
	m	*n*	*f*
N	přední		
G	předního		přední
D	přednímu		přední
A	předního bel. přední unbel.	přední	přední
I	předním		přední
P	předním		přední
V	přední		

Plural
přední
předních
předním
přední
předními
předních
přední

Russisch

Harte Deklination

	Singular		
	m	*n*	*f*
N	нóвый	нóвое	нóвая
G	нóвого		нóвой
D	нóвому		нóвой
A bel. unbel.	нóвого нóвый	нóвое	нóвую
I	нóвым		нóвой
P	нóвом		нóвой

Plural
нóвые
нóвых
нóвым
нóвых нóвые
нóвыми
нóвых

Weiche Deklination

	Singular				*Plural*
	m	*n*	*f*		
N	пере́дний	пере́днее	пере́дняя		пере́дние
G	пере́днего		пере́дней		пере́дних
D	пере́днему		пере́дней		пере́дним
A bel. unbel.	пере́днего пере́дний	пере́днее	пере́днюю		пере́дних пере́дние
I	пере́дним		пере́дней		пере́дними
P	пере́днем		пере́дней		пере́дних

Ukrainisch

Harte Deklination

	Singular				*Plural*
	m	*n*	*f*		
N	нови́й	нове́	нова́		нові́
G	ново́го		ново́ї		нови́х
D	ново́му		нові́й		нови́м
A bel. unbel.	ново́го нови́й	нове́	нову́		нови́х нові́
I	нови́м		ново́ю		нови́ми
P	ново́му / нові́м		нові́й		нови́х

Weиче Deklination

	Singular				*Plural*
	m	*n*	*f*		
N	пере́дній	пере́днє	пере́дня		пере́дні
G	пере́днього		пере́дньої		пере́дніх
D	пере́дньому		пере́дній		пере́днім
A bel. unbel.	пере́днього пере́дній	пере́днє	пере́дню		пере́дніх пере́дні
I	пере́днім		пере́дньою		пере́дніми
P	пере́дньому		пере́дній		пере́дніх

Steigerung der Adjektive

Die Steigerung der Adjektive (Komparation) erfolgt in der Regel synthetisch mithilfe von Suffixen oder – alternativ bzw. unter bestimmten Bedingungen obligatorisch – analytisch. Daneben kommen auch in einigen Fällen Suppletiv- oder andere Sonderformen vor. Nachfolgend eine (sehr kurze) Darstellung „typischer" (maskuliner, harter) Komparationsformen.

N. Sg. m.	**BKS**	**Polnisch**	**Tschechisch**	**Russisch**	**Ukrainisch**
Positiv	novi interesantan[45]	nowy interesujący	nový zajímavý	но́вый интере́сный	нови́й ціка́вий
Komparativ	noviji interesantniji	nowszy bardziej interesujący	novější zajímavější	нове́е (-ве́й) бо́лее но́вый интере́снее бо́лее интере́сный	нові́ший більш нови́й цікаві́ший більш ціка́вий
Superlativ	najnoviji najinteresantniji	najnowszy najbardziej interesujący	nejnovější nejzajímavější	нове́йший са́мый но́вый са́мый инте́ресный	найнові́ший найбільш нови́й найбільш ціка́вий найцікаві́ший

Auch im **Russischen** sind mit *наи-* präfigierte Formen des einfachen Superlativs möglich, wenn auch eher selten (z. B. *наисложне́йший* ‚der (aller)schwierigste').

Im **Polnischen** und im **Ukrainischen** wird bei Adjektiven, die auf *-eki, -oki, -ki* bzw. *-екий, -окий, -кий* enden, der Stamm um das auslautende *-ek, -ok, -k* bzw. *-ек, -ок, -к* gekürzt, z. B. **poln.** *wysoki* : *wyższy,* **ukr.** *тонки́й : то́нший.* Dabei können im **Ukrainischen** Lautverbindungen entstehen, die in der Schrift mit *-щ-* bzw. *-жч-* wiedergegeben werden: *висо́кий : ви́щий* ‚hoch : höher', *дороги́й : доро́жчий* ‚teuer : teurer'.

Von **polnischen** Adjektiven, deren Stamm auf zwei oder mehr Konsonanten endet, wird der Komparativ mithilfe des Suffixes *-ejszy* gebildet; z. B. *smutny* : *smutniejszy* ‚traurig'.

17 Adverbien

Adverbien stellen eine heterogene Klasse von Wörtern dar, die semantisch nähere Informationen zu Handlungen, Prozessen, Zuständen oder Eigenschaften liefern. In formaler Hinsicht finden sich hier Adverbien, die von Substantiven abgeleitet sind (**russ.** *zimój* ‚im Winter' < *zimá* ‚Winter') oder deren Bildung nicht mehr transparent ist (so genannte *ursprüngliche Adverbien* – in der Regel die Wörter für

[45] **Bks.** ‚interessant' ist auch *zanimljiv – zanimljiviji – najzanimljiviji.*

‚gestern', ‚sehr', ‚oft', ‚hier' usw.). Regelhaft (von den „üblichen Ausnahmen" einmal abgesehen) können Adverbien dagegen von Adjektiven deriviert werden. Vgl. die folgende Übersicht, aus der man folgende (nicht wissenschaftliche, bestenfalls interkomprehensionsdidaktisch hilfreiche) „Formel" ableiten könnte:

ADV = ADJ – Endung + **o** oder **e**

Die regelhaft gebildeten Adverbien sind meist homonym zu den neutralen (Kurz-)formen der Adjektive.

	BKS	**Polnisch**	**Tschechisch**	**Russisch**	**Ukrainisch**
Adjektiv					
kalt	hladan/ hladni	chłodny	chladný	холóдный	холóдний
frisch	svjež / svježi	świeży	svěží	свéжий	свíжий
schön		piękny	pěkný		хорóший gut
	krajnji	skrajny	krajní	крáйний	крáйній *)
	äußerst, End-	extrem	äußerst	äußerst, End-, Rand-	End-, Rand-
Adverb	hladno	chłodno	chladno	хóлодно	хóлодно
	svježe	świeżo	svěže	свежó	свíжо
		pięknie	pěkně		хóроше gut
	krajnje	skrajnie	krajně	крáйне	кóнче *)

*) Zu **ukr.** *крáйній* gibt es kein Adverb; hier wird suppletiv *кóнче* verwendet, zu dem wiederum kein Adjektiv existiert.

Daneben sind weitere regelhafte Bildungsweisen mit Affixen *-ski* (*-sku*, *-sky*, *-ски*, *-ськи*) und *po-* für **Polnisch, Russisch** und **Ukrainisch** möglich:

B	**K**	**S**	**Polnisch**	**Tschech.**	**Russisch**	**Ukrainisch**
			Adjektiv			
bosanski	hrvatski	srpski	polski	český	рýсский	украї́нський
			Adverb			
bosanski	hrvatski	srpski	po polsku	česky	по-рýсски	по-украї́нськи по-украї́нському

18 Pronomen

Der Bestand an Personal-, Demonstrativ-, Relativ-, Interrogativ-, Negativ-, Indefinit- u. a. Pronomen ist vergleichbar; gleiches gilt für die Kasus- und Numerusformen. Unterschiede finden sich im Wesentlichen im Plural in Bezug auf Genus- bzw. Subgenus-Formen (Belebtheit / Personalität). Wir führen hier nur die wichtigsten Pronomen (und in der Regel auch nur in ihrer Zitierform) auf. Zu beachten ist, dass die Pronomen in verschiedenen Grammatikwerken z. T. unterschiedlich benannt und klassifiziert werden.[46]

Personalpronomen (Nominativ)

	BKS	Polnisch	Tschechisch	Russisch	Ukrainisch
1. Sg.	ja	ja	já	я	я
2. Sg.	ti	ty	ty	ты	ти
3. Sg. (m, f, n)	on, ona, ono	on, ona, ono	on, ona, ono	он, онá, онó	він, вонá, вонó

1. Pl.	mi	my	my	мы	ми
2. Pl.	vi	wy	vy	вы	ви
3. Pl.	oni, one, ona m f n	oni, one mp nmp	oni, ony, ona mb mu/f n	онѝ	вонѝ

Deklination der Personalpronomen

Das „epenthetische *n*"

In den Paradigmen slavischer Personalpronomen tritt (mit Ausnahme des Weißrussischen) in der 3. Person in unterschiedlichen Ausformungen ein so genanntes „epenthetisches *n*" auf, das ursprünglich im Auslaut der Präpositionen *k* (< **kъn*), *s* (< *sъn*) und *v* (< *vъn*) stand, dann aber auf das nachfolgende Pronomen überging. Im **BKS** ist dieses *n fester* Bestandteil der betonten Formen der Personalpronomen sowie der Possessivpronomen. Im **Polnischen** zeigen nur die betonten zweisilbigen Pronomen, die nach Präpositionen verwendet werden, das *n*. Im **Tschechischen**, **Russischen** und **Ukrainischen** erscheint das *n* ebenfalls nur, wenn das Personalpronomen nach einer Präposition steht.

Lang- und Kurzformen

BKS, **Polnisch** und **Tschechisch** unterscheiden unbetonte und betonte Formen der Personalpronomen.

[46] So werden beispielsweise die Entsprechungen von dt. ‚ganz', ‚alles' (wie **bks.** *sav* ‚ganz') bei Kunzmann-Müller (^{3}2002, 162f.) als „Totalitätspronomen" geführt, während Lewicki (2002, 81) **poln.** *wszystek* ‚all, ganz' als „verallgemeinerndes Pronomen" unter dem übergeordneten Begriff „Determinativpronomen" nennt. In diese Klasse fallen dann auch Negationspronomen, Indefinitpronomen und das namenlose Pronomen *sam* ‚selbst' (bei Kunzmann-Müller: „Identitätspronomen"). Unsere Übersicht orientiert sich an Kunzmann-Müller.

BKS

	Singular				Plural				
	1. Ps.	2. Ps.	3. Ps. (m, n, f)		1. Ps.	2. Ps.	3. Ps. (m, n, f)		
N	ja	ti	on, ono	ona	mi	vi	oni	ona	one
G	mene / me	tebe / te	njega / ga	nje / je	nas	vas	njih / ih		
D	meni / mi	tebi / ti	njemu / mu	njoj / joj	nama / nam	vama / vam	njima / im		
A	mene / me	tebe / te	njega / ga	nju/ je / ju	nas	vas	njih / ih		
I	mnom / mnome	tobom	njim / njime	njoj	nama	vama	njima		
P	meni	tebi	njemu	njom / njome	nama	vama	njima		

Im Genitiv, Dativ und Akkusativ gibt es betonte und unbetonte Formen. Nur die betonten Formen können am Satzanfang oder allein stehen. Nach Präpositionen sind die betonten Formen häufiger.

Die Pronomen der 1. und 2. Pl. weisen im Genitiv und Akkusativ ebenfalls betonte und unbetonte Formen auf, die jedoch nur durch den Akzent unterschieden werden, nicht aber in der Schrift; betont wird *nâs*, *vâs* mit langfallendem, unbetont *nȁs*, *vȁs* mit kurzfallendem Akzent gesprochen.

In den anderen Kasus liegen Varianten vor. Die Kurzform Akk. Sg. fem. *ju* wird dann verwendet, wenn in demselben Satz die homonyme Kopula *je* ‚ist' vorkommt; vgl. *vidio sam je* ‚ich habe sie gesehen' (*je* ist hier Pronomen) vs. *vidio ju je* ‚er hat sie gesehen' (*je* ist hier Kopula).

Polnisch

	Singular					Plural			
	1. Ps.	2. Ps.	3. Ps. m	n	f	1. Ps.	2. Ps.	3. Ps. mp	nmp
N	ja	ty	on	ono	ona	my	wy	oni	one
G	mnie	ciebie / cię	jego, niego / go		jej / niej	nas	was	ich / nich	
D	mnie / mi	tobie / ci	jemu, niemu / mu		jej / niej	nam	wam	im / nim	
A	mnie mię veralt.	ciebie / cię	jego, niego / go	je / nie	ją / nią	nas	was	ich / nich	je / nie
I	mną	tobą	nim		nią	nami	wami	nimi	
P	mnie	tobie	nim		niej	nas	was	nich	

Im **Polnischen** gibt es unbetonte und betonte Formen. Die mit *n* anlautenden Formen der 3. Person werden nach Präpositionen verwendet.

Tschechisch

	Singular					Plural				
	1. Ps.	2. Ps.	3. Ps. m	n	f	1. Ps.	2. Ps.	3. Ps. mb	mu / f	n
N	já	ty	on	ono	ona	my	vy	oni	ony	ona
G	mě, mne	tě, tebe	ho, jeho, jej něho něj		jí ní	nás	vás	jich nich		
D	mi, mně	ti, tobě	mu, jemu, němu		jí ní	nám	vám	jim nim		
A	mě, mne	tě, tebe	ho, jeho, jej něho něj	ho, je, jej ně něj	ji ni	nás	vás	je ně		
I	mnou	tebou	jím ním		jí ní	námi	vámi	jimi nimi		
P	--- mně	--- tobě	--- něm		--- ní	nás	vás	--- nich		

Im **Tschechischen** weisen die Personalpronomen (betonte) Langformen und (unbetonte) Kurzformen auf. Hier werden jeweils zuerst die Kurzform, dann die Langform, an dritter Stelle die nach Präpositionen verwendeten Formen aufgeführt. Nach Präpositionen erscheint an den Pronomen der 3. Person ein epenthetisches *n*. Im Präpositiv gibt es nur Langformen.

Russisch

	Singular					Plural		
	1. Ps.	2. Ps.	3. Ps. (m, n, f)			1. Ps.	2. Ps.	3. Ps.
N	я	ты	он	оно́	она́	мы	вы	они́
G	меня́	тебя́	его́ (у) него́		её (у) неё	нас	вас	их (у) них
D	мне	тебе́	ему́ (к) нему́		ей (к) ней	нам	вам	им (к) ним
A	меня́	тебя́	его́ (про) него́		её (про) неё	нас	вас	их (про) них
I	мной	тобо́й	им (с) ним		ею (с) ней (с) не́ю	на́ми	ва́ми	и́ми (с) ни́ми
P	(обо) мне	(о) тебе́	(о) нём		(о) ней	(о) нас	(о) вас	(о) них

Nach Präpositionen erscheint an den Pronomen der 3. Person ein epenthetisches *n* (hier mit einer exemplarischen Präposition dargestellt).

Ukrainisch

	Singular					Plural		
	1. Ps.	2. Ps.	3. Ps. (m, n, f)			1. Ps.	2. Ps.	3. Ps.
N	я	ти	він	вонó	вонá	ми	ви	вонú
G	менé	тебé	йогó (до) ньóго		її́ (до) нéї	нас	вас	їх (до) них
D	мені́	тобі́	йомý		їй	нам	вам	їм
A	менé	тебé	йогó (на) ньóго		її (на) нéї	нас	вас	їх (на) них
I	мнóю	тобóю	ним		нéю	нáми	вáми	нúми
P	мені́	тобі́	(на) ньóму		(на) ній	нас	вас	(на) них

Nach Präpositionen erscheint an den Pronomen der 3. Person ein epenthetisches *n* (hier mit einer exemplarischen Präposition dargestellt).

Relativpronomen (Nominativ)

	BKS	Polnisch	Tschechisch	Russisch	Ukrainisch
Sg m	koji	który	který	котóрый	якúй / кóтрий
f	koja	która	která	котóрая	якá / кóтра
n	koje	które	které	котóрое	якé / кóтре

	BKS	Polnisch	Tschechisch	Russisch	Ukrainisch
Pl.	koji m koje f koja n	którzy mp które nmp	kteří mb které mu/f která n	котóрые	які́ / кóтрі

Possessivpronomen (Nominativ)

Nachfolgend die Genusformen (m, f, n) der Possessivpronomen im Singular und – sofern vorhanden – im Plural. Im **Polnischen** werden im Plural maskulin-personale und nicht-maskulin-personale Formen (Personal- und Sachformen) unterschieden (siehe Abschnitt 7 in diesem Kapitel, S. 131). Im **Tschechischen** gibt es Lang- und Kurzformen, außerdem Ausdrücke für belebte maskuline und unbelebte (maskuline, feminine) und neutrale Formen. In der Tabelle wird jeweils zuerst die Langform vor der Kurzform genannt. Belebte und unbelebte Formen sind gesondert gekennzeichnet.

	BKS	Polnisch	Tschechisch	Russisch	Ukrainisch
mein, e m f n	moj moja moje Pl. moji m moje f moja n	mój moja moje Pl. moi mp moje nmp	můj moje má moje mé Pl. moji mí mb moje mé mu, f moje má n	мой моя́ моё Pl. мои́	мій моя́ моє́ Pl. мої́
dein, e m f n	tvoj tvoja tvoje Pl. tvoji m tvoje f tvoja n	twój twoja twoje Pl. twoi mp twoje nmp	tvůj tvoje tvá tvoje tvé Pl. tvoji tví mb tvoje tvé mu, f tvoje tvá n	твой твоя́ твоё Pl. твои́	твій твоя́ твоє́ Pl. твої́
sein (m, f, n)	njegov, a, o Pl. njegovi m njegove f njegovi n	jego	jeho	его́	його́
ihr (m, f, n)	njezin, a, o Pl. njezini m njezine f njezini n	jej	její	её	ї́ї
unser, e m f n	naš naša naše Pl. naši m naše f naša n	nasz nasza nasze Pl. nasi mp nasze nmp	náš naše naše Pl. naši mb naše mu, f, n	наш на́ша на́ше Pl. на́ши	наш на́ша на́ше Pl. на́ші
euer, eure m f n	vaš vaša vaše Pl. vaši m vaše f vaša n	wasz wasza wasze Pl. wasi mp wasze nmp	váš vaše vaše Pl. vaši mb vaše mu, f, n	ваш ва́ша ва́ше Pl. ва́ши	ваш ва́ша ва́ше Pl. ва́ші
ihr (m, f, n)	njihov, a, o Pl. njihovi m njihove f njihovi n	ich	jejich	их	ї́хній, ї́хня, ї́хнє Pl. ї́хні

Reflexives Possessivpronomen: mein / dein / sein ... eigenes (Nominativ)

	BKS	Polnisch	Tschechisch*)	Russisch	Ukrainisch
Sg. m f n	svoj svoja svoje	swój swoja swoje	svůj svoje / svá svoje / své	свой своя́ своё	свій своя́ своє́
Pl.	svoji m svoje f svoja n	swoi mp swoje nmp	svoji / sví mb svoje / své mu/f svoje / svá n	свои́	свої́

*) Für **Tschechisch** wird zuerst die Langform, dann die Kurzform genannt.

Reflexivpronomen: mich, dich, sich, uns, euch, sich (alle Numeri)

	BKS	Polnisch	Tschech.*)	Russisch	Ukrainisch
G	sebe / se	siebie	sebe	себя́	себе́
D	sebi / si	sobie	sobě / si	себе́	собі́
A	sebe / se	siebie / się	sebe / se	себя́	себе́
I	sobom	sobą	sebou	собо́й	собо́ю
P	sebi	(o) sobie	(o) sobě	(o) себе́	(на) собі́

*) Für **Tschechisch** wird zuerst die Langform, dann die Kurzform genannt.

Demonstrativpronomen: dieser, diese, dieses (Nominativ)

	BKS		Polnisch	Tschechisch	Russisch	Ukrainisch
Sg. m f n	ovaj ova ovo	taj ta to	ten ta to	ten ta to	э́тот э́та э́то	цей ця це
Pl.	ovi ove ova	ti m te f ta n	ci mp te nmp	ti mb ty mu/f ta n	э́ти	ці

Das **BKS** weist im Bereich der Demonstrativpronomen ein Dreierparadigma auf: *ovaj, ova, ovo* verweist auf die Nähe zum Sprecher, *taj, ta, to* auf die Nähe zum Hörer. Beide Pronomen entsprechen in etwa dt. *dieser, diese, dieses.* Dt. *jener, jene, jenes* ist im BKS dagegen *onaj, ona, ono* – weder in der Nähe des Sprechers noch in der Nähe des Hörers.

Demonstrativpronomen: jener, jene, jenes (Nominativ)

	BKS	Polnisch	Tschechisch	Russisch	Ukrainisch
Sg. m f n	onaj ona ono	tamten tamta tamto	onen ona ono	тот та то	той та те
Pl.	oni m one f ona n	tamci mp tamte nmp	oni mb ony mu/f ona n	те	ті

Totalitätspronomen: ganz ..., all ... (Nominativ)

	BKS	Polnisch	Tschechisch	Russisch	Ukrainisch
Sg. m	sav	*Singularformen*[47]	všechen	весь	весь (увéсь)
f	sva	*inzwischen*	všechna	вся	вся (уся́)
n	sve	*ungebräuchlich*	všechno	всё	все (усé)
Pl.	svi m	wszyscy mp	všichni mb	все	всі (усí)
	sve f	wszystkie nmp	všechny mu/f		
	sva n		všechna n		

Identitätspronomen: selbst (Nominativ)

	BKS	Polnisch	Tschechisch	Russisch	Ukrainisch
Sg. m	sam	sam	sám	сам	сам
f	sama	sama	sama	самá	самá
n	samo	samo	samo	самó	самó
Pl.	sami m	sami mp	sami mb	сáми	самí
	same f	same nmp	samy mu/f		
	sama n		sama n		

Negativpronomen: niemand, nichts, kein ... (Nominativ)

Deutsch	BKS	Polnisch	Tschechisch	Russisch	Ukrainisch
niemand	kr. nitko sr. niko	nikt	nikdo	никтó	ніхтó
nichts	ništa	nic	nic	ничтó	ніщó
kein...	Sg. (m, f, n) nijedan nijedna nijedno Pl. nijedni m nijedne f nijedna n	Sg. (m, f, n) żaden żadna żadne Pl. żadni mp żadne nmp	Sg. (m, f, n) žádný žádná žádné Pl. žádní mb žádné mu/f žádná n	Sg. (m, f, n) никакóй никакáя никакóе Pl. никакúе	Sg. (m, f, n) жóден жóдна жóдне Pl. жóдні

[47] Poln. *wszystek, wszystka, wszystko.*

Indefinitpronomen (Nominativ)

Deutsch	BKS	Polnisch	Tschechisch	Russisch	Ukrainisch
irgendein	neki, a, o	jakiś, jakaś, jakieś	nějaký	какой-нибу́дь; како́й-либо; како́й-то	який-не́будь; будь-яки́й; яки́йсь
jeder	svaki, a, o	każdy	každý	ка́ждый; вся́кий	ко́жен; вся́кий / уся́кий
derselbe	isti, a, o	ten sam	ten samý	тот же; э́тот	той са́мий; цей
der andere	drugi, a, o	drugi, -a, -ie	jiný	друго́й	і́нший
ein gewisser	neki, neka, neko	pewien, pewna, pewne	jakýsi	не́кий	де́який
jemand, irgendjemand	bs., kr. netko sr. neko	ktoś; ktokolwiek	někdo; kdosi	кто́-нибу́дь; кто́-ли́бо; кто́-то; не́кто	хто-не́будь; будь-хто́; хтось; де́хто
etwas, irgendetwas	nešto	coś; cokolwiek	něco; cokoli	что́-нибу́дь; что́-ли́бо; что́-то; кое-что́; не́что	що-не́будь; будь-що́; щось; де́що

Aus Platzgründen geben wir Genusformen nur in besonderen Fällen sowie für **BKS** an.

Reziprokpronomen (hier nur die Zitierform)

Deutsch	BKS	Polnisch	Tschechisch	Russisch	Ukrainisch
einander	jedan drugi sebe, se	jeden drugiego sobie	 sebe	друг дру́га	оди́н о́дного

Im **BKS**, **Polnischen** und **Tschechischen** kann das Pronomen *sebe, sobie* bzw. *sebe* nicht nur reflexiv, sondern auch reziprok verwendet werden. **BKS** und **Ukrainisch** unterscheiden für das flektierbare *jedan drugi* bzw. *оди́н о́дного* Genusformen. **Russ.** *друг дру́га* wird ohne Genusunterscheidung flektiert.

Interrogativpronomen (Nominativ)

Deutsch	BKS	Polnisch	Tschechisch	Russisch	Ukrainisch
wer?	kr. tko? bs., sr. ko?	kto?	kdo?	кто?	хто?
was?	kr. što? bs., sr. šta?	co?	co?	что?	що?
wann?	kad(a)?	kiedy?	kdy?	когда́?	коли́?
wo?	gdje?	gdzie?	kde?	где?	де?
wohin?	kamo?	dokąd?	kam?	куда́?	куди́?
wie?	kako?	jak?	jak?	как?	як?
warum?	zašto?	dlaczego? czemu? ugs.	proč?	почему́? заче́м?	чому́? наві́що? на́що?
wessen?	Sg. (m, f, n) čiji? čija? čije? Pl. čiji? m čije? f čija? n	Sg. (m, f, n) czyj? czyja? czyje? Pl. czyi? mp czyje? nmp	čí?	Sg. (m, f, n) чей? чья? чьё? Pl. чьи?	Sg. (m, f, n) чий? чия́? чиє́? Pl. чиї́?
was für ein? m f n	Sg. kakav kakva kakvo Pl. kakvi m kakve f kakva n	Sg. jaki? jaka? jakie? Pl. jacy? mp jakie? nmp	Sg. jaký? jaká? jaké? Pl. jací mb jaké mu/f jaká n	Sg. како́й? кака́я? како́е? Pl. каки́е?	Sg. яки́й? яка́? яке́? Pl. які́?

Deklination von *wer*?

	BKS	Polnisch	Tschechisch	Russisch	Ukrainisch
N	kr. tko, bs., sr. ko	kto	kdo	кто	хто
G	koga	kogo	koho	кого́	кого́
D	kome, komu	komu	komu	кому́	кому́
A	koga	kogo	koho	кого́	кого́
I	kim	kim	kým	кем	ким
P	(o) kome	(o) kim	(o) kom	(о) ком	(на) ко́му (на) кім

Deklination von *was?*

	BKS	Polnisch	Tschechisch	Russisch	Ukrainisch
N	kr. što, bs., sr. šta	co	co	что	що
G	čega	czego	čeho	чегó	чогó
D	čemu	czemu	čemu	чемý	чомý
A	što, šta	co	co	что	що
I	čime	czym	čím	чем	чим
P	(o) čem	(o) czym	(o) čem	(o) чём	(на) чóму (на) чім

Aufgabe 1: Versuchen Sie möglichst spontan, die folgenden (z. T. homonymen) Formen zu bestimmen:

BKS: *dječaku (dečaku), fonetici, novinama, voziti, preporučujem, kupujemo*

Polnisch: *chłopczykowi, fonetyki, gazetami, jechać, rekomenduję, kupujemy*

Tschechisch: *chlapci, fonetiky, novinami, jet, doporučit, kupujeme*

Russisch: *мáльчику, фонéтики, газéтами, éхать, рекомендýю, покупáем*

Ukrainisch: *хлóпчику, фонéтики, газéтами, ї́хати, рекомендýю, купýємо*

VII Syntax

In diesem Kapitel geht es um das für die Erfassung des Text- bzw. Satzinhalts wichtige Erkennen von Satztypen (Aussage-, Fragesatz, Aufforderungs-, Wunschsatz[1]), Satzstrukuren (einfacher oder zusammengesetzter Satz) und Satzgliedern (Subjekt, Objekt, Prädikat, attributive Bestimmung, adverbiale Bestimmung) bzw. von Wortarten (Substantiv, Verb, Adjektiv, Adverb, Pronomen, Numerale, Prädikativ usw.) und die richtige Zuordnung zu komplexeren syntaktischen Einheiten (Syntagmen).

In sprachvergleichenden Grammatiken und vergleichbaren Arbeiten wird der Bereich der Syntax nicht selten ausgeklammert. Panzer (1991, 221) vermutet den wohl ausschlaggebenden Grund in den uneinheitlichen Klassifikationen und Terminologien der SyntaxforscherInnen, die derartige Vergleiche schon an der „Basis" behindern. Daneben sei aber die panslavische Syntax, also das allen slavischen Sprachen Gemeinsame, ganz einfach „uninteressant". Wichtig seien vielmehr die Unterschiede, die einzelsprachlichen Besonderheiten.

Für Interkomprehension und Interkomprehensionsforschung dagegen sind die Gemeinsamkeiten nicht weniger bedeutsam als die Unterschiede, gilt es doch, das schon unbewusst Gewusste herauszufiltern und bewusst zu machen.[2] Will man keine grundlegende Einführung in syntaktische Grundbegriffe verfassen, zumal die Klassifikationen – *siehe oben* – nicht einheitlich sind, kann man zumindest das „Erkennen der Satztypen" als weitgehend unproblematisch einstufen. Nicht zuletzt weil geschriebene Texte hier eindeutige Hinweise in Form von Interpunktionszeichen wie ? (Frage), ! (Aufforderung, Wunsch, Ausruf), «» oder „" (direkte Rede) usw. liefern. Auch die Erkennung von Satzgliedern ist, sofern man in der Lage ist, die Wortarten zu unterscheiden, eigentlich intuitiv möglich – die einzige Ausnahme stellt vielleicht die Wortart Adverb (als Satzglied dann adverbiale Bestimmung) dar, für die kaum Gemeinsamkeiten angegeben werden können. Wer slavische, aber keine polnischen und / oder russischen Sprachkenntnisse besitzt, dürfte dagegen ohne weiteres die Sätze **poln.** *On jest studentem* und **russ.** *On – student* verstehen – zunächst auch ohne Detailwissen über Kopula-Verwendung, Kasusverwendung im Prädikatsnomen usw.

Die nachfolgenden Beispiele sind verschiedenen (in den Fußnoten genannten) Quellen entnommen und die Abschnitte zum Teil nach dem EuroCom*Rom*-Vorbild, zum Teil nach den Entsprechungen deutscher Konstruktionen geordnet.

---

[1] Man könnte hier noch den *Ausrufesatz* anführen, der allerdings in der Praxis immer mit einem der anderen Satztypen (je nach Kontext Aussage, Frage, Aufforderung oder Wunsch) zusammenfällt und entsprechend umstritten ist.

[2] Einzelsprachliche Besonderheiten wie etwa die **serbischen** *da*-Sätze bzw. die *da*-Konstruktionen, die im Serbischen den Infinitv ersetzen (z. B. *Da imam novace, kupio bih knjigu.* ‚Wenn ich Geld hätte, würde ich das Buch kaufen' oder **serb.** *ne mogu da ti kažem* = **kroat.** *ne mogu ti kazati* ‚ich kann dir nicht sagen'), oder die **ukrainischen** Konstruktionen mit *за* (z. B. **ukr.** *Бáтько вúховав мене́, він був менí за мáтір* ‚Mein Vater hat mich großgezogen, er ersetzte mir die Mutter (wörtlich war mir für Mutter)' (aus: Panzer (1991, 55)) sollten in den jeweiligen Lesekursen thematisiert werden.

Mögen nun also Ausführungen zur „(panslavischen) Syntax“ unergiebig, unübersichtlich, ungeeignet, irrelevant sein, sollen im Folgenden doch einige Punkte aufgeführt werden, die das Textverstehen erleichtern könnten. Die hier hervorgehobenen Besonderheiten betreffen:

1. Wortfolge im einfachen Satz
2. Verwendung der Personalpronomen
3. Verwendung einer Kopula
4. Ausdruck des Passivs
5. Fragen
6. Negation
7. Unpersönliche / Subjektlose Sätze
8. Konstruktionen für dt. *haben, sein, es gibt* usw.
9. *müssen / sollen, können, dürfen*
10. Satzverkürzung durch Partizipien
11. Beispiele für zusammengesetzte Sätze

Die vielfältigen, zum Teil vom Deutschen verschiedenen Kasusfunktionen werden im Kapitel *VI Morphologie* behandelt, ebenso die Wortarten.

Eine Übersicht über die wichtigsten Konjunktionen findet sich im Anhang zum Kapitel *IV Wortschatz.*

Angabe deutscher Wort-für-Wort-Übersetzungen

Die slavischen Sprachen scheinen in ihrer „SVO-Syntax“ zunächst recht ähnlich, bei genauerer Betrachtung zeigen sich jedoch immer wieder einzelsprachliche „Abweichungen“. Aus diesem Grund geben wir für die meisten Beispiele deutsche Wort-für-Wort-Übersetzungen an (anstelle allzu abstrakter Formenbestimmungen). Die mit einer Form ‚sein‘ und Partizip Aktiv bzw. *l*-Partizip gebildeten **bosnisch-kroatisch-serbischen** und **tschechischen** Vergangenheitsformen geben wir durch deutsches Perfekt (mit nicht angepasster Kopula) wieder:

- **bks.** *kupio je* ‚gekauft (m.) ist‘ (dt. *er hat gekauft*), *otišla je* ‚gegangen (f.) ist‘ (dt. *sie ist weggegangen*)
- **tsch.** *četl jsi* ‚gelesen (m.) bist‘ (dt. *du hast gelesen*), *koupil* ‚gekauft (m.)‘ (dt. *er hat gekauft*), *jsme byli* ‚wir-sind gewesen (mb)‘ (dt. *wir sind gewesen*).

Mit dem Deutschen übereinstimmende Kasusverwendungen werden nicht gesondert gekennzeichnet.

1 Wortfolge im einfachen Satz

Zum Einstieg eine Übersicht zu Konstruktion und Wortfolge im einfachen Satz – in Anlehnung an die für die romanischen Sprachen angenommenen Kernsatztypen[3]:

Deutsch	BKS	Polnisch	Tschechisch	Russisch	Ukrainisch
Anna ist Studentin.	bs., kr. Ana je studentica. sr. Ana je studentkinja.	Anna jest studentką. Anna to studentka.	Anna je studentka.	А́нна – студе́нтка.	Га́нна є студе́нткою.
Anna ist nett.	Ana je ljubazna.	Anna jest miła.	Anna je milá.	А́нна – ми́лая. А́нна – симпати́чная.	Га́нна ми́ла / люб'я́зна.
Anna liest ein Buch.	Ana čita knjigu.	Anna czyta książkę.	Anna čte knihu.	А́нна чита́ет кни́гу.	Га́нна чита́є кни́гу.
Anna liebt das Leben.	Ana voli život.	Anna kocha życie.	Anna má ráda život. Anna miluje život.	А́нна лю́бит жизнь.	Га́нна лю́бить життя́.
Anna schläft.	Ana spava.	Anna śpi.	Anna spí.	А́нна спит.	Га́нна спить.
Anna schläft im Büro.	Ana spava u uredu.[4]	Anna śpi w biurze.	Anna spí v kanceláři.	А́нна спит в ко́мнате.[5]	Га́нна спить у кімна́ті.[6]
Anna liest ein Buch im Büro.	Ana čita knjigu u uredu.	Anna czyta książkę w biurze.	Anna čte knihu v kanceláři.	А́нна чита́ет кни́гу в кабине́те.	Га́нна чита́є кни́гу в бюро́.
Anna wendet sich an einen Kollegen.	Ana se okrenu kolegi.	Anna zwraca się do kolegi.	Anna se obrací na kolegu.	А́нна обраща́ется к колле́ге.	Га́нна зверта́ється до коле́ги.
Anna gibt das Buch ihrem Kollegen.	Ana daje knjigu kolegi.	Anna daje książkę koledze.	Anna (po)dává knihu kolegovi.	А́нна даёт кни́гу колле́ге.	Га́нна дає коле́гові / коле́зі книгу.
Anna wendet sich an einen Kollegen im Büro.	Ana se okrenu kolegi u uredu.	Anna zwraca się do kolegi w biurze.	Anna se obrací na kolegu v kanceláři.	А́нна обраща́ется к колле́ге в кабине́те.	Га́нна зверта́ється до коле́ги в бюро́.

3 Vgl. Klein, H. G./ Stegmann, T. D. (2000), *EuroComRom – Die sieben Siebe*: Romanische Sprachen sofort lesen können. Aachen.

4 **Bks.** ‚im Büro' ist auch *u birou, u kancelariji.*

5 Dt.: ‚Anna schläft im Zimmer'. ‚Anna schläft im Büro' wäre *А́нна спит в кабине́те / бюро́*, allerdings ist dieser Satz im **Russischen** stilistisch unschön (wenn auch formal korrekt).

6 Dt.: ‚Anna schläft im Zimmer'. ‚Anna schläft im Büro' wäre *Га́нна спить в бюро́/кабі́не́ті*, allerdings ist dieser Satz im **Ukrainischen** stilistisch unschön (wenn auch formal korrekt).

Deutsch	BKS	Polnisch	Tschechisch	Russisch	Ukrainisch
Anna wendet sich an einen Büro-Kollegen.	Ana se okrenu kolegi iz biroa.	Anna zwraca sie do kolegi z biura.	Anna se obrací na kolegu z kanceláře.	А́нна обраща́ется к колле́ге по бюро́.	Га́нна зверта́ється до коле́ги по бюро́.

Die Wortstellung im Aussagesatz in den slavischen Sprachen ist traditionell SVO (Subjekt – Prädikat – Objekt) und „relativ frei“, d. h., abhängig von der → Thema-Rhema-Gliederung sind gewisse, aber nicht beliebige Variationen möglich.

Beispiele für die Wortstellung und verschiedene Thema-Rhema-Gliederungen:

Deutsch	BKS	Polnisch	Tschechisch	Russisch	Ukrainisch
Anna schreibt einen Brief.	Ana piše pismo.	Anna pisze list.	Anna píše dopis.	А́нна пи́шет письмо́.	Га́нна пи́ше лист / листа́.
Den Brief schreibt Anna.	Pismo piše Ana.	List pisze Anna.	Dopis píše Anna.	Письмо́ пи́шет А́нна.	Листа́ пи́ше Га́нна.
Die Mutter gibt dem Sohn Geld.[7]	Majka daje sinu novac.	Matka daje synowi pieniądze.	Matka dává synovi peníze.	Мать даёт сы́ну де́ньги.	Ма́ти дає́ си́нові / си́ну гро́ші.
Dem Sohn gibt die Mutter Geld.[8]	Sinu daje majka novac.	Synowi matka daje pieniądze.	Synovi dává matka peníze.	Сы́ну даёт де́ньги мать.	Си́нові / си́ну дає́ ма́ти гро́ші.
Die Enten schwimmen auf dem See.	Patke plivaju po jezeru.	Kaczki pływają po jeziorze.	Kachny plavou na jezeře.	У́тки пла́вают в пруду́.	Ка́чки пла́вають у ставку́.
Auf dem See schwimmen Enten.	Po jezeru plivaju patke.	Po jeziorze pływają kaczki.	Na jezeře plavou kachny.	В пруду́ пла́вают у́тки.	У ставку́ пла́вають ка́чки.
Peter hat Alena gestern einen Blumenstrauß gekauft.[9]	Petar je Alenu jučer kupio cvijeće (cveće).	Piotr wczoraj kupił Alinie kwiaty.	Petr včera koupil Aleně kytici.	Пётр вчера́ купи́л Еле́не цветы́.	Петро́ вчо́ра купи́в Оле́ні кві́ти.
Peter hat gestern einen Blumenstrauß (für) Alena gekauft.	Petar je za Alena jučer kupio cvijeće (cveće).	Piotr wczoraj kupił kwiaty Alinie.	Petr včera koupil kytici Aleně.	Пётр вчера́ купи́л цветы́ Еле́не.	Петро́ вчо́ра купи́в кві́ти Оле́ні.

[7] Beispiel aus Rehder (1998c, 289).
[8] … der Tochter dagegen nicht etc.
[9] Beispiele aus Šlosar (2002, 519).

Deutsch	BKS	Polnisch	Tschechisch	Russisch	Ukrainisch
Peter hat Alena den Blumenstrauß gestern gekauft.	Petar je jučer kupio Alenu cvijeće (cveće).	Piotr kupił kwiaty Alinie wczoraj.	Petr koupil kytici Aleně včera.	Пётр купи́л цветы́ Еле́не вчера́.	Петро́ купи́в квíти Оле́ні вчо́ра.

Zu den genannten Beispielsätzen sind natürlich weitere – markierte und für MuttersprachlerInnen nicht immer wohlklingende – Thema-Rhema-Gliederungen möglich.

Zu beachten ist die Stellung der Enklitika und der Adjektive. Enklitika sind schwach oder nicht betonte Morpheme wie Kopulaformen von *biti*, *być*, *být* ‚sein', Reflexiv- und unbetonte Personalpronomen, die sich an andere Wörter „anlehnen" und deren Position im Satz daher nicht beliebig ist. Im **Russischen** und **Ukrainischen** ist die Wortfolge freier als im **BKS**, **Polnischen** und **Tschechischen**, Regeln gibt es aber auch hier: die Wortfolge wird daher als „relativ frei" charakterisiert.

Enklitika:

BKS	Polnisch	Tschechisch	Russisch	Ukrainisch
enklitische Stellung nach dem ersten betonten Ausdruck im Satz – bei Häufung mehrerer enklitischer Wörter hierarchische Ordnung			relativ freie Wortstellung	

Beispiele für die Stellung von Enklitika:

Deutsch	BKS	Polnisch	Tschechisch	Russisch	Ukrainisch
Wir haben ihn gesehen.	Vidjeli / videli smo ga.	Widzieliśmy go.	Viděli jsme ho.	Мы его́ ви́дели. Мы ви́дели его́.	Ми його́ ба́чили. Ми ба́чили його́.
Ich werde mich mit ihm verständigen.[10]	kr., bs. Ja ću s(a) njim se sporazumjeti. sr. Ja ću s(a) njim da se sporazumem.	Ja się z nim porozumiem.	Domluvím se s ním.	Мы с ним договори́мся. Мы договори́мся с ним.	Ми з ним порозумíємося. Ми порозумíємося з ним.
Ich (m.) könnte mich mit ihm verständigen.	Mogao bih se s(a) njim sporazumjeti / sporazumeti.	Ja bym się z nim mógł porozumieć.	Mohl bych se s ním domluvit.	Я смог бы с ним догово-ри́ться. Я с ним смог бы догово-ри́ться.	Ми з ним змогли́ б порозумíтися. Ми змогли́ б з ним поро-зумíтися.

[10] Dieses und das folgende Beispiel aus Birnbaum/Molas (1998, 159).

Während es hier in den **bosnisch-kroatisch-serbischen**, **polnischen** und **tschechischen** Beispielen keine Variationsmöglichkeiten hinsichtlich der Wortfolge gibt, können die Enklitika im **Russischen** und **Ukrainischen** an verschiedenen Positionen im Satz erscheinen (ggf. ändert sich dadurch allerdings der Satzakzent, d. h. die Thema-Rhema-Gliederung).

Adjektive (attributiv):

BKS	Polnisch	Tschechisch	Russisch	Ukrainisch
meistens vorgestellt	können vor- und nachgestellt werden[11]	immer vorgestellt	meistens vor dem Substantiv, können aber auch nachgestellt werden[12]	

Beispiele für die Stellung von Adjektiven:

Deutsch	BKS	Polnisch	Tschechisch	Russisch	Ukrainisch
die (deutsche) Sprache der Gegenwart	savremeni bosanski jezik suvremeni hrvatski jezik savremeni srpski jezik	współczesny język polski	současný český jazyk	совреме́нный ру́сский язы́к	суча́сна украї́нська мо́ва
ein großes (hohes) Haus	visoka kuća	wysoki dom	vysoký dům	высо́кий дом	висо́кий дім

Adjektive können nicht nur wie in den genannten Beispielen attributiv, sondern auch prädikativ verwendet werden (vgl. **tsch.** *To je zajímavá kniha* (attributiv – ‚Das ist ein interessantes Buch') vs. *Praha je stará* (prädikativ – ‚Prag ist alt')).

2 Verwendung der Personalpronomen

Personalpronomen in Subjektposition müssen nicht in jedem Fall gesetzt werden. Im **BKS**, **Polnischen** und **Tschechischen** markiert ihre Verwendung eine besondere Betonung. Im **Russischen** und **Ukrainischen** können sie zwar auch weggelassen werden, meistens werden sie jedoch gesetzt. Ob sie betont oder unbetont sind, ergibt sich aus dem Kontext.

[11] Die Anordnung ist nicht verbindlich geregelt, aber auch nicht beliebig. Zu Einzelheiten siehe entsprechende Grammatiken des **Polnischen.** In einigen Fällen sind mit der Abfolge semantisch-lexikalische Unterschiede verbunden; vgl. *panna młoda* ‚Braut' (phraseologisch, daher Adjektiv vorgestellt), aber *młoda panna* ‚junges Mädchen'. Siehe z. B. Bartnicka et al. (2004, 535).

[12] Die Anordnung ist nicht verbindlich geregelt, aber auch nicht beliebig. Zu Einzelheiten siehe einzelsprachliche **russische** und **ukrainische** Grammatiken.

Beispiele für unbetonte und betonte Pronomen:

Deutsch	BKS	Polnisch	Tschechisch	Russisch	Ukrainisch
Ich schreibe einen Brief.	Pišem pismo. ich-schreibe Brief	Piszę list. ich-schreibe Brief	Píši / píšu dopis. ich-schreibe Brief	Я пишý письмó. ich ich-schreibe Brief Пишý письмó. ich-schreibe Brief	Я пишý лист / листá. ich ich-schreibe Brief (A/G) Пишý лист / листá. ich-schreibe Brief (A/G)
ICH schreibe einen Brief.	Ja pišem pismo. ich ich-schreibe Brief	Ja piszę list. ich ich-schreibe Brief	Já píši / píšu dopis. ich ich-schreibe Brief	Я пишý письмó. ich ich-schreibe Brief Э́то я пишý письмó. das-ist ich ich-schreibe Brief	Я пишý листá. ich ich-schreibe Brief Це я пишý листá. das-ist ich ich-schreibe Brief (G)

3 Verwendung einer Kopula

Kopulaverben bzw. Kopulawörter kommen in den slavischen Sprachen in verschiedenen Zusammenhängen und unterschiedlichen Ausprägungen zum Einsatz. (Hierzu siehe auch Abschnitt 8, S. 207ff.)

BKS, **Polnisch** und **Tschechisch** verwenden im Präsens eine Kopula (Formen von ‚sein'; im **Polnischen** außerdem *to* ‚dies ist') beim nominalen Prädikat. Im **Ukrainischen** kann eine Kopula verwendet werden, möglich ist aber auch die durch Gedankenstrich markierte Null-Kopula oder eine Konstruktion mit *це* ‚dies ist'. Das **Russische** zeigt im Präsens in der Regel ebenfalls eine Null-Kopula beim nominalen Prädikat. Daneben werden auch Kopulaverben bzw. -wörter wie *являться* (zu übersetzen mit ‚sein') oder *э́то* ‚dies ist' verwendet. Die Präsensformen von *быть* ‚sein' *есть* (formal 3. Ps. Sg.) und *суть* (3. Ps. Pl.) kommen nur in bestimmten Kontexten (z. B. in wissenschaftlichen Definitionen) vor.

Im Präteritum (**BKS**: Perfekt) und Futur verwenden alle fünf Slavinen die entsprechenden Formen von ‚sein'. Die **russische** Vergangenheitsform zu *э́то* ‚(dies) ist' lautet *э́то бы́ло* ‚dies war', Futur *э́то бу́дет* ‚(dies) wird sein'. **Polnisches** *to* als Kopula dagegen ist nur im Präsens möglich.

Gegenwart

<table>
<tr><th>BKS</th><th>Polnisch</th><th>Tschechisch</th><th>Russisch</th><th>Ukrainisch</th></tr>
<tr><td rowspan="3">Präsensformen von biti sein</td><td>Präsensformen von być sein</td><td rowspan="3">Präsensformen von být sein</td><td>keine Form von быть sein als Kopula bei Nominalprädikaten; ggf. Ersatz durch Kopulaverben wie явля́ться</td><td>Nominalsatz kann mit oder ohne Kopula є gebildet werden</td></tr>
<tr><td rowspan="2">to (dies) ist</td><td>э́то (dies) ist</td><td>це (dies) ist</td></tr>
<tr><td>Präsensformen von быть sein есть und суть nur in bestimmten Kontexten (z. B. in wissenschaftlichen Definitionen)</td><td>Präsensform є von бу́ти sein für alle Personen und Numeri (nur in bestimmten Kontexten obligatorisch)</td></tr>
</table>

Vergangenheit

<table>
<tr><th>BKS</th><th>Polnisch</th><th>Tschechisch</th><th>Russisch</th><th>Ukrainisch</th></tr>
<tr><td rowspan="2">Perfektformen von biti</td><td rowspan="2">Präteritumformen von być</td><td>Präteritumformen von být</td><td>Präteritumformen von быть</td><td>Präteritumformen von бу́ти</td></tr>
<tr><td>keine Kopula in der 3. Ps.</td><td>это бы́ло (dies) war</td><td>це було (dies) war</td></tr>
</table>

Zukunft

BKS	Polnisch	Tschechisch	Russisch	Ukrainisch
Futurformen von *biti*	Futurformen von *być*	Futurformen von *být*	Futurformen von *быть*	Futurformen von *бу́ти*

Beispiele:

Deutsch	BKS	Polnisch	Tschechisch	Russisch	Ukrainisch
Er ist krank.	On je bolestan. Bolestan je.	On jest chory.	Je nemocen.	Он бо́лен.	Він хво́рий.
Jan ist Student.	Ivan je student.	Jan jest studentem. (I. Sg.) Jan to student.	Jan je student.	Ива́н – студе́нт. Ива́н явля́ется студе́нтом. (I. Sg.)	Іва́н – студе́нт. Іва́н є студе́нт(ом). (N. oder I. Sg.)
Wissen ist Macht.	Znanje je moć.	Wiedza to potęga.	Vědění je moc.	Зна́ние – си́ла.	Знання́ – си́ла.

Deutsch	BKS	Polnisch	Tschechisch	Russisch	Ukrainisch
Der Löwe ist ein Raubtier.	Lav je krvoločna životinja.	Lew jest drapieżnikiem.	Lev je šelma.	Лев – хи́щное живо́тное.	Лев – хи́жа твари́на.
Löwen sind Raubtiere.	Lavovi su krvoločne životinje.	Lwy są drapieżnikami.	Lvi jsou šelmy.	Львы – хи́щные живо́тные. Львы суть хи́щные живо́тные.	Ле́ви – хи́жі твари́ни. Ле́ви є хи́жі твари́ни.
Paris ist immer noch Paris.	Pariz je uvijek (uvek) Pariz.	Paryż jest zawsze Paryżem.	Paříž zůstane Paříží. P. bleibt P.	Пари́ж всегда́ Пари́ж.	Пари́ж завжди́ Пари́ж.
Kinder sind Kinder.	kr., bs. Djeca su djeca. sr. Deca su deca.	Dzieci są dziećmi.	Děti jsou děti.	Де́ти есть де́ти.	Ді́ти є ді́ти.
Anna war Ingenieurin.	Ana je bila inženjerka.	Anna była inżynierem.	Anna byla inženýrka.	А́нна была́ инжене́ром.	Га́нна була́ інжене́ром.
Anna wird glücklich sein.	Ana će biti sretna (srećna).	Anna będzie szczęśliwa.	Anna bude šťastná.	А́нна бу́дет счастли́ва.	Ганна буде щасли́вою.

Im **Polnischen**, **Tschechischen**, **Russischen** und **Ukrainischen** kann – abhängig von der jeweiligen syntaktischen Konstruktion und der Satzsemantik – das Prädikatsnomen auch im Instrumental erscheinen. Zu Einzelheiten siehe einzelsprachliche Grammatiken.

4 Ausdruck des Passivs

Die slavischen Sprachen kennen keinen einheitlichen morphologischen Ausdruck des Passivs am Verb. Stattdessen kommen verschiedene Verfahren zum Einsatz, um diese spezielle, gemeinhin als Passiv bezeichnete Satzperspektive, die den Fokus auf das Patiens legt, auszudrücken; z. B.

- durch reflexive Verben
- mithilfe von Passivpartizipien (zusammengesetztes Passiv)
- durch aktive Formen (z. B. 3. Ps. Pl.)

Ganz allgemein sind mit Partizipien gebildete Passivkonstruktionen in slavischen Sprachen (in individuellen Abstufungen) wohl seltener als im Deutschen. Im **BKS** sind sie zwar möglich, *de facto* aber ungebräuchlich. Im **Tschechischen** gehören die Konstruktionen mit Passivpartizipien eher der geschriebenen Sprache an.

Welches Mittel jeweils zum Einsatz kommt, hängt außerdem von Aspekt und Semantik der Verben ab. Einzelsprachlich verschieden ist auch der Ausdruck des Agens.

Ausdruck des Agens:

BKS	Polnisch	Tschechisch	Russisch	Ukrainisch
keine vergleichbare Konstruktion	*przez* + Akkusativ	Instrumental		

Im **BKS** kann ein unbelebtes Agens zwar durch einen Instrumental (*Kuća je srušena vjetrom* (*vetrom*) ‚Das Haus wurde durch den Wind zerstört‘), ein belebtes durch die Konstruktion *od* + Genitiv ausgedrückt werden[13], im Allgemeinen sind Passivkonstruktionen aber, wie gesagt, ungebräuchlich.

Beispiele für Sätze mit passivischer Bedeutung:

Deutsch	BKS	Polnisch	Tschechisch	Russisch	Ukrainisch
Der Brief wird von Jan geschrieben.	Aktiv: Pismo piše Ivan. Brief scheibt Ivan	List jest pisany przez Jana. Brief ist geschrieben von Jan	Dopis je napsán Ivanem. Brief ist geschrieben durch-Ivan (I) *(möglich, aber markiert)*	Reflexiv: Письмó пи́шется Ивáном. Brief schreibt-sich durch-Ivan (I) *(möglich, aber markiert)*	Reflexiv: Лист пи́шеться Ивáном. Brief schreibt-sich durch-Ivan (I)
Das Haus wurde von meinem Großvater erbaut.	Aktiv: Kuću je izgradio moj djed. Haus ist gebaut mein Großvater	Dom został[14] zbudowany przez mojego dziadka. Haus wurde gebaut von meinem (A) Großvater (A)	Dům byl postaven mým dědou. Haus war gebaut (durch) meinen (I) Großvater (I)	Дом был пострóен мои́м дéдушкой. Haus war gebaut (durch) meinen (I) Großvater (I)	Хáта булá збудóвана мої́м дíдом. Haus war gebaut (durch) meinen (I) Großvater (I)

5 Fragen

Ergänzungsfragen

Ergänzungsfragen werden durch entsprechende Fragepronomen oder Frageadverbien („w-Fragen“: wer? was? wie? wo?) eingeleitet bzw. gekennzeichnet. Eine vergleichende Übersicht dieser Pronomen findet sich am Ende des Kapitels *VI Morphologie*.

13 Vgl. Comrie/Corbett (1993, 359).

14 Bei pf. Verben kann im **Polnischen** das Auxiliarverb *zosta(wa)ć* ‚werden‘ verwendet werden (*być* ‚sein‘ ist in Verbindung mit pf. und ipf. Verben möglich; selten ist *bywać* mit Partizip Passiv ipf.). Vgl. Bartnicka et al. (2004, 356f.).

Entscheidungsfragen

Entscheidungsfragen (Ja-/Nein-Fragen) können im Slavischen durch eine Fragepartikel wie **bks.** *li* oder **ukr.** *чи* markiert werden. Möglich ist aber auch der Ausdruck durch eine spezielle Frageintonation bei ansonsten „normaler" Wortstellung; vgl. **ukr.** *Це Василь.* (Aussage: ‚Das ist Vasyl'.') – *Це Василь?* (Frage: ‚Das ist Vasyl'?'). In einigen Slavinen sind beide Verfahren möglich.

BKS	Polnisch	Tschechisch	Russisch	Ukrainisch
Fragepartikel **li** nach dem Element, nach dem gefragt wird (am Satzanfang), d. h., **li** steht an der zweiten Stelle im Satz (nach dem finiten Verb) *Kombinationen* (ugs.): **da li** **je li**	Fragepartikel **czy** am Satzanfang	---	Fragepartikel **ли** nach dem Element, nach dem gefragt wird (am Satzanfang), d. h., **ли** steht an der zweiten Stelle im Satz	Fragepartikel **чи** am Satzanfang
		Inversion (Voranstellung des finiten Verbs)		
selten: Ausdruck durch Intonation	**Ausdruck durch Intonation**			

Beispiele:

Deutsch	BKS	Polnisch	Tschechisch	Russisch	Ukrainisch
Sieht Slavko Olga?	Slavko vidi Olgu? Vidi li Slavko Olgu?[15]	Czy Slavko widzi Olgę?	Vidí Slavko Olgu?	Сла́вко ви́дит О́льгу?	Славко́ ба́чить Ольгу?
Suchst du ihn?[16]	Tražiš li ga?	Szukasz go?	Hledáš ho?	Ты его́ и́щешь?	Ти його́ шука́єш?
Den Nachbarn suchst du?	Tražiš li susjeda?	Sąsiada szukasz?	Souseda hledáš?	Сосе́да и́щешь? Ты и́щешь сосе́да?	Ти сусі́да шука́єш? Ти шука́єш сусі́да?

[15] Vgl. Comrie/Corbett (1993, 347).

[16] Dieses und folgendes (hier abgeändertes) Beispiel aus Rehder (1998b, 262).

Deutsch	BKS	Polnisch	Tschechisch	Russisch	Ukrainisch
Hast du (m./f.) den neuen Harry Potter schon gelesen?	Jesi li već čitao (čitala) novog Harry Potter-a / novi roman "Harry Potter"?	Czytałaś / czytałeś już nowego Harry Pottera?	Četl(a) jsi už nového Harry(ho) Pottra?	Ты ужé читáл(а) нóвого Гáрри Пóттера? Ты читáл(а) ужé нóвого Гáрри Пóттера?	Ти вже читáв (ч-ла) новий том «Гáрі Пóтера»? Ти читáв (читáла) вже новóго Гáрі Пóтера?
Ist sie Ukrainerin?[17]	Je li ona Ukrajinka?	Czy ona jest Ukrainką?	Je Ukrajinka?	Онá украи́нка?	(Чи) вонá (є) украї́нка?
Ist das Jan?	Je li to Ivan?	Czy to Jan? To Jan?	Je to Ivan?	Э́то Ивáн?	Це Івáн?
Spielen Sie Tennis?	Igrate li tenis?	Czy gra pan/ pani w tenisa?[18]	Hrajete tenis?	Игрáете ли вы в тéннис?	Чи ви грáєте в тéніс?
Rauchen Sie?	Pušite li Vi?	Czy pan/ pani pali?	Kouříte?	Вы кýрите? Кýрите ли вы?	Ви пáлите? Чи ви пáлите?

6 Negation

Die slavischen Sprachen verwenden für die Verneinung Negationspartikeln; vgl.

Negationspartikel:

Deutsch	BKS	Polnisch	Tschechisch	Russisch	Ukrainisch
nicht	ne	nie	ne (als Präfix am Verb)	не	не

In der Regel steht die Negationspartikel vor dem verneinten Prädikat; zu einzelsprachlichen Besonderheiten siehe die entsprechenden Arbeiten zur Syntax.

Das **BKS** kennt für die Verben *biti* ‚sein', *htjeti* ‚wollen, werden', *imati* ‚haben' synthetische negierte Formen (siehe Kapitel *VI Morphologie*, Abschnitt 11); vgl. *nisam* ‚ich bin nicht' (vs. *jesam, ja sam* ‚ich bin'), *nećeš* ‚du willst / wirst nicht' (positiv *hoćeš, ćeš*), *nema* ‚er, sie, es hat nicht'. In allen anderen Fällen werden Verben durch die genannte Partikel negiert: *ne čitamo* ‚wir lesen nicht' usw.

Im **Tschechischen** erscheint die Partikel als Präfix am Verb: *slyšel* ‚er hat gehört' – *neslyšel* ‚er hat nicht gehört'. In der 3. Person wird keine Kopula verwendet, in allen anderen Personen dagegen schon: *slyšel jsem* ‚ich habe gehört' –

[17] Beispiel aus Schweier (1998, 105).

[18] Zu den Besonderheiten des **polnischen** Anredesystems, den Unterschieden zwischen Duzen (Pronomen *ty*) und Siezen (u. a. mithilfe der synaktisch in die Satzstruktur integrierten Anredeformen *pan/ pani*) siehe z. B. Bartnicka et al. (2004, 571f.).

neslyšel jsem ‚ich habe nicht gehört'. Für die 3. Ps. Sg. kennt das Tschechische eine spezielle negierte Form *neni* ‚ist nicht'.

Im **Russischen** kann die Negationspartikel *не* Bestandteil phraseologischer Einheiten mit nicht verneinter Bedeutung sein (z. B. *нельзя́ не* ‚nicht umhin können', *пока́ не* ‚so lange bis', *чуть не* ‚fast, beinahe' usw.).

Im **Ukrainischen** erscheint bei *бу́ти* ‚sein' (nur eine Form *є* für alle Personen und Numeri gebräuchlich) die Negationspartikel als Präfix am Verb: *нема́(є)* (nicht zu verwechseln mit den negierten (und getrennt geschriebenen) Formen von ‚haben': *не ма́ю, не ма́єш, не ма́є, …* (‚ich habe nicht' usw.)).

Daneben gibt es noch die Negationspartikeln **bks.** *ni, niti,* **poln.** *ani,* **tsch.** *ani,* **russ.** *ни,* **ukr.** *а́ни* mit unterschiedlichen Funktionen – u. a. in der Bedeutung ‚weder – noch':

weder – noch:

BKS	Polnisch	Tschechisch	Russisch	Ukrainisch
ni – ni niti – niti	ani – ani	ani – ani	ни – ни	а́ні – а́ні

Beispiel:

Deutsch	BKS	Polnisch	Tschechisch	Russisch	Ukrainisch
Ich will weder essen noch trinken	Neću ni jesti, niti piti. nicht-ich-will $nicht_2$ essen $nicht_2$ trinken	Nie chcę ani jeść ani pić. nicht ich-will $nicht_2$ essen $nicht_2$ trinken	Nemám ani hlad, ani žízeň. nicht-ich-habe $nicht_2$ Hunger $nicht_2$ Durst	Я не хочу́ ни есть, ни пить. ich nicht ich-will $nicht_2$ essen $nicht_2$ trinken	Я не хо́чу а́ні ї́сти, а́ні пи́ти. ich nicht ich-will $nicht_2$ essen $nicht_2$ trinken

Wir geben dt. ‚weder – noch' hier mit *$nicht_2$* wieder.

Im **BKS** ist die Konjunktion ***ni*** die negierte Entsprechung zu *i* ‚auch' (*Ni Ana nije u seminaru* ‚Auch Anna ist nicht im Seminar').

Die **russische** Partikel ***ни*** (häufig *ни оди́н* usw.) transportiert die Bedeutung ‚nicht ein einziger, kein einziger'.

Negation der Existenz / Anwesenheit:

Die Verneinung der Existenz, des Vorhanden- bzw. Anwesendseins kann durch unterschiedliche Mittel (meist in Verbindung mit einem Genitiv; Ausnahme: **Tschechisch**) ausgedrückt werden; vgl.

Deutsch	BKS	Polnisch	Tschechisch	Russisch	Ukrainisch
ist nicht	nema	nie ma	nemá	нет[19]	нема́(є)
war nicht	nije bilo	nie było	nebylo	не́ было	не було́
wird nicht sein	neće biti	nie będzie	nebude	не бу́дет	не бу́де

Einfache und doppelte Verneinung

Bei der einfachen Verneinung wird nur ein Wort (Ausdruck) durch Hinzufügen der Negationspartikel verneint. „Doppelte Verneinung" (eigentlich nur eine verstärkte Verneinung) im Slavischen bedeutet, dass bei der Negation (des Verbs) auch Pronomen und Adverbien verneint werden.

Beispiele für einfache Negation:

Deutsch	BKS	Polnisch	Tschechisch	Russisch	Ukrainisch
Sie hat das Buch nicht gelesen.	Ona nije čitala knjigu. sie nicht-ist gelesen Buch	Nie czytała tej książki. nicht sie-las dieses Buch (G)	Nečetla tu knihu. nicht-sie-las dieses Buch	Она́ не чита́ла кни́гу. sie nicht las Buch	Вона́ не прочита́ла книгу. sie nicht las Buch
Sie ist keine Studentin.	bs., kr. Ona nije studentica. sr. Ona nije studentkinja.	Nie jest studentką. nicht ist Studentin (I)	Není studentka. nicht-ist Studentin	Она́ не студе́нтка. sie nicht Studentin	Вона́ не студе́нтка. sie nicht Studentin

Beispiele für die Verneinung der Existenz:

Deutsch	BKS	Polnisch	Tschechisch	Russisch	Ukrainisch
Jan ist nicht im Büro.	Jan nije u uredu. Jan nicht-ist im Büro	Jana nie ma w biurze. Jan (G) nicht hat im Büro	Jan není v kanceláři. Jan nicht-ist im Büro	Ива́на в бюро́ нет. Ivan (G) im Büro ist-nicht-da	Я́на нема́є в бюро́. Jan (G) nicht-ist im Büro
In dieser Stadt gibt es kein Museum.	U ovom gradu nema muzeja. in dieser Stadt nicht-hat Museum (G)	W tym mieście nie ma muzeum. in dieser Stadt nicht hat Museum	V tomto městě není muzeum. in dieser Stadt nicht-ist Museum	В э́том го́роде нет музе́я. in dieser Stadt ist-nicht-da Museum (G)	В цьо́му мі́сті нема́є музе́я. in dieser Stadt nicht-hat Museum (G)

[19] **Russ.** *нет* bedeutet nicht nur ‚nein', sondern auch ‚ist nicht da' bzw. ‚gibt nicht', ‚fehlt', ‚nicht haben'.

Deutsch	BKS	Polnisch	Tschechisch	Russisch	Ukrainisch
In unserer Stadt gibt es keinen Park.	U našem gradu nema parka. in unserer Stadt nicht-hat Park (G) Naš grad nema parka. unsere Stadt nicht-hat Park (G)	W naszym mieście nie ma parku. in unserer Stadt nicht hat Park (G)	V našem městě není žádný park. in unserer Stadt nicht-ist kein Park	В нáшем гóроде нет пáрка. in unserer Stadt ist-nicht-da Park (G)	У нáшому мíсті немáє жóдного пáрку. in unserer Stadt nicht-hat kein Park (G)
Es ist kein Geld da.	Ovdje nema novca. hier nicht-hat Geld (G)	Nie ma pieniędzy. nicht hat Geld (G. Pl.)	Tady nejsou peníze. hier nicht-sind Geld (Pl.)	Нет дéнег. ist-nicht-da Geld (G. Pl.)	Немáє грóшей. nicht-hat Geld (G. Pl.)
Es war kein Geld da.	Nije tu bilo novca. nicht-ist da gewesen (n. Sg.) Geld (G)	Nie było pieniędzy. nicht es-war Geld (G. Pl.)	Nebyly tam peníze. nicht-waren da Geld (Pl.)	Дéнег нé было. Geld (G. Pl.) nicht es-war	Не булó грóшей. nicht es-war Geld (G. Pl.)

Beispiele für doppelte Negation:

Deutsch	BKS	Polnisch	Tschechisch	Russisch	Ukrainisch
Niemand hat das jemals irgendwo gesehen.[20]	Ni(t)ko to nikad i nigde nije video. niemand das niemals und nirgendwo nicht-ist gesehen.	Nikt tego nigdy nigdzie nie widział. niemand das (G) niemals nirgendwo nicht sah	Nikdo to nikdy nikde neviděl. niemand das niemals nirgendwo nicht-sah.	Никтó этого никогдá нигдé не вúдел. niemand dies (G) niemals nirgendwo nicht sah	Ніхтó нікóли нідé цьогó не бáчив. niemand niemals nirgendwo dies (G) nicht sah
Niemand hat jemals irgendwo Blumen gestohlen.[21]	Ni(t)ko nikad nigdje nije krao cvijeće. niemand niemals nirgendwo nicht-ist gestohlen Blumen.	Nikt nigdy nigdzie nie ukradł kwiatów. niemand niemals nirgendwo nicht stahl Blumen (G).	Nikdo nikdy neukradl květiny. niemand niemals nicht-stahl Blumen.	Никтó никогдá нигдé не крал цветы́. niemand niemals nirgendwo nicht stahl Blumen	Ніхтó нікóли нідé не крав квíти. niemand niemals nirgendwo nicht stahl Blumen.

20 Beispiel aus (Rehder 1998c, 290).
21 Beispiel aus Rehder (1998b, 262).

Deutsch	BKS	Polnisch	Tschechisch	Russisch	Ukrainisch
Niemand hat etwas gehört.[22]	**Ni(t)ko nije nešto čuo.** niemand nicht-ist etwas gehört	**Nikt niczego nie słyszał.** niemand nichts (G) nicht hörte.	**Nikdo nic neslyšel.** niemand nichts nicht-hörte.	**Никтó ничегó не слы́шал.** niemand nichts (G) nicht hörte.	**Ніхтó нічóго не чув.** niemand nichts (G) nicht hörte.
Sie hat kein einziges Buch gelesen.	**Ona nije pročitala nijednu knjigu.** sie nicht-ist gelesen nicht-ein Buch.	**Ona nie przeczytała ani jednej książki.** sie nicht las auch-nicht ein Buch (G).	**Ona nepřečetla ani jednu knížku.** sie nicht-las nicht ein Buch.	**Онá не читáла ни однóй кни́ги.** sie nicht las nicht ein Buch (G).	**Вонá не читáла жóдної кни́жки.** sie nicht las kein Buch (G).

7 Unpersönliche / Subjektlose Sätze

Der Bruder gibt der Schwester das Buch – in Sätzen wie diesen sind die syntaktischen Verhältnisse klar: der Handelnde (das Agens) ist bekannt und wird explizit genannt – im Nominativ in der Subjektposition. Daneben gibt es allerdings auch Fälle, in denen es zu Widersprüchen zwischen Logik und Grammatik kommt, in denen der oder die Handelnde(n) bekannt sind, aber nicht ausdrücklich genannt werden, in denen sie nicht bekannt sind oder in denen es aus logisch-semantischen Gründen schwierig ist, eine handelnde Größe als solche auszumachen. Letzteres trifft zu, wenn sich eine Handlung (Zustand, Prozess) unabhängig vom Willen einer Person vollzieht wie in *mir ist kalt*[23]. Für Ereignisse wie ‚es dämmert' (*siehe unten*) können überhaupt keine „Handelnden" ausgemacht werden. All dies wiederum wirkt sich auf die Syntax aus und führt zu – einzelsprachlich spezifischen – Konstruktionen, die in der Literatur sehr uneinheitlich (formal, satz- oder textsemantisch, pragmatisch) beschrieben werden. Nachfolgend wird folgende vereinfachte Einteilung für scheinbar (formal) „subjektlose" Sätze vorgenommen:

- **willensunabhängig**: ein „Pseudo-Agens" wird explizit genannt – in einigen Slavinen in einem obliquen Kasus und formal in einer Objektposition (vergleichbar mit dt. *mir* in *Mir ist kalt.*)
- **anonym**: es gibt ein Agens, das nicht explizit genannt wird (anonym bleibt), prinzipiell aber identifizierbar ist (vergleichbar mit dt. *man* in *Man wollte mir dort nicht helfen.*)
- **beliebig**: es gibt ein Agens, das aber beliebig ist; der Satzinhalt kann prinzipiell auf jeden / alles bezogen werden (z. B. Sprichwörter und feste Redewendungen) (vergleichbar mit dt. *man* in *Man soll den Tag nicht vor dem Abend loben.*)
- **Null-Agens**: es gibt kein Agens (vergleichbar mit dt. *es* in *Es regnet.*)

---

[22] Beispiel aus Vintr (1998, 208).

[23] Die sich aufdrängende Frage, ob und inwieweit dagegen das formal eindeutige Nominativ-Subjekt „ich" in *Ich friere* willentlich „handelt", kann nicht wirklich beantwortet werden, veranschaulicht aber die Schwierigkeiten, die sich bei entsprechenden syntaktischen Klassifikationsversuchen ergeben.

Die Ausdrucksmöglichkeiten für diese Inhalte sind sehr vielfältig, nicht immer panslavisch und können nur exemplarisch vorgestellt werden. Die nachfolgenden Tabellen zeigen zum einen Gemeinsamkeiten und Unterschiede zwischen den Slavinen, zum anderen aber auch in Ansätzen die einzelsprachlichen Variationsmöglichkeiten.

Berücksichtigt werden in diesem Zusammenhang auch die Konstruktionen mit so genannten Modalprädikativen wie **poln.** *trzeba* ‚man muss', *wolno* ‚man darf', **russ.** *нáдо* ‚man muss', *мóжно* ‚man kann / darf', *нельзя́* ‚man kann / darf nicht' usw.

Beispiele für ein „willensunabhängiges Pseudo-Agens":

Die Person / der Referent, auf die sich die Handlung im weitesten Sinn bezieht, steht im **Polnischen, Russischen** und **Ukrainischen** häufig im Dativ oder Akkusativ. Im **Tschechischen** sind solche Sätze nicht oder nur in seltenen Fällen möglich; im **BKS** werden hier ebenfalls eher persönliche Konstruktionen verwendet. Persönliche Konstruktionen sind ggf. auch im **Polnischen, Russischen** und **Ukrainischen** möglich.

Deutsch	BKS	Polnisch	Tschechisch	Russisch	Ukrainisch
Ich bin traurig.	Ja sam tužna/ tužan. ich ich-bin traurig (f/m)	Smutno mi. traurig (n) mir	Je mi smutno. ist mir traurig (n) Jsem smutná / smutný. ich-bin traurig (f/m)	Мне грýстно. mir traurig (n)	Мені сýмно. mir traurig (n)
Er langweilt sich.	On se dosađuje. er sich langweilt	Nudzi mu się langweilt ihm sich	Nudí se. er-langweilt sich	Емý скýчно. ihm langweilig	Йомý нýдно. ihm langweilig
Ich kann nicht schlafen.	Ne mogu spavati (spati). nicht ich-kann schlafen	Nie mogę spać. nicht ich-kann schlafen	Nemůžu / nemohu spát. nicht-ich-kann schlafen	Мне не спи́тся. mir nicht schläft-sich *Persönlich:* Я не могý спать. ich nicht kann schlafen	Мені не спи́ться. mir nicht schläft-sich *Persönlich*: Я не мóжу спáти. ich nicht kann schlafen
Ich muss (weg)gehen.	Trebam ići. ich-muss gehen Moram ići. ich-soll gehen	Muszę iść. ich-muss gehen	Musím jít pryč. ich-muss gehen weg	Мне нáдо уйти́. mir man-muss weggehen Я дóлжен уйти́. ich soll (m. Sg.) weggehen	Я мýшу йти. ich muss gehen Мені трéба йти. mir man-muss gehen

Deutsch	BKS	Polnisch	Tschechisch	Russisch	Ukrainisch
Ich habe keinen Ort zum Schlafen.	Nemam mjesto za spavanje. nicht-ich-habe Ort für Schlafen	Nie mam gdzie spać. nicht ich-habe wo schlafen	Nemám kde spát. nicht-ich-habe wo schlafen	Мне не́где спать. mir nirgendwo schlafen	Мені́ нема́ де спа́ти. mir nicht-hat wo schlafen
Es tut mir leid.	Žao mi je. leid mir ist	Przykro mi. leid mir	Je mi líto. ist mir leid Lituji. ich-leide	Мне жаль. mir leid	Мені́ шко́да. mir leid
Ich habe es eilig.	Žuri mi se. eilt mir sich	Spieszy mi się. eilt mir sich	Mám naspěch. ich-habe eilig *Persönlich:* Spěchám. ich-eile	Мне ну́жно спеши́ть. mir man-muss eilen *Persönlich:* Я спешу́. ich eile.	Мені́ тре́ба поспіша́ти. mir man-muss eilen *Persönlich:* Я поспіша́ю. ich eile.
Mir ist übel.	Meni je zlo. mir ist übel	Niedobrze mi. nicht-gut mir	Je mi špatně. ist mir übel	Меня́ тошни́т. mich übelt	Мене́ ну́дить. mich übelt
Ich möchte ...	htio bih m. / htjela bih f. gewollt (m/f) ich-wäre	Chce mi się will mir sich	Chtěl(a) bych wollte (m/f) ich-wäre	Мне хо́чется mir es-will-sich	Мені́ хо́четься mir es-will-sich

Beispiele für ein „anonymes Agens“:

Der Urheber einer Handlung kann durch verschiedene sprachliche Mittel „verschleiert“ werden: durch Verwendung einer Passiv-Konstruktion (z. B. ein Präteritum-Passiv-Partizip im Singular neutrum), durch eine aktive persönliche Konstruktion ohne Nennung des Handelnden (möglich ist auch eine neutrale Vergangenheitsform), durch reflexive Verben, Verwendung der 3. Person Plural, Modalverben oder Prädikative. Diese Ausdrucksmittel sind einzelsprachlich zu sehen und nicht ohne Weiteres von einer Slavine zur anderen übertragbar.

Deutsch	BKS	Polnisch	Tschechisch	Russisch	Ukrainisch
Es wurden tausende Menschen getötet.	bs., kr. Ubijeno je tisuće ljudi. getötet (PPP) n. Sg.) ist … sr. Ubijeno je hiljade ljudi.	Zabito tysiące ludzi. getötet (PPP n. Sg.) …	Byly zabity tisíce lidí. sie-waren getötet (PPP Pl.) …	Уби́то ты́сячи людéй. getötet (PPP n. Sg.) …	Вби́то ти́сячі людéй. getötet (PPP n. Sg.) …
Er wurde getötet.	Njega su ubili. ihn sie-sind getötet Ubijen je. getötet (PPP m. Sg.) ist	Zabiło go. es-tötete ihn Zabito go. getötet (PPP n. Sg.) ihn Zabili go. sie-töteten ihn	Zabilo ho. es-tötete ihn	Егó уби́ло. ihn es-tötete Егó уби́ли. ihn sie-töteten	Йогó вби́то. ihn getötet (PPP n. Sg.) Йогó вби́ли. ihn sie-töteten
Man sagt, ...	Kaže se ... sagt sich	Mówi się ... sagt sich Mówią … 3. Ps. Pl. (sie sagen)	Říká se, ... sagt sich	Говоря́т, ... 3. Ps. Pl. (sie sagen)	Кáжуть, ... 3. Ps. Pl. (sie sagen)

Partzipien Präteritum Passiv sind mit „PPP" gekennzeichnet. *L*-Partizipien bzw. **bks.** Partizip Aktiv sind nicht gekennzeichnet.

Beispiele für ein „beliebiges Agens":

Dass sich die Handlung auf ein beliebiges Agens bezieht, kann durch verschiedene Mittel wie Prädikative oder die Verwendung der 2. Person Singular Präsens ausgedrückt werden.

Deutsch	BKS	Polnisch	Tschechisch	Russisch	Ukrainisch
Da kann man nichts machen.	Tu ti ne možeš ništa učiniti (uraditi). hier du nicht du-kannst nichts machen Tu se nema šta raditi! hier sich nicht-hat was machen	Nic nie zrobisz. nichts nicht du-machst Tu się nie da nic zrobić. hier sich nicht gibt nichts machen	Nic nenaděláš. nichts nicht-machst-du Nedá se nic dělat. nicht-gibt sich nichts tun	Тут ничегó не подéлаешь. hier nichts nicht du-tust	Тут нічóго не зрóбиш. hier nichts nicht du-machst

Deutsch	BKS	Polnisch	Tschechisch	Russisch	Ukrainisch
Der Müll muss entsorgt / runtergebracht werden.	Smeće mora biti izneseno! Müll muss sein wegge-bracht	Trzeba wyrzucić/ wynieść śmieci. man-muss wegbringen Müll	Smetí se musí vynést. Müll sich muss weg-bringen	Нýжно вынести мýсор. man-muss wegbringen Müll	Трéба вúнести смíття. man-muss wegbringen Müll

Beispiele für ein „Null-Agens":

Im Deutschen kennen wir Sätze mit semantisch leerem „es" wie *es regnet, es donnert, es wird hell* usw. Ein vergleichbares *es* gibt es in den hier behandelten Slavinen nicht[24]. Statt dessen kommen häufig avalente Verben zum Einsatz, also Verben, die im Satz keine Leerstelle für andere Satzglieder wie Subjekt oder Objekt eröffnen. Während dt. *dämmern* monovalent ist, d. h. eine Leerstelle für ein formales Subjekt *es* eröffnet[25], lauten die slavischen Entsprechungen (Sätze) nur *Sviće. – Świta. – Svítá. – Светáет. – Світáє. (siehe unten).*

Daneben gibt es aber auch einzelsprachliche Unterschiede. Im **Polnischen** und **Ukrainischen** können in solchen Kontexten unter Umständen alleinstehende Infinitive, aber auch Substantive wie ‚Durchzug' verwendet werden. Letzteres ist auch im **Russischen** und **BKS** möglich. Einzelsprachlich können entsprechende Bedeutungen aber auch durch phraseologische (feste) Wendungen ausgedrückt werden.

Nachfolgend eine kleine vergleichende (nicht erschöpfende) Beispiel-Auswahl.

Deutsch	BKS	Polnisch	Tschechisch	Russisch	Ukrainisch
Es wird hell.	Sviće. wird-hell Razdanjuje se. wird-Tag sich	Świta. wird-hell Jaśnieje. wird-hell Robi się jasno. macht sich hell (n)	Svítá. wird-hell	Светáет. wird-hell Светлéет. wird-hell	Світáє. wird-hell Світлíє. wird-hell
Es regnet.	Pada kiša. fällt Regen Kiši. regnet	Pada. fällt	Prší. regnet	Идёт дождь. geht Regen	Йде дощ. geht Regen
Es donnert.	Grmi. donnert	Grzmi. donnert	Hřmí. donnert	Гром гремúт. Donner don-nert	Гримáє грім. donnert Don-ner

[24] Unter deutschem Einfluss haben sich entsprechende Konstruktionen allerdings im **Sorbischen** und im **Slovenischen** entwickelt; vgl. **sorb.** *Wono so dešćuje* ‚es sich regnet'.

[25] Eine Leerstelle eröffnet z. B. auch das Verb *schlafen* (X schläft), bivalent ist *lesen* (X liest Y), trivalent ist *geben* (X gibt Y Z).

Deutsch	BKS	Polnisch	Tschechisch	Russisch	Ukrainisch
Es zieht.	Ulazi (zrak kroz prozor). kommt (Luft durchs Fenster)	Ciągnie. zieht Przeciąg. Durchzug	Táhne. zieht	Сквози́т. zieht	Тя́гне. zieht
Es ist still.	Tišina. Stille	Cisza. Stille Jest cicho. ist still (n)	Je ticho. ist still (n)	Тишина́. Stille Ти́хо. still (n)	Ти́ша. Stille Ти́хо. still (n)
Es ist windig.	Puše. weht sr. Duva. weht	Wieje. weht	Je větrno. ist windig (n)	Ду́ет. weht	Віє. weht
Es ist zu hören.	Čuje se. hört sich	Słychać. hören [Inf.]	Je slyšet. ist hören [Inf.]	Слы́шно. hörbar	Чу́ти. hören [Inf.]
Es ist zu sehen.	Vidi se. sieht sich	Widać. sehen [Inf.]	Je vidět. ist sehen [Inf.]	Ви́дно. sichtbar	Ви́дно. sichtbar

8 Konstruktionen für dt. *haben, sein, es gibt* usw.

Die nachfolgenden Abschnitte sind nach dem Deutschen geordnet – ein Verfahren, das in Lehrwerken und Grammatiken für deutsche MuttersprachlerInnen praktiziert wird, linguistisch gesehen aber anfechtbar ist. Obwohl wir diese Vorgehensweise nicht für ideal halten, ordnen auch wir aus rein praktischen Erwägungen die nachfolgenden Abschnitte nach ihren deutschen Entsprechungen.

sein

Bei der Entsprechung von deutschem, aber auch slavischem ‚sein' (als Vollverb und als Kopula) sind einzelsprachliche Besonderheiten zu beachten:

Das **BKS** unterscheidet betonte und unbetonte Präsensformen sowie synthetische negierte Formen. Nur die betonten Formen können am Satzanfang stehen. Bks. *biti* erfüllt sowohl die Funktion eines Vollverbs mit der Bedeutung ‚sein' im Sinne von ‚existieren' als auch die Funktion einer Kopula.

Polnisches *być* ‚sein' ist ebenfalls multifunktional. Die entsprechenden Formen können als Kopula oder in der Vollverb-Bedeutung (Bestätigung der Existenz) verwendet werden. Eine Kopulafunktion übernimmt im Polnischen auch das Demonstrativpronomen *to* (nur im Präsens; *siehe oben*).

Multifunktional ist auch **tschechisches** *být.* Im Präsens gibt es mit *není* eine besondere negierte Form für die 3. Ps. Sg. (‚ist nicht'). In der Vergangenheit entfällt in der 3. Ps. die Kopula.

Das **Russische** und das **Ukrainische** weisen im Präsens stark reduzierte Paradigmen von *быть* bzw. *бу́ти* auf (siehe Kapitel *VI Morphologie,* Abschnitt 11). Die **russische** Präsensform der 3. Ps. Pl. *суть* ‚sind' wird nur in der geschriebenen Sprache als Kopula verwendet (häufig in wissenschaftlichen Definitionen, d. h. vor allem in Lehrbüchern oder wissenschaftlichen Texten). **Russ.** *есть* (formal 3. Ps. Sg. ‚ist') übernimmt verschiedene Funktionen (als Kopula, als Ausdruck für eine Bestätigung (als Synonym für ‚ja') oder als Bestätigung der Existenz) und kann sowohl mit einem Singular- als auch einem Plural-Subjekt stehen. Außerdem können Kopulawörter wie *являться* oder *э́то* (eigentlich ein Demonstrativpronomen ‚dieses') entsprechende Auxiliar-Funktionen übernehmen. Einen typografischen Ersatz für eine fehlende Kopula stellt im **Russischen** und **Ukrainischen** der Gedankenstrich dar.

Im **Ukrainischen** ist – neben einfachen Sätzen ohne Kopula (*Він студе́нт*) – die Verwendung der Kopula *є* (negiert *нема́(є)*) im Präsens möglich (auch im Plural), in Possessivkonstruktionen ist sie obligatorisch (*siehe unten*). Eine vergleichbare Funktion kann auch *це* ‚dies' mit der Bedeutung ‚ist', ‚sind' übernehmen (*Хто це?* ‚Wer (ist) das?' – *Це Васи́ль?* ‚(Ist) Das Vasyl'?').

Für die Wiedergabe des Vollverbs ‚sein' greift das **Russische** auf andere Verben mit der Bedeutung ‚existieren' zurück (z. B. russ. *существова́ть*). Lexikalische Lücken können im Russischen außerdem durch *явля́ться / яви́ться* ‚erscheinen' oder andere Umschreibungen gefüllt werden. Das **Ukrainische** kann auch hier *є* verwenden. Seltener als im **Russischen** fndet sich in vergleichbaren Kontexten *існува́ти* ‚existieren'.

Nachfolgend einige Beispiele für Kopulaverwendungen (siehe hierzu auch oben Abschnitt 3) einer- und den Ausdruck des ‚Seins' andererseits.

Deutsch	BKS	Polnisch	Tschechisch	Russisch	Ukrainisch
Anna ist Studentin.	bs., kr. Ana je studentica. Anna ist Studentin sr. Ana je studentkinja. Anna ist Studentin	Anna jest studentką. Anna ist Studentin (I) Anna to studentka. Anna dies-ist Studentin	Anna je studentka. Anna ist Studentin	А́нна – студе́нтка. Anna – Studentin	Га́нна студе́нтка. Anna Studentin Га́нна є студе́нткою. Anna ist Studentin (I)
Bist du Student? / Studierst du? Ich bin Student. Ja, bin ich.	Jesi li student? Ja sam student. Jesam. ich-bin	(Czy) jesteś studentem? Jestem studentem. Tak, jestem. ja, ich-bin	Jsi student? Jsem student. Ano, jsem. ja, ich-bin	Ты студе́нт? Я студе́нт. Да. ja	Ти студе́нт? Я студе́нт. Так. ja
Wer ist das? Ist das Jan?	(T)ko je to? wer ist das Je li to Ivan? ist Ptkl. das Ivan	Kto to jest? wer das ist Czy to (jest) Jan? Ptkl. das (ist) Jan	Kdo je to? wer ist das Je to Jan? ist das Jan	Кто э́то? wer das-ist Э́то Ива́н? das-ist Ivan	Хто це? wer das-ist Це Ян? das-ist Jan
Wir sind zuhause.	Mi smo u kući. wir wir-sind im Haus	Jesteśmy w domu. wir-sind im Haus	Jsme doma. wir-sind zuhause	Мы до́ма. wir zuhause	Ми вдо́ма. wir zuhause

Deutsch	BKS	Polnisch	Tschechisch	Russisch	Ukrainisch
Ich denke, also bin ich.	Mislim, dakle jesam. ich-denke, also ich-bin Mislim, dakle postojim. ich-denke, also ich-existiere	Myślę, więc jestem. ich-denke, also ich-bin	Myslím, tedy jsem. ich-denke, also ich-bin	Я мы́слю, зна́чит, я существу́ю. ich ich-denke, das-heißt, ich ich-existiere Я мы́слю, сле́довательно, существу́ю. ich ich-denke, also ich-existiere	Я ми́слю, о́тже я існу́ю. ich ich-denke, also ich ich-existiere
Ich bin ich.	Ja sam ja. ich bin ich	Ja to ja. ich dies-ist ich	Já jsem já. ich bin ich	Я – э́то я. ich – das-ist ich	Я – це я. ich – das-ist ich
Es ist Geld da!	Tu je novac. da ist Geld.	Są pieniądze! sind Geld (Pl.)	Peníze jsou tady. Geld (Pl.) sind hier	Де́ньги есть! Geld (Pl.) ist.	Гро́ші є! Geld (Pl.) sind.

haben

BKS, **Polnisch**, **Tschechisch** und **Ukrainisch** weisen Vollverben als Entsprechung für dt. ‚haben' auf. Im **Ukrainischen** sind daneben dem **Russischen** (das kein vergleichbares ‚haben'-Verb aufweist) ähnliche Präpositionalkonstruktionen möglich.

Im **Russischen** entspricht dt. *haben* in der Regel die Präposition *y* ‚bei' + Genitiv, wörtlich ‚bei X Y' (*у меня́ дом* ‚bei mir Haus = ich habe ein Haus'), im Präsens gegebenenfalls verstärkt durch *есть* ‚ist'. Im Präteritum lautet die Konstruktion *у X был(á, о, и) Y*, im Futur *у X будет Y*. Das russische Verb *имéть* bezeichnet zwar auch ein ‚Haben', ist aber nur eingeschränkt verwendbar (häufig in phraseologischen Verbindungen); siehe hierzu S. 152.

Im **Ukrainischen** entspricht dem dt. *haben* neben dem Verb *мáти* ‚haben' in der Regel die Präposition *y* ‚bei' + Genitiv + Kopula *є*, wörtlich also ‚bei X ist Y' (*у менé є син* ‚bei mir ist Sohn = ich habe einen Sohn').

Deutsch	BKS	Polnisch	Tschechisch	Russisch	Ukrainisch
Ich habe einen Sohn.	Imam sina. ich-habe Sohn Ja imam sina. ich ich-habe Sohn	Mam syna. ich-habe Sohn	Mám syna. ich-habe Sohn	У меня́ оди́н сын. bei mir ein Sohn У меня́ есть сын. bei mir ist Sohn	У мене́ є син. bei mir ist Sohn Я ма́ю си́на. ich ich-habe Sohn

Deutsch	BKS	Polnisch	Tschechisch	Russisch	Ukrainisch
Ich habe ein Haus.	Imam kuću. ich-habe Haus	Mam dom. ich-habe Haus	Mám dům. ich-habe Haus	У меня́ дом. bei mir Haus	В мене́ є дім. bei mir ist Haus. Я ма́ю дім. ich ich-habe Haus.
Ich hatte ein Haus.	Imao / Imala sam kuću. gehabt (m/f) ich-bin Haus	Miałem/ -am dom. ich-hatte (m/f) Haus	Měl jsem dům. gehabt (m) ich-bin Haus	У меня́ был дом. bei mir war Haus	Я мав дім. ich hatte (m) Haus В мене́ був дім. bei mir war Haus
Sie hat eine tolle Idee.	(Ona) ima divnu ideju. (sie) hat tolle Idee	(Ona) ma świetny pomysł. (sie) hat tolle Idee	Má výborný nápad. hat tolle Idee	У неё кла́ссная иде́я. bei ihr tolle Idee	Вона́ має кла́сну іде́ю. sie hat tolle Idee
Das Zimmer hat ein Fenster.	Soba ima jedan prozor. Zimmer hat ein Fenster	Pokój ma jedno okno. Zimmer hat ein Fenster	Pokoj má jedno okno. Zimmer hat ein Fenster	Ко́мната име́ет одно́ окно́. Zimmer hat ein Fenster	Кімна́та ма́є одне́ вікне́. Zimmer hat ein Fenster
Wir haben Geld.	Mi imamo novac. wir wir-haben Geld	Mamy pieniądze. wir-haben Geld	Máme peníze. wir-haben Geld	Мы име́ем де́ньги. wir wir-haben Geld	Ми ма́ємо гро́ші. wir wir-haben Geld

es gibt

Im **Russischen** und **Ukrainischen** gibt es keine direkte Entsprechung zu dt. *es gibt*; vgl. **russ.** *В Москве́ мно́го музе́ев* ‚In Moskau viel Museen'. Bei Betonung des Sachverhalts sind Konstruktionen mit *есть* ‚ist' möglich: *Де́ньги есть!* ‚Geld ist!'). Im **BKS** ist *ima* ‚es-hat' typisch, im **Polnischen**, **Tschechischen** (und **Ukrainischen**) werden häufig die Kopulaformen von ‚sein' verwendet.[26]

Deutsch	BKS	Polnisch	Tschechisch	Russisch	Ukrainisch
In Bochum gibt es viele Museen.	U Bochumu ima mnogo muzeja. in Bochum hat viel Museen (G)	W Bochum jest dużo muzeów. in Bochum ist viel Museen (G)	V Bochumi je mnoho muzeí. in Bochum ist viel Museen	В Бо́хуме мно́го музе́ев. in Bochum viel Museen (G)	В Бо́хумі (є) бага́то музе́їв. in Bochum (ist) viel Museen (G)

[26] Beispiele aus Berger (1998, 82).

Deutsch	BKS	Polnisch	Tschechisch	Russisch	Ukrainisch
Was gibt es Neues?	Šta ima novo? was hat neu (n.)	Co nowego? was Neues (G)	Co je nového? was ist Neues (G)	Что нóвого? was Neues (G)	Що новóго? was Neues (G)
Was gab es Neues?	Šta je bilo novo? was ist gewesen (n.) neu (n.)	Co było nowego?? was es-war (n.) Neues (G)	Co se stalo? was sich es-passierte (n.)	Что было нóвого? was es-war (n.) Neues (G)	Що булó новóго? was es-war (n.) Neues (G)

9 *müssen / sollen, können, dürfen*

müssen / sollen

Die Ausdrucksmittel für dt. (polyseme) ‚müssen‘ bzw. ‚sollen‘ sind vielfältig und einzelsprachspezifisch. Hier eine kleine Auswahl:

Deutsch	BKS	Polnisch	Tschechisch	Russisch	Ukrainisch
man muss	mora se	trzeba	musí se třeba	нáдо нýжно необходи́мо	трéба потрíбно необхíдно
man musste gehen	Moralo se ići. gesollt (n.) sich gehen	Trzeba było iść. man-muss war (n.) gehen	Muselo se jít. gemusst (n.) sich gehen	Нáдо было уйти́. man-muss war (n.) weggehen Необходи́мо было уйти́. notwendig war (n.) weggehen	Трéба булó іти́. man-muss war (n.) gehen Необхíдно булó йти. notwendig war (n.) gehen
Ich muss (weg)gehen	Ja moram ići. ich ich-muss gehen	Muszę iść. ich-muss gehen	Musím jít pryč. ich-muss gehen weg	Мне нáдо уйти́. mir man-muss weggehen	Менí трéба йти. mir es-muss gehen Я мáю/мýшу йти (іти́). ich ich-habe/muss gehen
Ich musste (weg)gehen	Ja sam morao otići. ich ich-bin gemusst (m.) weggehen	Musiałem iść. ich-musste (m.) gehen	Musel(a) jsem odejít. gemusst (m/f) ich-bin weggehen	Я дóлжен был уйти́. ich muss (m. Sg.) war (m. Sg.) weggehen	Я мав/мýсив був іти́. ich hatte/ musste (m. Sg.) war (m. Sg.) gehen

Deutsch	BKS	Polnisch	Tschechisch	Russisch	Ukrainisch
Ich muss lernen, aber ich habe keine Lust.	Moram učiti, ali nisam raspoložen. ich-muss lernen, …	Powinienem się uczyć, ale nie mam ochoty. ich-soll (m) sich lernen, ...	Musím se učit, ale nemám chuť. ich-muss sich lernen, ...	Мне на́до учи́ться, но у меня́ нет жела́ния. mir man-muss lernen (refl.), …	Я му́шу вчи́тися, але́ не ма́ю бажа́ння. ich muss lernen (refl.), …
Sie soll um acht Uhr nach Hause kommen.	Ona treba doći kući oko osam sati (sr. oko osam časova). sie muss kommen nach-Hause gegen acht Uhr	Ona ma przyjść o ósmej. sie hat kommen um acht [27]	Má být v osm doma. hat sein um acht zuhause	Она́ должна́ верну́ться в во́семь. sie soll (f) zurückkommen um acht[28]	Вона́ ма́є поверну́тися о во́сьмій. sie hat zurückkommen um acht[29]
Das Haus soll geputzt werden.	Kuću treba pospremiti (čistiti). Haus man-muss putzen	Dom trzeba posprzątać. Haus man-muss putzen	Dům se má uklidit. Haus sich hat putzen	Дом на́до убра́ть. Haus man-muss putzen	Ха́ту тре́ба прибра́ти. Haus man-muss putzen

Neben Modalverben wie **bks.** *morati, trebati,* **poln.** *musieć,* **tsch.** *muset / musit* und **ukr.** *му́сити* (neben *ма́ти* ‚haben') kommen hier auch reflexive unpersönliche Konstruktionen wie **bks.** *mora se,* **tsch.** *musí se* sowie Prädikative wie **poln.** *trzeba,* **tsch.** *třeba,* **russ.** *на́до, ну́жно* oder **ukr.** *тре́ба* zum Einsatz.

Das **Polnische** verwendet für ‚sollen' außerdem das prädikatsbildende Adjektiv *powinien,* das genau wie ein Verb maskuline, feminine und neutrale Personalendungen im Singular und im Plural maskulin-personale und nicht-maskulinpersonale (Personal- und Sachformen) aufweist:

Sg.	1. powinienem m, powinnam f	Pl. 1. powinniśmy mp, powinnyśmy nmp
	2. powinieneś m, powinnaś f	2. powinniście mp, powinnyście nmp
	3. powinien m, powinna f, powinno n	3. powinni mp, powinny nmp

Das **Russische** und das **Ukrainische** kennen ebenfalls ein prädikatives Adjektiv ‚sollen', das Genus- und Numerusformen (aber keine Personalformen) bildet:

Russisch

Sg. *до́лжен* m, *должна́* f, *должно́* n Pl. *должны́*

Ukrainisch

Sg. *пови́нен* m, *пови́нна* f, *пови́нно* n Pl. *пови́нні*

[27] **Poln.** *Ona powinna przyjść o ósmej* hätte hier dagegen die Bedeutung ‚sie soll wohl um acht kommen' (‚ich habe gehört, dass …').

[28] Das **russ.** Beispiel kann beide Lesarten (siehe Fn. 27) transportieren.

[29] Das **ukr.** Beispiel kann beide Lesarten (siehe Fn. 27) transportieren.

können

Für ‚können' in der Bedeutung ‚objektive Möglichkeit', ‚Fähigkeit' sind verschiedene Ausdrücke möglich. **BKS**, **Polnisch**, **Tschechisch**, **Russisch** und **Ukrainisch** kennen neben *moći / móc / moct, moci / мочь / могти́*, die (neben anderen Bedeutungen wie ‚dürfen') eher ein physisches Können ausdrücken, noch *umjeti / umieć / umět / уметь / вмі́ти (умі́ти)*, die ein Können im Sinne von ‚sich auf etwas verstehen' meinen.

Für unpersönliches ‚man kann' werden reflexive Konstruktionen oder Prädikative verwendet. In einigen Fällen – zum Beispiel für dt. ‚eine Sprache können' – werden andere lexikalische Mittel als im Deutschen eingesetzt.

Deutsch	BKS	Polnisch	Tschechisch	Russisch	Ukrainisch
man kann	može se	można	může se	мо́жно	мо́жна
man kann nicht	ne može se	nie można	nemůže se	нельзя́	немо́жна
Ich kann nicht schlafen.	Ne mogu spavati (spati). nicht ich-kann schlafen	Nie mogę spać. nicht ich-kann schlafen	Nemůžu / nemohu spát. nicht-ich-kann schlafen	Мне не спи́тся. mir nicht schläft-sich *Persönlich:* Я не могу́ спать. ich nicht kann schlafen	Мені́ не спи́ться. mir nicht schläft-sich *Persönlich*: Я не мо́жу спа́ти. ich nicht kann schlafen
Ich kann schwimmen.	Ja mogu plivati. ich ich-kann ~	Umiem pływać. ich-kann ~	Umím plavat. ich-kann ~	Я уме́ю пла́вать. ich ich-kann ~ Я пла́ваю. ich ich-schwimme	Я вмі́ю пла́вати. ich ich-kann ~ Я пла́ваю. ich ich-schwimme
Ich kann Geige spielen.	Umijem (umem) / Mogu svirati violinu. ich-kann spielen Geige Sviram violinu. ich-spiele Geige	Umiem grać na skrzypcach. ich-kann spielen auf Geige (Pl) Gram na skrzypcach. ich-spiele auf Geige (Pl)	Umím hrát na housle. ich-kann spielen auf Geige Hraji na housle. ich-spiele auf Geige	Я уме́ю игра́ть на скри́пке. ich ich-kann spielen auf Geige Я игра́ю на скри́пке. ich ich-spiele auf Geige	Я вмі́ю гра́ти на скри́пці. ich ich-kann spielen auf Geige Я гра́ю на скри́пці. ich ich-spiele auf Geige

Deutsch	BKS	Polnisch	Tschechisch	Russisch	Ukrainisch
Ich kann Bulgarisch.		Znam bułgarski. ich-kenne Bulgarisch	Umím bulharsky. ich-kann Bulgarisch	Я зна́ю болга́рский язы́к. ich kenne bulgarische Sprache	Я зна́ю болга́рську мо́ву. ich kenne bulgarische Sprache
	Govorim bugarski. ich-spreche Bulgarisch	Mówię po bułgarsku. ich-spreche bulgarisch (adv)	Mluvím bulharsky. ich-spreche bulgarisch	Я говорю́ по-болга́рски. ich spreche bulgarisch (adv)	Я говорю́ болга́рською. ich spreche Bulgarisch

dürfen

Für ‚dürfen' in der Bedeutung ‚erlaubte Möglichkeit' gibt es im **BKS**, **Polnischen** und **Tschechischen** spezielle Ausdrücke (*bks. smjeti / smeti* ‚dürfen', **poln.** Prädikativ *wolno* ‚man darf', **tsch.** *smět* ‚dürfen'), möglich ist allerdings auch der Rückgriff auf ‚(nicht) können' (wie im **Russischen** und **Ukrainischen**).

Deutsch	BKS	Polnisch	Tschechisch	Russisch	Ukrainisch
man darf	smije (sme) se	wolno	smí se	мо́жно	мо́жна
man darf nicht	ne smije (sme) se	nie wolno	nesmí se	нельзя́	немо́жна
Wir dürfen nicht im Wohnzimmer spielen.	Ne smijemo (smemo) se igrati u dnevnoj sobi. nicht wir-dürfen …	Nie wolno nam bawić się w dużym pokoju. nicht man-darf uns ...	Nesmíme si hrát v obývacím pokoji. nicht-wir-dürfen ...	Нам нельзя́ игра́ть в гости́ной. uns nicht-man-kann …	Нам немо́жна гра́ти в за́лі. uns nicht-man-kann …
Darf ich mich setzen?	Mogu li sjesti (sesti)? ich-kann Ptkl. …	Czy można (mogę) usiąść? Ptkl. man-kann (ich-kann) ...	Můžu si sednout? ich-kann ...	Мо́жно сесть? man-kann …	Мо́жна сі́сти? man-kann …

Deutsch	BKS	Polnisch	Tschechisch	Russisch	Ukrainisch
Der Patient darf nur Suppe essen.[30]	Pacijent smije (sme) samo juhu (sr. supu) jesti. Patient darf ...	Pacjent może jeść tylko zupę. Patient kann ... Pacjentowi wolno jeść tylko zupę. Patient (D) man-darf ...	Pacient může jíst jenom polévku. Patient kann ...	Больнóму мóжно есть тóлько суп. Kranker (D) man-kann ...	Хвóрому мóжна ї́сти тільки суп. Kranker (D) man-kann ...

10 Satzverkürzung durch Partizipien

Komplexe Sätze können auf unterschiedliche Arten verkürzt werden – durch Infinitive, Partzipien, Adverbialpartizipien usw. Nachfolgend eine Übersicht über die Satzverkürzung mithilfe von Adverbialpartizipien bzw. Partizipien.

Beispiele:

Deutsch	BKS	Polnisch	Tschechisch	Russisch	Ukrainisch
Adverbial-partizip Prs.					
Betrachtend die schwarzen Wolken, sie dachte an ihn.[31]	Gledajući crne oblake sjetila se njega.	Patrząc na czarne obłoki, myślała o nim.	--- *Partizipialkonstruktion nicht möglich*	Глядя на чёрные облакá, онá дýмала о нём.	Глядячи на чóрні хмáри, вонá дýмала про ньóго.
Anna sitzt am Tisch und liest.	Anna sjedi za stolom i čita.	Anna siedzi przy stole i czyta.	Anna sedí u stolu a čte.	А́нна сидит за столóм и читáет.	Гáнна сидить за столóм і читáє.
Sitzend am Tisch, Anna liest.	Ana čita sjedeći za stolom.[32]	Anna czyta, siedząc przy stole. Anna siedzi przy stole czytając.	--- *Partizipialkonstruktion nicht möglich*	А́нна читáет, сидя за столóм. Анна сидит за столóм, читáя.	Гáнна читáє, сидячи за столóм. Гáнна сидить за столóм, читáючи.

[30] Beispiel nach Tauscher, E./ Kirschbaum, E. (1985), *Grammatik der russischen Sprache*. Berlin, 472.
[31] D. h. *Während sie die schwarzen Wolken betrachtete, dachte sie an ihn.* Beispiel aus Rehder (1998b, 263).
[32] Andere Wortfolge: *Sjedeći za stolom, Ana čita.*

Deutsch	BKS	Polnisch	Tschechisch	Russisch	Ukrainisch
Adverbialpartizip Prät. Gesehenhabend Film, sie (♀♀) gingen in eine Kneipe.[33]	Pogledavši film, otišle su u krčmu.	Obejrzawszy film, poszly do kawiarni.	--- *Partizipialkonstruktion nicht möglich*	Посмотре́в фильм, они́ пошли́ в бар.	Подиви́вшись фільм вони́ пішли́ до корчми́.
Gekommenseiend nach Hause, sie schrieb einen Brief.[34]	Došavši kući, napisala je pismo.	Przyszedłszy do domu, napisała list.	--- *Partizipialkonstruktion nicht möglich*	Придя́ домо́й, она́ написа́ла письмо́.[35]	Прийшо́вши додо́му, вона́ написа́ла листа́.
Geschrieben-habend Brief, sie ging spazieren im Park.[36]	Napisavši pismo, otišla je u park šetati.	Napisawszy list, spacerowała po parku.	--- *Partizipialkonstruktion nicht möglich*	Написа́в письмо́, она́ гуля́ла в па́рке.	Написа́вши листа́, вона́ гуля́ла в па́рку.
Part. Prät. Passiv das von Anna gelesene Buch	--- *Partizipialkonstruktion nicht möglich*	książka przeczytana przez Annę	--- *Partizipialkonstruktion nicht möglich*	кни́га, прочи́танная А́нной	кни́жка, прочи́тана Га́нною

11 Beispiele für zusammengesetzte Sätze

Wir beschränken uns hier auf einige wenige Beispiele für zusammengesetzte Sätze. In Kenntnis der Fragepronomen, der Relativpronomen und der wichtigsten Konjunktionen (siehe die Übersicht zum *Grundwortschatz* in Kapitel *IV Wortschatz*) sollten die syntaktischen Konstruktionen an sich keine großen Schwierigkeiten bereiten.

---

33 D. h. *Nach dem Film gingen sie (♀♀) in eine Kneipe. / Nachdem sie den Film gesehen hatten, ...* Beispiel aus Rehder (1998b, 263).

34 D. h. *Nachdem sie nach Hause gekommen war, schrieb sie einen Brief.* Beispiel nach Panzer (1991, 32).

35 Nach Panzer (1991, 32).

36 D. h. *Nachdem sie den Brief geschrieben hatte, ging sie im Park spazieren.* Beispiel nach Panzer (1991, 32).

Relativsatz

Deutsch	BKS	Polnisch	Tschechisch	Russisch	Ukrainisch
Der Zug, der nach Bochum fährt, kommt erst in zehn Minuten.	kr., bs. Vlak koji vozi do Bochuma, dolazi tek za deset minuta. sr. Voz koji saobraća ...	Pociąg, ktory jedzie do Bochum, przyjedzie dopiero za dziesięć minut.	Vlak, který jede do Bochumi, přijede až za deset minut.	По́езд, кото́рый е́дет в Бо́хум, прихо́дит то́лько че́рез 10 минут. По́езд, е́дущий в Бо́хум, прихо́дит то́лько че́рез 10 минут	По́тяг, яки́й / що ї́де до Бо́хума, прибу́де лише́ за 10 хвили́н.
Das Buch, das du (m.) mir (m.) gegeben hast, habe ich schon gelesen.	Knjigu koju si mi dao, već sam pročitao.	Książkę, którą mi dałeś, już przeczytałem.	Knihu, kterou jsi mi dal, jsem už přečetl.	Ту кни́гу, кото́рую ты мне дал, я уже́ прочёл.	Ту кни́жку, яку́ ти мені́ дав, я вже прочита́в.
Das Mädchen, das ich liebe, heißt Anna.	Djevojka koju volim zove se Ana.	Dziewczyna, którą kocham, ma na imię Anna.	Dívka, kterou miluji, se jmenuje Anna.	Де́вушку, кото́рую я люблю́, зову́т А́нна.	Ді́вчину, яку́ я коха́ю, зва́ти Га́нною.
Das sind die Freunde, mit denen wir im Urlaub waren.	To su prijatelji sa kojima smo bili na odmoru.	To są przyjaciele, z którymi byliśmy na wakacjach.	To jsou přátelé, s kterými jsme byli na dovolené.	Э́то друзья́, с кото́рыми мы бы́ли в о́тпуске.	Це дру́зі, з яки́ми ми були́ у відпу́стці.

Temporalsatz, Objektsatz

Deutsch	BKS	Polnisch	Tschechisch	Russisch	Ukrainisch
Anna ist glücklich, wenn sie im Büro lesen kann.	kr., bs. Ana je sretna, ako može čitati knjigu u uredu. sr. Ana je srećna da može čitati ...	Anna jest szczęśliwa, jeśli może czytać w biurze.	Anna je šťastná, když může číst v kanceláři.	А́нна сча́стлива, когда́ мо́жет чита́ть в кабине́те.	Га́нна щасли́ва, коли́ мо́же чита́ти в бюро́.
Anna sagt, dass sie das Leben liebt (liebe).	Ana kaže da voli život.	Anna mówi, że kocha życie.	Anna říká, že má ráda život. Anna říká, že miluje život.	А́нна говори́т, что она́ лю́бит жизнь.	Га́нна ка́же, що вона́ лю́бить життя́.

Deutsch	BKS	Polnisch	Tschechisch	Russisch	Ukrainisch
Anna glaubt, dass Peter morgen aufräumt.	Ana vjeruje da će Petar sutra (po)spremati.	Anna myśli, że Piotr jutro posprząta.	Anna si myslí, že Petr ráno uklidí.	Áнна дýмает, что Пётр зáвтра уберёт.	Гáнна дýмає, що Петрó зáвтра приберé.

Aufgabe 1: Lesen Sie die kurzen Fabeln über den Fuchs und den Raben nach Äsop und bestimmen Sie Wortarten und Satzglieder.

Gavran i lisica[37]

Gavran je ugrabio komad mesa i odletio na drvo. Primijetila ga je lisica koja se htjela domoći mesa, pa je došla ispod drveta i hvalila gavranovu ljepotu. Rekla mu je da nijedna druga ptica ne zaslužuje kraljevsko dostojanstvo koje bi gavran sigurno dobio samo da ima glas. Gavran, želeći dokazati da zna pjevati, ispusti meso i zakriješti svom snagom. Meso padne na tlo, ugrabi ga lisica i reče mu: „Gavrane, da imaš pameti, vladao bi nad svim životinjama!"

Pouka, poanta: Ne treba uvijek nasjesti na laskanje (vjerovati laskanju, dodovoravanju nekoga).

Treba biti svjestan svojih mogućnosti. Ne treba sebe precjenjivati ili preuveličavati!

Kruk i lis[38]

Dawno, dawno temu, głęboko w lesie żył sobie kruk. Miał piękne czarne pióra i nade wszystko uwielbiał ser. W pobliskim zagajniku mieszkał stary lis, bardzo sprytny i przebiegły. Pewnego dnia kruk siedział na czubku drzewa i trzymał w dziobie wielki kawałek sera. W pewnej chwili koło drzewa pojawił się głodny i wynędzniały lis. W głowie zaświtała mu pewna myśl.

– Witaj, kruku! – zawołał.

Kruk nie odezwał się ani słowem i odwrócił plecami.

– Masz przepiękne pióra, takie połyskliwe i gęste. I jakie cudowne, lśniące oczy! – kontynuował lis.

Kruk nadal milczał.

– Słyszałem, że masz też wspaniały głos... – wyszeptał lis.

Zaciekawiony kruk odwrócił się w jego stronę.

– Tak bardzo chcialbym cię posłuchać. Drogi kruku, czy mógłbyś coś zaśpiewać? – zapytał lis.

Kruk nie dał się długo prosić. Chrząknął, otworzył szeroko dziób, a wtedy ser spadł na ziemię. Lis tylko na to czekał. Szybko porwał zdobycz i umknął do zagajnika.

Jaki z tej historii morał? Pycha i próżność często odbierają nam rozum.

---

37 Vorlage aus: http://hr.wikisource.org/wiki/Ezopove_basne#Gavran_i_lisica (25.2.2009); hier korrigierte Fassung.

38 Nacherzählt von Agata Przyborowska-Stolz.

Krkavec a liška[39]

Když krkavec ukradl maso, usedl na strom. Tu ho zahlédla liška a zachtělo se jí masa. Postavila se pod strom a krkavce chválila, jak je převeliký a krásný. Ještě ho přesvědčovala, že jenom on může být králem ptáků a tím by se stal, kdyby měl hlas. Takže on, aby jí dokázal, že hlas má, odhodil maso a hlasitě zakrákoral. Ale liška přiběhla, maso vzala a řekla: „Milý krkavče, všechno máš, jen rozum nemáš.“

Ворон и лисица[40]

Ворон добыл мяса кусок и сел на дерево. Захотелось лисице мяса, она подошла и говорит:

— Эх, ворон, как посмотрю на тебя, — по твоему росту да красоте только бы тебе царем быть! И, верно, был бы царем, если бы у тебя голос был.

Ворон разинул рот и заорал что было мочи. Мясо упало. Лисица подхватила и говорит:

— Ах, ворон, коли бы еще у тебя и ум был, быть бы тебе царем.

Ворон і лисиця[41]

Ворон, схопивши шматок м'яса, сів на дерево, а Лисиця, побачивши його й задумавши відібрати собі м'ясо, зупинилася й почала йому казати, який він величний та гарний, і що йому личило б над усіма птицями царювати, і що так би воно й було, коли б він мав ще голос.

Тоді він, вирішивши довести їй, що й голос має, кинув м'ясо й закричав на всю горлянку, а вона, схопивши м'ясо й втікаючи, сказала: «О, Вороне, все ти маєш – лише розуму тобі бракує!»

Нерозумного чоловіка словом можна вмовити.

---

39 Vorlage aus: http://cs.wikisource.org/wiki/Krkavec_a_liška (25.2.2009); hier dem gegenwärtigen Sprachgebrauch angepasste Fassung.

40 aus: http://ru.wikisource.org/wiki/Ворон_и_лисица(Эзоп/Лев_Толстой) (25.2.2009)

41 aus: http://ae-lib.org.ua/texts/aesop_fables_ua.htm#01 (25.2.2009)

VIII Wortbildung

Das Erschließen von Wortbedeutungen und Textinhalten wird erleichtert durch das Erkennen frequenter Morpheme wie Wurzelmorphemen (auch mit ihren morphonologischen Alternationen; siehe Kapitel *V Lautentsprechungen*), Präfixen und Suffixen – die bei Klein/Stegmann liebevoll „Fixe" genannt werden, linguistisch aber unter den Oberbegriff *Affixe* fallen. In den slavischen Sprachen kann sowohl die Formen- als auch die Wortbildung mithilfe von Präfixen (Präfigierung) und / oder Suffixen (Suffigierung) erfolgen.

Die Wortbildungsverfahren in den Slavinen sind prinzipiell vergleichbar. Zum Einsatz kommt vor allem Affigierung (Prä- und / oder Suffigierung), ferner Komposition, Wechsel der Wortart (Transposition, z. B. *krank → der Kranke*) und Abkürzung (Abbreviatur). Mithilfe dieser Verfahren können neue Wörter, d. h. neue Substantive, Verben, Adjektive und Adverbien (Ein-Wort- oder Mehr-Wort-Lexeme) gebildet werden.

Doch während die eine Slavine ein neues Wort durch Prä- und/oder Suffigierung bildet, setzt eine andere für das entsprechende Äquivalent vielleicht auf das Verfahren der Komposition (z. B. Substantiv plus Adjektiv, Genitivattribut oder Präpositionalphrase). Individuell verschieden verhalten sich die Slavinen auch in Bezug auf Entlehnungen, durch die sich ebenfalls der Lexembestand erweitern lässt, so dass sich hier letztendlich keine verlässlichen „panslavischen Formeln" ableiten lassen.

Wir beschränken uns in diesem Kapitel im Wesentlichen auf einige Beispiele aus dem (personalen) Nominalbereich.

1 Wortbildungsverfahren

Nachfolgend einige Beispiele für Affigierung und Komposition.

Die Bindestriche illustrieren nur die hier hervorgehobenen Wortbildungselemente *Präfix* bzw. *Suffix*; sie entsprechen weder der Orthografie noch der üblichen vollständigen morphologischen Segmentierung.

Affigierung

	BKS	Polnisch	Tschechisch	Russisch	Ukrainisch
Suffigierung					
Lehrer	uči-telj	nauczy-ciel	uči-tel	учи́-тель	вчи́-тель (учи́-тель)
Arbeiter	rad-nik	robot-nik	děl-ník	рабо́т-ник	робіт-ни́к

	BKS	Polnisch	Tschechisch	Russisch	Ukrainisch
Präfigierung					
Uroma	pra-baba	pra-babcia	pra-babička	пра-ба́бушка	пра-бабу́ся
wegfahren, ausführen	iz-voziti	wy-wozić	vy-vážet	вы-вози́ть	ви-во́зити
Präfix-Suffix					
Ohnmacht, Hilflosigkeit	iz-ne-mog-lost	bez-sil-ność	bez-moc-nost	бес-по́мощ-ность	без-по-ра́д-ність

Komposition

Deutsch	BKS	Polnisch	Tschechisch	Russisch	Ukrainisch
Halbfinale	polufinale	półfinal	semifinále	полуфина́л	напівфіна́л
Wasserfall	vodopad	wodospad	vodopád	водопа́д	водоспа́д
Studentenwohnheim	studentski dom	dom studencki	studentská kolej studentský domov	студе́нческое общежи́тие	студе́нтський гурто́житок
Bücherregal	polica za knjige	regał na książki	police na knihy[1]	по́лка для книг	поли́ця для книжо́к

Suffigierung

Die wichtigsten (Prä- und) Suffixe sind zwar weder in ihren Formen noch in ihren Funktionen identisch, zeigen aber doch gewisse Ähnlichkeiten. Vgl. zunächst die abstrahierte Gegenüberstellung zu nicht-personenbezogenen substantivierenden Affixen. Die hier exemplarisch aufgeführten sowie alle übrigen Suffixe sind in der Regel nicht monosem, zum Teil sogar homonym und nicht ohne Weiteres von einer slavischen Sprache auf eine andere übertragbar.

Suffixe im Nominalbereich

Die slavischen Sprachen verfügen über die Möglichkeit, mithilfe von Suffixen neue Ausdrücke zur Bezeichnung von Abstrakta, Gegenständen, Orten, Eigenschaften, Kollektiva u. a. m. zu bilden. Die scheinbare Ähnlichkeit sollte aber nicht darüber hinwegtäuschen, dass die Suffixe oft einzelsprachlich verschieden sind in Inhalt, Ausdruck und Produktivität.

Die nachfolgenden Beispiele sind – auch bei gleichen deutschen Übersetzungen – nicht immer „echte Äquivalente“. Einzelsprachliche Besonderheiten oder Suffixe, die nicht in allen fünf Slavinen vorkommen wie **bks.** *-lište* oder **tsch.** *-iště* zur Bezeichnung von Ortsangaben (z. B. **bks.** *igralište* ‚Spielplatz‘, **tsch.** *letiště* ‚Flughafen‘) werden nicht aufgeführt.

---

[1] **Tsch.** auch *knižní regál.*

Wir verwenden im Folgenden eine vereinfachte Notierung der Suffixe, indem wir auf die übliche Abgrenzung von Wortbildungssuffixen und Endungen / Flexionsmorphemen verzichten. Wir schreiben zum Beispiel *-ica* anstelle von präziserem *-ic(a)*, *-telka* anstelle von *-tel-k(a)*.

BKS	Polnisch	Tschechisch	Russisch	Ukrainisch
-acija komunikacija	-acja komunikacja	-(a)ce kommunikace	-ация коммуникáция	-ація комунікáція
-anje izdanje Ausgabe; Verlag	-anie wydanie Ausgabe	-ní vydání Ausgabe	-ание издáние Ausgabe	-ння видання́ Ausgabe
-jenje pokoljenje Generation	-enie pokolenie	-ení pokolení	-éние поколéние	-ння поколíння
-stvo bogatstvo Reichtum ribarstvo Fischerei	-stwo / -ctwo bogactwo rybołówstwo wydawnictwo Verlag	-ství / -ctví[2] bohatství rybářství nakladatelství -stvo / -ctvo mužstvo Mannschaft	-ство богáтство рыболóвство издáтельство	-ство / -цтво багáтство рибáльство видавни́цтво
-ost starost Alter	-ość starość Alter	-ost starost Sorge	-ость стáрость Alter	-ість стáрість Alter
-izam budizam	-izm, -yzm buddyzm	-izmus buddhizmus	-изм буддизм	-ізм, -изм будди́зм
-nost odgovornost Verantwortung	-(n)ość odpowiedzialność	-(n)ost odpovědnost	-(н)ость отвéтственность	-(н)ість відповідáльність
-ka igračka Spielzeug	-ka zabawka	-ka hračka oder Pl. hračky	-ка игрýшка	-ка íграшка
 [mladost] Jugend	-eż młodzież	-ež mládež	-ёжь молодёжь	- мóлодь
-orija laboratorija	-orium laboratorium	-oř laboratoř	-ория лаборатóрия	-орія лаборатóрія

2 Die **tsch.** Suffixe *-ctvo* und *-stvo* bilden Bezeichnungen für (belebte) Kollektiva, Gemeinschaften und Mengen, gelten inzwischen aber als unproduktiv. Heute wird zum Beispiel eher *lidství* ‚Menschheit' anstelle von *lidstvo* verwendet.

BKS	Polnisch	Tschechisch	Russisch	Ukrainisch
-ana kr. kavana sr. kafana Café	-arnia kawiarnia	-árna kavárna	-ня (ugs.) кофейня[4]	-арня, -ярня кав'ярня
[3]	drukarnia Druckerei	tiskárna	[5]	друкáрня

Das Vorhandensein ähnlicher Suffixe hat nicht zwangsläufig gleiche Wortbildungen zur Folge. Wo die eine Slavine beispielsweise *-stvo* (**russ.** *čelovéčestvo* ‚Menschheit' neben *čelovéčnost'* ‚Menschlichkeit') verwendet, bildet die andere Slavine das entsprechende Wort mit *-ość* (**poln.** *ludzkość* ‚Menschheit'); vgl.

BKS	Polnisch	Tschechisch	Russisch	Ukrainisch
-ica besanica Schlaflosigkeit	-ość bezsenność	-ost nespavost	-ница бессóнница	-я безсóння
[nepravda] Ungerechtigkeit	-ość niesprawiedliwość	-nost nespravedlnost	-вость несправедли́-вость	-вість несправедли́-вість
-ost unutrašnjost das Innere	-e wnętrze	-ek vnitřek	-ность вну́тренность	-ність вну́трішність

Personenbezeichnungen / Movierungssuffixe

Im Bereich der Bildung von Berufs-, Funktions- oder Nationalitätenbezeichnungen finden sich Parallelen zwischen den Slavinen, aber eben auch Unterschiede in Bezug auf den Bestand und die Produktivität der hier zum Einsatz kommenden Suffixe. Weitere Besonderheiten sind zu beachten im Bereich der Movierung, d. h. bei der Derivation femininer Personenbezeichnungen (Berufs- und Funktions-, ferner Nationalitätenbezeichnungen) aus maskulinen. Häufig entstehen hier Feminina auf *-ka* oder *-nica*, die leicht zu erkennen sind. Allerdings sind diese Suffixe homonym, d. h., sie können in anderen Kontexten auch Gegenstände, Erscheinungen u. a. bezeichnen. Zudem gibt es unter Umständen zu einem maskulinen Suffix mehr als ein feminines Movierungssuffix; vgl. z. B. **tsch.** *-ec*: *Ukrajinec – Ukrajinka, poslanec* ‚Bote' – *poslankyně, krasavec* ‚männliche Schönheit' – *krasavice.*

Nicht alle möglichen Movierungssuffixe sind heute noch produktiv. Unproduktiv ist beispielsweise **russ.** *-ец* (*продавéц* ‚Verkäufer') – *-ица* (*продавщи́ца*).

Im **Russischen** und **Ukrainischen**, eingeschränkt auch im **Polnischen**, können bei Berufs- oder Funktionsbezeichnungen nicht in jedem Fall Movierungen

3 ‚Druckerei' ist **bks.** *štamparija* oder *tiskara.*

4 **Russ.** auch *кафé.*

5 ‚Druckerei' ist **russ.** *типогрáфия.*

gebildet werden. Je prestigeträchtiger der Beruf / die Funktion, desto unmöglicher wird häufig die Movierung (siehe auch Kapitel *VI Morphologie*, S. 130).

Im **Bosnischen, Kroatischen** und **Serbischen** werden zum Teil unterschiedliche Suffixe verwendet (vgl. **kr.** *čitatelj* vs. **sr.** *čitalac* ‚Leser').

Die nachfolgende Tabelle zeigt eine *Auswahl* der wichtigsten, in der Standardsprache gebräuchlichen (Movierungs-)Suffixe (die in den einzelnen Slavinen wiederum Varianten aufweisen können). Nicht berücksichtigt sind einzelsprachliche Besonderheiten oder umgangssprachliche, stilistisch markierte Suffixe / Movierungen wie **russ.** *до́кторша* zu *до́ктор*.

	BKS	**Polnisch**	**Tschechisch**	**Russisch**	**Ukrainisch**
m f	-telj učitelj -teljica učiteljica	-(i)ciel, -(y)ciel nauczyciel -(i)cielka, -(y)cielka nauczycielka	-tel učitel -telka učitelka	-тель учи́тель -тельница учи́тельница	-тель учи́тель -телька учи́телька
m f	-ant praktikant -antkinja praktikantkinja	-ant praktykant -antka praktykantka	-ant praktikant -antka praktikantka	-ант практика́нт -антка практика́нтка	-ант практика́нт -антка практика́нтка
m f	-ač prodavač[6] Verkäufer -ačica prodavačica	-acz badacz Forscher -aczka badaczka	-ač prodavač Verkäufer -ačka prodavačka	-ач труба́ч Trompeter ---	-ач чита́ч Leser -ачка чита́чка
m f	-nik pomoćnik -nica pomoćnica	-nik pomocnik -nica pomocnica	-ník pomocník -nice pomocnice	-ник помо́щник -ница помо́щница	-ник помічни́к -ниця помічни́ця
m f	-ist(a) turist(a) -istkinja turistkinja	-ista, -ysta turysta -istka, -ystka turystka	-ista turista -istka turistka	-ист тури́ст -истка тури́стка	-іст, -ист тури́ст -истка тури́стка
m f	-ent korespondent[7] --- / sr. -entkinja sr. korespondent-kinja	-ent korespondent -entka korespondentka	-ent korespondent -entka korespondentka	-ент корреспонде́нт -ентка корреспонде́нтка[8]	-ент кореспонде́нт -ентка кореспонде́нтка

6 **Bks.** auch *prodavac.*

7 Für diese Bedeutung sind die Lexeme *pisar, pisarica* angemessener. Vgl. daneben *student* – **bs.** und **kr.** *studentica,* **sr.** *studentkinja.*

8 Die **russ.** fem. Form ist gramota.ru zufolge zwar nicht markiert, möglich ist aber auch die Verwendung der mask. Form *корреспонде́нт* mit Referenz auf eine Frau.

	BKS	Polnisch	Tschechisch	Russisch	Ukrainisch
m f	---[9]	-czyk[10] Duńczyk Däne -ka Dunka	-čík poručík Leutnant ---[11]	-чик лётчик -чица лётчица[12]	-чик льóтчик -чиця льóтчиця
m f	-ar sr. ljekar, lekar -arka sr. ljekarka[13]	-arz lekarz -arka lekarka	-ař lékař -ařka lékařka	-арь библиотéкарь -арша[14] библиотéкарша	-ар лíкар -арка лíкарка
m f	-tor doktor -torica / -torka kr. doktorica sr. doktorka	-tor doktor -torka [doktorka ugs.][15]	-tor doktor -torka doktorka	-тор дóктор ---	-тор доктор ---[16]
m f	-nik poslanik Bote -nica poslanica	-iec posłaniec -anka posłanka	-ec poslanec -kyně poslankyně	-ец послáнец -ница послáнница	-ець посланець ---[17]
m f	-ičar matematičar -ičarka matematičarka	-yk matematyk -yczka matematyczka	-ik matematik -ička matematička	-ик матемáтик ---	-ик матемáтик ---
m f	-log filolog --- / sr. -inja filologinja	-log filolog -lożka [filolożka[18]]	-log filolog -ožka filoložka	-лог филóлог ---[19]	-лог філóлог ---

9 Keine Entsprechung.

10 **Poln.** ‚Leutnant' ist *porucznik*, ‚Pilot' ist *lotnik*, ‚Pilotin' *lotniczka*.

11 Im **Tschechischen** kann zwar auch fem. *poručíčka* gebildet werden, allerdings ist diese Form umgangssprachlich.

12 **Russ.** *лётчица* ist hinsichtlich seiner stilistischen Neutralität umstritten. Als weibliche Berufsbezeichnung ‚Pilotin' ist auch *лётчик* möglich.

13 *Ljekarka* ‚Ärztin' wird im **Serbischen** verwendet. ‚Ärztin' im **Kroatischen** und **Bosnischen** ist *doktorica*.

14 **Russ.** *библиотéкарша* ‚Bibliothekarin' ist gebräuchlich. Allerdings sind Movierungen auf *-ша* häufig umgangssprachlich.

15 Ein besseres Beispiel für **Polnisch** wäre *lektor – lektorka*.

16 Eine Movierung *актóрка* existiert zu *актóр* ‚Schauspieler'.

17 Movierungen sind hierzu im **Ukrainischen** selten (*послáнниця* ist eine Movierung zu *послáнник*). Ein passenderes Beispiel mit Movierung wäre *вихованéць* ‚Schützling, Zögling' und dazu fem. *виховáнка*.

18 Die feminine Form wirkt im **Polnischen** eher künstlich bzw. wird als stilistisch markiert empfunden.

19 Formal möglich ist im **Russischen** eine Movierung mit *-гиня*. Allerdings ist die feminine Form *филологи́ня* stilistisch markiert. Neutral ist die Verwendung der maskulinen Form bei Referenz auf eine Frau.

	BKS	Polnisch	Tschechisch	Russisch	Ukrainisch
m f	-at kandidat -atkinja kandidatkinja	-at kandydat -atka kandydatka	-at / -át kandidát -atka / -átka kandidátka	-ат кандидáт -атка кандидáтка	-ат кандидáт -атка кандидáтка
m f	--- kralj -ica kraljica	--- król -ówa królowa	--- král -ovna královna	--- корóль -ева королéва	--- корóль -ева королéва
m f	--- Turčin -inja Turkinja	--- Turek -ynka Turczynka	--- Turek -kyně Turkyně	--- тýрок -анка турчáнка	--- тýрок -еня туркéня
m f	-en kr. Slaven sr. Sloven -enka kr. Slavenka sr. Slovenka	-anin Słowianin -anka Słowianka	-an Slovan -anka Slovanka	-янин славянúн -янка славя́нка	-янин слов'я́нин -янка слов'я́нка
m f	-ac Ukrajinac -ka Ukrajinka	-(i)ec Ukrainiec -ka Ukrainka	-ec Ukrajinec -ka Ukrajinka	-ец украúнец -ка украúнка	-ець украї́нець -ка украї́нка
m f	-ak Slovak -akinja Slovakinja	-ak Słowak -aczka Słowaczka	-ák Slovák -enka Slovenka	-ак словáк -ачка словáчка	-ак словáк -ачка словáчка

Diminutive

Die Slavinen kennen zahlreiche und vielfältige Diminutivsuffixe (und Augmentativsuffixe), die im Text eigentlich problemlos erkannt werden sollten, sofern sie Substantive modifizieren[20]. Typisch sind hier

- **bks.** *-ić, -čić, -ak, -ica, -čica, -ka, -ce, -če*
- **poln.** *-ek, -eczek, -ka, -eczka, -ko, -eczko, -enka, -uś, -usia, -usio, -uń, -unia, -unio*
- **tsch.** *-ek, -ák, -ík, -eček, -iček, -áček, -ečka, -ička, -ečko, -énka, -ínka, -ének*
- **russ.** *-ик, -чик, -ок, -ёк, -ец, -ка, -очка, -онька, -ушка, -це, -цо, -ице, -ецо, -ышко*
- **ukr.** *-ок, -ек, -ець, -к(о), -очок, -чик, -оньк(о), -ун, -усь, -к, -иц, -очк, -ичк, -ун, -ус, -ц, -а, -ч, -ен, -еньк, -ачк, -ечк.*

[20] Möglich sind aber auch (umgangssprachliche) Diminutive von anderen Wortarten wie Verben, Adjektiven, Adverbien. Beispiele sind **tsch.** *papinkat* und **ukr.** *jíston*'ky ‚essen', **ukr.** *spáton*'ky ‚schlafen', **tsch.** *maličký* ‚klein', **tsch.** *maloučko* ‚wenig'.

Nachfolgend Diminutive zu ‚Haus‘, ‚Stern‘, ‚Mama‘.

BKS	Polnisch	Tschechisch	Russisch	Ukrainisch
kuća – kućica	dom – domek	dům – domek	дом – до́мик	дом – до́мик
zvezda – zvezdica	gwiazda – gwiazdka	hvězda – hvězdička	звезда́ – звёздочка	зірка – зіронька
mama – mamica	mama – mamusia	máma – maminka	ма́ма – ма́мочка	ма́ма – ма́тінка

Zu frequenten Wörtern wie ‚Mama‘ sind auch mehrere Verkleinerungsformen bildbar; zudem sind spontane, *ad hoc*-Bildungen möglich. Vgl. **russ.** *ма́ма – ма́мочка – ма́менька – маму́ля – маму́ся – ма́тушка – ма́мушка – маму́ня – ма́мчик – мама́ша – маму́лечка* oder **ukr.** *ма́ма – ма́тінка – маму́ся – маму́ня – ма́мочка – маму́сінька – маму́лечка – ма́мця – мату́ся – ма́мичка.*

Präfigierung

Mithilfe von Präfixen[21] (auch in Kombination mit Suffixen) können insbesondere neue Verben, aber auch Aspektpartner und Aktionsarten gebildet werden (vgl. hierzu Kapitel *VI Morphologie*). Wir stellen die wichtigsten Präfixe vor, verzichten wegen ihrer Polysemie / Homonymie aber auf deutsche Übersetzungen. Ausgangspunkt für die nachfolgende Tabelle war die aus Kempgen 1999[22] übernommene Übersicht über die russischen Präfixe; wir bieten die ergänzte Tabelle in zwei „Sortierungen“: einmal nach **BKS** und **Latinica**, einmal nach **Russisch** und **Kyrillica**.

Zu (einzelsprachlich-slavischen und internationalen) Wortbildungspräfixen vom Typ *hyper-/über-* vgl. auch Kapitel *IV Wortschatz*.

[21] Nicht unproblematisch (und entsprechend uneinheitlich) ist im Übrigen die Klassifizierung von Präfixen. Bei einer rein formalen Vorgehensweise (man „nimmt“ alles, was vor der Wurzel steht), werden semantische Unterschiede, wie sie z. B. zwischen **poln.** *bez-kar-ność* ‚Straffreiheit’ oder *napisać* einerseits und *pół-final* ‚Halbfinale’ oder *wod-o-spad* ‚Wasserfall’ andererseits bestehen, nicht erfasst. Trennt man dagegen zwischen „echten“ Präfixen wie *na-*, *do-*, *o-* und „nicht-echten“ wie *pół-*, entsteht für Letztere ein Einordnungsproblem: Handelt es sich hier tatsächlich um Präfixe oder eher um gebundene lexikalische Morpheme? Und aus der Sicht der Wortbildung stellt sich die Frage: Handelt es sich um eine Derivation oder ein Kompositum? Häufig wird auch zwischen „einheimischen“ und „entlehnten“ (oft internationalen) Präfixen (*anti-/ anty-, hyper-/ giper-, mega-*) differenziert, die wiederum abzugrenzen sind von lexikalisch noch „vollwertigeren“ wie *avia-, bio-, tele-, zoo-* usw. In einigen russischen Grammatiken laufen solche Einheiten unter der Bezeichnung „Präfixoid“. Die Zahl der „echten“ Präfixe ist begrenzt; die Zahl der internationalen Präfixe dagegen steigt.

[22] Vgl. Kempgen, S. (1999), Morphemik, in: Jachnow, H. (ed.), *Handbuch der sprachwissenschaftlichen Russistik und ihrer Grenzdisziplinen.* Wiesbaden, 99ff.

Latinica-Sortierung

BKS	Polnisch	Tschechisch	Russisch	Ukrainisch
bez- / bes-	bez-	bez-	без- / бес-	без-
do-	do-	do-	до-	до-
			еже-	що-
iz- / is-	[wy-]	[vy-]	из- / ис- [вы-]	[ви-]
među-	między-	mezi-	между-	між-
na-	na-	na-	на-	на-
nad- / nat-	nad-	nad-	над-	над-
naj-	naj-	nej-	наи-	най-
ne-	nie-	ne-	не-	не-
			небез-	
nedo-	niedo-	nedo-	недо-	недо-
ni-	ni-	ni-	ни-	ні-
niz-			низ-	
o-	o-	o-	о-	о-
ob- / op-	ob- / obe-	ob-	об- / обо-	об-
			около-	біля-
od- / ot-	od-	od-	от- / ото-	від-
pre-	prze-	pře-	пере- пре-	пере- пре-
po-	po-	po-	по-	по-
pod- / pot-	pod-	pod-	под-	під-
	poza-		вне-	поза-
pra-	pra-	pra-	пра-	пра-
pred- / pret-	przed-	před-	пред- / предо-	пред- перед-
pri-	przy-	při-	при-	при-
pro-	pro-	pro-	про-	про-
protiv(o)-	przeciw-	proti-	противо-	проти-
	prze-		через-	через-
raz- / ras-	roz- / roze-	roz-	раз- / рас- роз- / рос-	роз- / раз-
s-		s- / se-	с-	с- / з-
sa-	współ-	spolu-	со-	спів-
			сверх-	над-
[u-]	u-	u-	у-	у-
u-	w- / we-	v-	в- / во-	в- / ві-
			внутри-	внутрі-
uz-	wz- / ws-		воз- / вос- / вс-	вз- / взі-
[iz-, is-]	wy-	vy-	вы-	ви-
z-	z- / ze- s-, ś-	z-		з-
za-	za-	za- / zá-	за-	за-

Kyrillica-Sortierung

Russisch	Ukrainisch	BKS	Polnisch	Tschechisch
без- / бес-	без-	bez- / bes-	bez-	bez-
в- / во-	в-/ уві-/ ві-	u-	w- / we-	v-
вне-	поза-		poza-	
внутри-	внутрішньо-			
воз- / вос- / вс-	вз- / взі-	uz-	wz- / ws-	
вз- / возо-	вз- / взі-		wz-	
вы-	ви-	[iz-, is-]	wy-	vy-
до-	до-	do-	do-	do-
еже-	що-		co-	
	з-	z-	z- / ze- s-, ś-	z-
за-	за-	za-	za-	za- / zá-
из- / ис-	[ви-]	iz- / is-	[wy-]	[vy-]
между-	між-	među-	między-	mezi-
на-	на-	na-	na-	na-
над-	над-	nad- / nat-	nad-	nad-
наи-	най-	naj-	naj-	nej-
не-	не-	ne-	nie-	ne-
небез-				
недо-	недо-	nedo-	niedo-	nedo-
ни-	ні-	ni-	ni-	ni-
низ-		niz-		
о-	о-	o-	o-	o-
об- / обо-	об-	ob- / op-	ob- / obe-	ob-
около-	біля-		około	
от- / ото-	[від-]	od- / ot-	od-	od-
пере- пре-	пере- пре-	pre-	prze-	pře-
по-	по-	po-	po-	po-
под-	під-	pod- / pot-	pod-	pod-
пра-	пра-	pra-	pra-	pra-
пред- / предо-	пред- перед-	pred- / pret-	przed-	před-
при-	при-	pri-	przy-	při-
про-	про-	pro-	pro-	pro-
противо-	проти-	protiv(o)-	przeciw-	proti-
раз- / рас- роз- / рос-	роз- / раз-	raz- / ras-	roz- / roze-	roz-
с-	с- / з-	s-		s- / se-
со-	спів-	sa-	współ-	spolu-
сверх-	над-	nad- / nat-	nad-	nad-
у-	у-	[u-]	u-	u-
через-	через-		prze-	

Interfixe und Postfixe

Der Vollständigkeit halber seien hier noch die so genannten Interfixe erwähnt, die dazu dienen, Morpheme miteinander zu verbinden. Da diese Einheiten nur eine Funktion, aber keine eigentliche Bedeutung haben, ist ihr Morphemstatus umstritten. Ein Beispiel für ein Interfix ist das **o** in den Entsprechungen von ‚Nashorn', das die einzelsprachlichen Morpheme für ‚Nase' bzw. ‚Horn' verbindet:

- **bks.** *nos-o-rog*
- **poln.** *nos-o-rożec*
- **tsch.** *nos-o-rožec*
- **russ.** *нос-о-рóг*
- **ukr.** *нос-о-рíг*

Postfixe, die ganz am Ende einer Wortform, d. h. nach den Suffixen stehen, kennen z. B. das **Russische** und das **Ukrainische** mit den Einheiten *-sja* bzw. *-s'* (streng genommen handelt es sich hier um zwei Varianten ein und desselben Postfixes). Einige SlavistInnen fassen hierunter auch Einheiten wie *-nibud'*, *-libo*, *-ka*, *-to*. Auch für das **Tschechische** postulieren einige BohemistInnen Postfixe – nach *Příruční Mluvnice Češtiny* (1995, 181) zum Beispiel *-si* in *jakýsi* ‚ein gewisser'.

IX Texte und Übungen

1 Aschenputtel

Hier finden Sie eine gekürzte und adaptierte Fassung des Aschenputtel-Märchens nach der in der Slavia bekannten französischen Version *Cendrillon ou la petite pantoufle de verre* (1697) von Charles Perrault (1628-1703). Anna Olshevska hat zunächst die Texte für Ukrainisch und Russisch geschrieben, Rašid Durić und Hedda Karabaić-Spengler, Radka Lemmen und Agata Przyborowska-Stolz haben sie dann ins Bosnisch-Kroatisch-Serbische, Tschechische bzw. Polnische übertragen.

Sie können die Texte auch hören – unter www.narr-studienbuecher.de.

BKS – *Pepeljuga*

Der bks. Text wird hier nur in Latinica in der (i)jekavischen (kroatischen, bosnischen) Variante wiedergegeben. In Klammern stehen die ekavischen (serbischen) Formen.

Živio (sr. Živeo) je jednom bogat udovac. On se oženio jednom udovicom koja je bila jako umišljena i ohola – kako još to niko (nitko) nije vidio (video). Imala je dvije (dve) kćerke, koje su bile takodje umišljene i ohole kao i njihova majka. Taj je čovjek (čovek) imao kćerku iz prethodnoga braka. Ta je kćerka bila vrlo dobra i nježna (nežna).

Zbog njene ljepote (lepote) maćeha je odmah duboko zamrzila svoju pastorku. Maćeha je njoj dodijelila (dodelila) najprljavije poslove: njena pastorka je morala prati suđe, rublje i pospremati sobe. Kada je ona sve uradila i bila gotova, djevojka (devojka) je sjela (sela) na pepeo pokraj ognjišta. Zbog toga je svako u kući nju zvao imenom «Pepeljuga». Ali unatoč njezinim zakrpama na odjeći (odeći) koju je nosila, Pepeljuga je bila sto puta ljepša (lepša) nego njezine polusestre.

Jednog dana sin kralja je priredio veliku svečanost, na koju je pozvao plemstvo iz države. Takođe(r) su maćeha i njene kćeri dobile pozivnicu. One nisu govorile ni o čemu drugom, nego o svečanosti. Fantazirale su kako bi se lijepo (lepo) kitile i neprestano su se vrtile oko zrcala (ogledala). Naručile su sebi šešire najnovije mode, a kupile su i najskuplje parfeme. Onda su se sestre i njihova majka obukle i otišle na svečanost. Dok je njihova kočija vozila oko dvorca, Pepeljuga je sjedila (sedila) na velikim stepenicama dvora i plakala.

Odjednom se pojavila vila koja je bila krsna (krštena, kršćena) kuma Pepeljuge. Ona je tješila (tešila) gorko uplakanu djevojku (devojku) i obećala joj pomoć. Vila je išla pred dvor sa Pepeljugom. Vila je uzela najveću tikvu iz vrta, razrezala nju i dirnula je sa čarobnim štapićem. U istom trenutku ta tikva se pretvorila u divnu zlatnu kočiju. Zatim je vila uzela šest miševa iz mišolovke i pretvorila ih u šest prekrasnih konja. Onda je ona dirnula jednoga štakora sa njezinim čarobnim štapićem, i odmah je stojao ispred njih jedan debeo kočijaš s velikom bradom. Napokon je vila kazala:

«Dakle, Pepeljugo, sada imaš sve za svečanost. Jesi li vesela?»

«Pa da! – Ali moram li ići na tu svečanost u ovim krpama?» – uzdahnula je djevojka (devojka).

Vila je dirnula Pepeljugu s njezinom čarobnom štapićem i smjesta Pepeljuga je imala na sebi najljepšu (najlepšu) haljinu, svu vezenu od zlata, srebra i dragog kamena. Osim toga Pepeljuga je dobila još jedan par staklenih papuča, koje su bile tako prekrasne da nitko na svijetu (svetu) nije video ljepših (lepših).

Na rastanku njezina krsna kuma Pepeljugi je zapovijedila (zapovedila) da ne zaboravi da ne smije biti na svečanošću dalje od pola noći: čarolija u pola noći naime prestaje!

Presretna Pepeljuga vozila se do kraljeva dvorca. Kada je ušla u svečanu dvoranu (salu), gdje (gde) su gosti bili već skupljeni, odjedanput je nastala grobna tišina: tako su svi bili opčarani i zaneseni ljepotom (lepotom) nepoznate djevojke (devojke).

Princ je ugledao Pepeljugu i poveo je na ples. Ona je plesala tako nježno (nežno), i neprestano je gledala princu u oči, jer nije mogla odvojiti svoje poglede od njega. Dok je plesala, djevojci (devojci) je bilo tako lijepo (lepo), da je skoro zaboravila opomenu vile. Odjedanput je ona čula da sat izbija (kuca) jedan četvrt prije pola noći. Pepeljuga je požurila iz dvorca i pobjegla (pobegla) tako brzo da ju nitko (niko) nije mogao zadržati. Na stepenicama je izgubila jednu staklenu papuču. Princ je tu papuču podigao i uzeo.

Pepeljuga je jurila doma (kući) sasvim bez daha, bez kočije, bez kočijaša, u svojoj staroj haljini. Samo jedna staklena papuča ostala je njoj kao uspomena na prekrasno veče.

A princ se zaljubio u tu lijepu djevojku (lepu devojku). Tražio ju je cijelu noć i slijedeći (sledeći) dan. Poslije (posle) nekoliko dana on je zapovijedio (zapovedio) da se u cijeloj (celoj) njegovoj kraljevini traži ta lijepa djevojka (lepa devojka), kojoj bi pristala staklena papuča, da bi je on uzeo za ženu, i da bi ju vodio na dvorac.

Poslanici princa su jahali kroz cijelu (celu) kraljevinu i isprobali papuču sa svakom djevojkom (devojkom) – plemkinjom, ali bez uspjeha (uspeha): nijedna djevojka (devojka) plemkinja nije papuču mogla nazuti, obući na nogu.

Najzad su papuču donijeli (doneli) u onu kuću gdje (gde) su živjele (živele) Pepeljuga sa maćehom i polusestrama. Naravno da su i polusestre Pepeljuge htjele (htele) isprobati papuču. No one su imale prevelike ili predebele noge.

Onda je Pepeljuga prišla iz svoga kuta (ugla) kod ognjišta. I papuča je ušla, pristala na njezinu malu nogu tako lako (lahko), kao da je njena nogica već čekala na ovu papuču. Kada je Pepeljuga izvadila iz džepa drugu papuču i stavila nju na drugu nogu, njezine polusestre skamenile su se od užasa.

Odjedanput se vila opet pojavila. Ona je dirnula Pepeljuginu zakrpanu haljinicu čarobnim štapićem, i pretvorila je zakrpanu haljinu u prekrasnu odjeću (odeću). Ta je odjeća (odeća) bila još ljepše (lepše) nakićena nego ona koju je djevojka (devojka) nosila jedan dan prije.

Poslanici princa su Pepeljugu odveli na dvorac: Poslije (posle) nekoliko dana su slavili divnu svadbenu svečanost.

Übersetzung aus dem Russischen von Hedda Karabaić-Spengler und Rašid Durić

Polnisch – *Kopciuszek*

Dawno, dawno temu, żył sobie pewien bogaty wdowiec, który ożenił się z wdową, tak chytrą i pyszałkowatą, jakiej nigdy świat nie widział. Miała ona dwie córki, takie same jak ona. A mężczyzna miał własną córkę, niezwykle dobrą i delikatną.

Macocha od razu znienawidziła pasierbicę za urodę i kazała jej wykonywać najbrudniejsze prace domowe – myć naczynia, prać ubrania i sprzątać pokoje. Uporawszy się z pracą, dziewczyna siadała na okopconej dymem i popiołem podłodze obok pieca i dlatego wszyscy w domu zwali ją Kopciuszkiem. Odziany w łachmany Kopciuszek był piękniejszy od swoich sióstr.

Pewnego dnia syn króla wyprawiał bal i zaprosił na niego wszystkich znamienitych ludzi w królestwie. Macocha i jej córki również dostały zaproszenie. Siostry rozmawiały tylko o tym, jak by tu najpiękniej się ubrać i bez przerwy kręciły przed lustrami. Zamówiły najmodniejsze kapelusze i nakupiły najdroższych perfum. Wystroiwszy się, córki z matką pojechały na bal. Kiedy ich karoca zniknęła już z oczu, Kopciuszek usiadł na ganku i rozpłakał się.

Nagle ukazała się jej matka chrzestna, wróżka. Użaliła się nad dziewczyną, która tak gorzko płakała i postanowiła jej pomóc. Wróżka wyszła z Kopciuszkiem na podwórze, wzięła z ogrodu najpiękniejszą dynię, rozcięła ją, uderzyła czarodziejską różdżką – i w okamgnieniu dynia przeobraziła się we wspaniałą, pozłacaną karocę. Potem wyjęła z pułapki na myszy sześć myszek i przemieniła je w przepiękne konie. Następnie trąciła czarodziejską różdżką ogromnego szczura i oto stał przed nimi gruby, wąsaty woźnica.

Na koniec wróżka rzekła:

– No, Kopciuszku, teraz już masz czym pojechać na bal. Czy się cieszysz?

– Jakżeby nie! Ale jak ja tam pojadę w tych łachmanach? – westchnęła dziewczyna.

Wróżka dotknęła Kopciuszka różdżką i oto pojawiła się na niej wspaniała suknia, haftowana złotem, srebrem i kosztownymi kamieniami. Dziewczyna otrzymała jeszcze parę kryształowych trzewiczków, tak cudownych, że piękniejszych nie miał nikt na świecie.

Na pożegnanie matka chrzestna nakazała jej zapamiętać, że może być na balu jedynie do północy, bo wówczas znikną wszelkie czary. Dziewczyna pojechała do królewskiego pałacu, nie posiadając się ze szczęścia.

Kiedy Kopciuszek wszedł do sali, gdzie zebrali się goście, zapadła cisza, tak poraziła wszystkich uroda nieznanej dziewczyny. Królewicz zobaczył Kopciuszka i poprosił go do tańca. Tańczyła z niezwykłym wdziękiem, patrząc królewiczowi cały czas w oczy i nie mogąc odwrócić wzroku. Dziewczynie było tak wspaniale, że zupełnie zapomniała o nakazie chrzestnej i gdy raptem zegar zaczął bić za kwadrans dwunastą, Kopciuszek wybiegł z pałacu i zniknął tak szybko, że nikt nie zdołał go zatrzymać. Na schodach dziewczyna zgubiła jeden z kryształowych trzewiczków, a królewicz go podniósł.

Kopciuszek przybiegł do domu bardzo zdyszany, bez karocy, bez lokajów, w swojej starej, podartej sukience i tylko jeden trzewiczek pozostał mu na pamiątkę czarownego wieczoru. Ale królewicz już zakochał się w pięknej dziewczynie. Szukał jej całą noc i cały następny dzień, a po kilku dniach nakazał ogłosić wszem i wobec, że ożeni się z tą dziewczyną, na której stopę będzie pasował kryształowy trzewiczek i że zostanie ona królewną i zamieszka z nim w pałacu.

Posłańcy królewicza jeździli po całym kraju i przymierzali trzewiczek wszystkim dziewczętom ze znakomitych rodów, lecz na próżno. W końcu przyniesiono trzewiczek i do domu, w którym mieszkał Kopciuszek z siostrami. Siostry także chciały włożyć trzewiczek, ale ten był zbyt ciasny na ich grube stopy. Wtedy z kącika wyszedł Kopciuszek. Trzewiczek wszedł na jego maleńką nóżkę tak szybko i lekko, jakby nóżka tylko na to czekała. Gdy Kopciuszek wyjął z kieszeni drugi trzewiczek i włożył na drugą nóżkę, siostry aż krzyknęły. Nagle pojawiła się wróżka, dotknęła różdżką kopciuszkowego ubrania, a ono przemieniło się we wspaniałą suknię, jeszcze piękniejszą, niż ta poprzednia.

Kopciuszka powieźli do pałacu, gdzie za kilka dni odbyło się wesele.

Übersetzung aus dem Ukrainischen von Agata Przyborowska-Stolz

Tschechisch – *Popelka*

Žil byl jeden bohatý vdovec a oženil se po druhé s vdovou, s takovou namyšlenou a hrdou, jakou nikdo neviděl. Ona měla dvě dcery, které byly takové jako ona sama. A muž měl také svoji dceru, neobvykle dobrou a něžnou.

Macecha hned znenáviděla nevlastní dceru za její krásu a dávala jí za úkol dělat špinavou práci v domě – mýt nádobí, prát prádlo, uklízet pokoje. Když bylo hotovo s prací, sedávalo děvče přímo v popelu, rozsypaném vedle krbu, proto jí všichni v domě říkali Popelka. Dokonce i v hadrách byla Popelka hezčí než její sestry.

Jednoho dne uspořádal královský syn ples a pozval na něj všechny vznešené lidi z království. Macecha s dcerami také obdržely pozvání. Sestry mluvily jenom o tom, jak by se nejlépe oblékly a bez přestání se točily před zrcadly. Objednaly si nejmodernější klobouky a nakoupily nejdražší parfémy. Když se oblékly, jely sestry s macechou na ples. Jakmile jejich kočár zmizel z dohledu, Popelka si sedla na zápraží a pustila se do pláče.

Najednou se objevila její kmotra-kouzelnice. Politovala hořce plačící dívku a rozhodla se jí pomoct. Kouzelnice vyšla s Popelkou na dvůr, vzala ze zahrady nejlepší tykev, rozřízla ji, mávla na ní svojí kouzelnickou hůlkou – a v tom okamžiku se tykev proměnila v překrásný pozlacený kočár. Potom vybrala z pasti šest myší a proměnila je v krásné koně. Pak se dotkla svojí kouzelnickou hůlkou obrovské krysy, a v mžiku stál před nimi velmi tlustý kočí s plnovousem. Nakonec řekla kouzelnice:

„Tak vidíš, Popelko, teď máš něco, v čem můžeš jet na ples. Máš radost?"

„Jistě! Jenom, jak tam pojedu v těchto hadrách," povzdychla si dívka.

Kouzelnice se dotkla Popelky svojí hůlkou, a najednou měla na sobě krásné šaty vyšívané zlatem, stříbrem a drahými kameny. Dívka ještě dostala pár křišťálových střevíčků, takových půvabných, jaké ještě nikdo na světě neměl. Na rozloučenou jí kmotra přikázala si především pamatovat, že může na plese zůstat pouze do půlnoci, protože pak všechna kouzla zmizí. Dívka jela do královského paláce celá štěstím bez sebe.

Když Popelka vešla do sálu, kde už byli hosté, nastalo ticho, tak moc je překvapila krása neznámé dívky. Princ uviděl Popelku a vyzval ji k tanci. Tančila překvapivě velkolepě a po celý čas se dívala princi do očí a nemohla odtrhnout pohled. Dívce bylo tak krásně, a tím zapoměla na kmotřenčino upozornění, když náhle začaly hodiny bít tři čtvrtě na dvanáct. Popelka vyběhla z paláce a zmizela tak rychle, že se nikomu nepodařilo ji zadržet. Na schodech ztratila dívka jeden ze svých křišťálových střevíčků, a který potom princ zvedl.

Bez dechu přiběhla Popelka domů, bez kočáru, bez lokajů, ve svých starých roztrhaných šatech, pouze jeden střevíček jí zůstal na památku na kouzelný večer. Ale princ už se zamiloval do krasavice. Hledal ji celou noc a celý následující den, a za několik dní oznámil celému národu, že se ožení s tou dívkou, které padne křišťálový střevíček, a že tato dívka se stane princeznou a bude s ním žít v paláci.

Vyslanci prince se rozjeli po celé zemi a zkoušeli střevíček všem dívkám ze vznešených rodin, ale zbytečně. Nakonec přinesli střevíček do domu, kde žila Popelka se sestrami. Sestry také chtěly obout střevíček, ale on nepasoval na jejich tlusté nohy. Vtom z rohu vyšla Popelka. Střevíček padnul na její malou nožku tak rychle a lehce, jakoby nožka na to jenom čekala. Když Popelka vytáhla z kapsy i druhý takový střevíček a obula si ho na druhou nožku, její sestry ztrnuly.

Vtom se objevila kouzelnice, dotkla se svojí hůlkou Popelčiných šatů, a ony se proměnily v překrásné šaty, ještě krásnější než ty předtím.

Popelku odvezli do paláce, kde za několik dnů uspořádali svatbu.

Übersetzung aus dem Russischen von Radka Lemmen

Russisch – *Золушка*

Жил-был один богатый вдовец, и женился он во второй раз на вдове, да такой чванливой и горделивой, какой никто и не видывал. У нее было две дочери, такие же как и она сама. А у мужа была своя дочь, необычайно добрая и нежная.

Мачеха сразу же возненавидела падчерицу за её красоту и взвалила на неё самую грязную работу в доме – мыть посуду, стирать одежду, убирать комнаты. Управившись с работой, девушка садилась прямо на золу, насыпанную возле камина, поэтому все в доме звали её Золушкой. Но даже в лохмотьях Золушка была красивее своих сестёр.

Однажды сын короля устроил бал и пригласил на него всех знатных людей королевства. Мачеха с дочерьми тоже получили приглашение. Сёстры только о том и говорили, как бы получше одеться, и без устали вертелись перед зеркалами. Они заказали самые модные шляпки и накупили самых дорогих духов. Одевшись, сёстры с матерью поехали на бал. Когда их карета исчезла из виду, Золушка села на крыльцо и заплакала.

Вдруг появилась её крёстная мать-волшебница. Она пожалела горько плачущую девушку и решила помочь ей. Волшебница вышла с Золушкой во двор, взяла на огороде самую лучшую тыкву, разрезала её, ударила по ней своей волшебной палочкой – и в тот же миг тыква превратилась в роскошную позолоченную карету. Потом она достала из мышеловки шестерых мышей и превратила их в прекрасных коней. Затем она дотронулась своей волшебной палочкой до огромной крысы, и через мгновение перед ними стоял толстенный кучер-усач. Наконец волшебница сказала:

— Ну вот, Золушка, теперь тебе есть в чём поехать на бал. Ты рада?

— Конечно! Только как же я поеду туда в этих лохмотьях? – вздохнула девушка.

Волшебница коснулась Золушки своей палочкой, и на ней появилось роскошное платье, вышитое золотом, серебром и самоцветами. Ещё девушка получила пару хрустальных башмачков, таких хорошеньких, что лучше них не было ни у кого в мире.

На прощанье крёстная мать наказала ей прежде всего помнить, что она может быть на балу только до полуночи, потому что тогда всё волшебство исчезнет. Девушка поехала в королевский дворец, не помня себя от счастья.

Когда Золушка вошла в зал, где собрались гости, там настала тишина, так поразила всех красота незнакомой девушки. Принц увидел Золушку и пригласил её на танец. Она танцевала на удивление грациозно, всё время глядя принцу в глаза, и не могла отвести взгляд. Девушке было так хорошо, что она напрочь забыла про наказ крёстной, как вдруг часы начали бить без четверти двенадцать. Золушка выбежала из дворца и исчезла так быстро, что никто не успел её задержать. На лестнице девушка потеряла один из своих хрустальных башмачков, и принц подобрал его.

Золушка прибежала домой запыхавшись, без кареты, без лакеев, в своем старом, рваном платьице, только один башмачок остался у неё на память о чудесном вечере.

Но принц уже полюбил красавицу. Он искал её всю ночь и весь следующий день, а через несколько дней приказал всенародно объявить, что женится на той девушке, которой придётся впору хрустальный башмачок, и что эта девушка станет принцессой и будет жить с ним во дворце.

Посланцы принца поехали по всей стране и меряли башмачок всем девушкам из благородных семейств, но напрасно. Наконец башмачок принесли и в дом, где жила Золушка с сёстрами. Сёстры тоже хотели обуть башмачок, но он не налез на их толстые ноги. Тогда из угла вышла Золушка. Башмачок обулся на её маленькую ножку так быстро и легко, как будто ножка только того и ждала. Когда же Золушка вынула из кармана и другой такой башмачок и надела его на другую ножку, её сёстры оцепенели.

Вдруг появилась волшебница, коснулась своей палочкой Золушкиного одеяния, и оно превратилось в прекрасное платье, ещё более роскошное, чем накануне.

Золушку отвезли во дворец, где через несколько дней сыграли свадьбу.

Übersetzung aus dem Ukrainischen von Anna Olshevska

Ukrainisch – *Попелюшка*

Був собі один багатий удівець, і одружився він вдруге з удовою, такою чванливою та гордовитою, якої ніхто й не бачив. Вона мала двох дочок, таких як сама. А в чоловіка була своя дочка, надзвичайно добра та ніжна.

Мачуха відразу зненавиділа пасербицю за її красу і загадувала їй робити найбруднішу роботу в домі – мити посуд, прати одежу, прибирати кімнати. Упоравшись з роботою, дівчина сідала просто на попіл, натрушений біля каміна, через що всі в домі звали її Попелюшкою. Та навіть в лахмітті Попелюшка була гарніша за своїх сестер.

Якось син короля улаштував бал і запросив на нього всіх знатних людей королівства. Мачуха з дочками також дістали запрошення. Сестри тільки про те й говорили, як би краще вбратися, і без упину крутилися перед дзеркалами. Вони замовили наймодніші капелюшки та накупили найдорожчих парфумів. Вдягнувшися, сестри з матір'ю поїхали на бал. Коли їх карета зникла з очей, Попелюшка сіла на ґанку й заплакала.

Раптом з'явилася її хрещена мати-чарівниця. Вона пожаліла дівчину, яка так гірко плаче, і вирішила допомогти їй. Чарівниця вийшла з Попелюшкою на подвір'я, взяла найкращий гарбуз з города, розрізала його, вдарила по ньому своєю чарівною паличкою – і в ту ж мить гарбуз перетворився на розкішну визолочену карету. Потім вона дістала шестеро мишей з пастки і перетворила їх на чудових коней. Тоді вона торкнулася величезного щура своєю чарівною паличкою, і за мить перед ними стояв товстелезний кучер-вусань. Нарешті чарівниця сказала:

— Ну ось, Попелюшко, тепер ти маєш у чому їхати на бал. Ти рада?

— Авжеж! Тільки як же я поїду туди в цьому лахмітті? – зітхнула дівчина.

Чарівниця доторкнулася до Попелюшки своєю паличкою, і на ній з'явилася розкішна сукня, гаптована золотом, сріблом і самоцвітами. Ще дівчина отримала пару кришталевих черевичків, таких гарненьких, що кращих не було ні в кого у світі.

На прощання хрещена мати наказала їй над усе пам'ятати, що вона може бути на балі тільки до півночі, бо тоді всі чари зникнуть. Дівчина поїхала до королівського палацу, не тямлячи себе від щастя.

Коли Попелюшка увійшла у залу, де зібралися гості, там запала тиша, так уразила усіх краса незнайомої дівчини. Принц побачив Попелюшку і запросив її до танцю. Вона танцювала напрочуд граційно, дивлячись весь час принцеві в очі, і не могла відвести погляд. Дівчині було так хороше, що вона геть забула про наказ хрещеної матері, аж раптом годинник почав бити без чверті дванадцяту. Попелюшка вибігла з палацу і зникла так швидко, що ніхто не встиг її затримати. На сходах дівчина загубила один із своїх кришталевих черевичків, і принц підібрав його.

Попелюшка прибігла додому зовсім задихана, без карети, без лакеїв, у своїй старій, подертій сукенці, тільки один черевичок лишився в неї на згадку про чарівний вечір.

Але принц вже покохав красуню. Він шукав її всю ніч і весь наступний день, а за кілька днів звелів привселюдно оголосити, що одружиться з тією дівчиною, на яку прийдеться кришталевий черевичок, і що ця дівчина стане принцесою і житиме з ним палаці.

Принцові посланці поїхали по всій країні і міряли черевичок всім дівчатам з вельможних родин, але марно. Нарешті принесли черевичок і в дім, де мешкала Попелюшка з сестрами. Сестри також хотіли взути черевичка, але він не наліз на їхні товсті ноги. Тоді з кутка вийшла Попелюшка. Черевичок озувся на її маленьку ніжку так швидко та легко, ніби ніжка тільки того й чекала. Коли ж Попелюшка вийняла з кишені другий такий черевичок і наділа його на другу ніжку, її сестри аж уклякли.

Раптом з'явилася чарівниця, доторкнулася своєю паличкою до Попелющиного вбрання, і воно перетворилося на прегарну сукню, ще розкішнішу ніж напередодні.

Попелюшку відвезли до палацу, де за кілька днів відгуляли весілля.

Text und Bearbeitung von Anna Olshevska

Aufgabe 1: Erzählen Sie das Märchen nach.

Aufgabe 2: Welche Arbeiten muss [Aschenputtel] im Haus verrichten?

Aufgabe 3: Wie kommt [Aschenputtel] zu seinem Namen?

Aufgabe 4: Wie reagieren die Schwestern auf die Einladung zum Ball?

Aufgabe 5: Wer hilft [Aschenputtel]?

Aufgabe 6: Wer fährt die Kutsche?

Aufgabe 7: Was trägt [Aschenputtel] zum Ball?

Aufgabe 8: Wie kommt [Aschenputtel] zurück nach Hause?

Aufgabe 9: Bestimmen Sie die unterstrichenen Formen und Konstruktionen und nennen Sie die jeweiligen Grundformen (für Verben den Infinitiv, für Substantive den Nominativ Singular usw.).

Aufgabe 10: Notieren Sie das jeweilige Paradigma zu [Tochter].

Aufgabe 11: Markieren Sie alle „panslavischen“ Wörter.

Aufgabe 12: Markieren Sie die Stellen, die für Sie ohne Hilfsmittel (Wörterbuch, Grammatik usw.) nicht verständlich sind.

Aufgabe 13: Hören Sie die Audio-Versionen zu den Märchen und sprechen Sie die Texte nach.

2 Das Kommunistische Manifest

Die Einführung zum *Manifest der Kommunistischen Partei* von Karl Marx und Friedrich Engels ist ein populärer Text, der in zahlreiche Sprachen, auch in viele slavische, übersetzt wurde. Die Originalausgabe erschien 1848 in London.[1]

Aufgabe 1: Lesen Sie den Text und achten Sie dabei darauf, wie Sie vorgehen, um den Inhalt zu verstehen / zu erraten (welche Vergleiche Sie anstellen, was Sie nachschlagen etc.). Erstellen Sie ein Protokoll.

BKS (Serbisch) – Manifest

Karl Marks, Fridrih Engels – Manifest komunističke partije[2]

Bauk kruži Evropom - bauk komunizma. Sve sile stare Evrope sjedinile su se u svetu hajku protiv tog bauka, rimski papa i ruski car, Meternih i Gizo, francuski radikali i nemački policajci.

Gde je ona opoziciona partija koju njeni protivnici na vlasti nisu izvikali kao komunističku, gde je ona opoziciona partija koja nije u naprednijim opozicionarima i svojim reakcionarnim protivnicima uzvratila prekor koji ih je imao žigosati kao komuniste.

Iz ove činjenice izlaze dve stvari.

Sve evropske sile već priznaju komunizam kao silu.

Uveliko je vreme da komunisti pred celim svetom otvoreno izlože svoja shvatanja, svoje ciljeve, svoje težnje, te da priči o bauku komunizma protivstave manifest same partije.

U tu svrhu sastali su se u Londonu komunisti najrazličitijih narodnosti i sastavili sledeći Manifest, koji se objavljuje na engleskom, francuskom, nemačkom, talijanskom, flamanskom i danskom jeziku.

---

1 Marx, K./ Engels, F. (1848), *Manifest der Kommunistischen Partei*. London.

2 Aus der Ausgabe: Marks, K./ Engels, F. (2005), *Komunistički manifest*. Beograd. Übersetzung: Moša Pijade. Liber :: Fantom slobode 2005-2007. http://www.liber.org.yu/fantom/tekstovi/komunisticki_manifest.html (4.2.2009)

Polnisch – Manifest

Karol Marks, Fryderyk Engels – Manifest Komunistyczny[3]

Widmo krąży po Europie – widmo komunizmu. Wszystkie potęgi starej Europy połączyły się w świętej nagonce przeciw temu widmu: papież i car, Metternich i Guizot, francuscy radykałowie i niemieccy policjanci.

Gdzie jest taka partia opozycyjna, która przez swoich rządzących przeciwników nie zostałaby obwołana komunistyczną, gdzie taka, która nie odwzajemniłaby się piętnującym zarzutem komunizmu zarówno bardziej postępowym opozycjonistom, jak i swym reakcyjnym przeciwnikom?

Dwojaki wniosek wypływa z tego faktu.

Komunizm został już przez wszystkie europejskie potęgi uznany za potęgę.

Już najwyższy czas, aby komuniści otwarcie przedstawili całemu światu swoje poglądy, swoje cele, swoje dążenia i bajce o widmie komunizmu przeciwstawili własny manifest partii.

W tym celu zebrali się w Londynie komuniści najróżniejszych narodowości i naszkicowali następujący manifest, który zostanie opublikowany w językach: angielskim, francuskim, niemieckim, włoskim, flamandzkim i duńskim.

Tschechisch – Manifest

Karel Marx, Bedřich Engels – Manifest komunistické strany[4]

Evropou obchází strašidlo – strašidlo komunismu. Ke svaté štvanici na toto strašidlo se spojily všechny mocnosti staré Evropy – papež i car, Metternich i Guizot, francouzští radikálové i němečtí policajti.

Kde je opoziční strana, která by nebyla svými vládnoucími odpůrci vykřičena jako komunistická, kde je opoziční strana, která by opět potupnou výtku komunismu nevmetla ve tvář jak pokrokovějším opozičníkům, tak i svým reakčním odpůrcům?

Z této zkušenosti vyplývá dvojí.

Komunismus je již uznáván všemi evropskými mocnostmi za moc.

Je svrchovaný čas, aby komunisté otevřeně před celým světem vyložili své názory, své cíle a své snahy a proti báchorkám o strašidle komunismu postavili manifest strany samé.

Proto se v Londýně shromáždili komunisté nejrůznějších národností a sepsali tento manifest, jenž uveřejní v jazyku anglickém, francouzském, německém, italském, vlámském a dánském.

---

3 Aus Wikiźródła: http://pl.wikisource.org/wiki/Manifest_Komunistyczny (4.2.2009)

4 Aus der Ausgabe: Marx, K./ Engels, B. (1974), *Manifest komunistické strany*, v českém překladu L. Štolla. Praha.
Wikisource: http://cs.wikipedia.org/wiki/Komunistick%C3%BD_manifest (4.2.2009)

Russisch – Манифест

Карл Маркс, Фридрих Энгельс – Манифест коммунистической партии[5]

Призрак бродит по Европе – призрак коммунизма. Все силы старой Европы объединились для священной травли этого призрака: папа и царь, Меттерних и Гизо, французские радикалы и немецкие полицейские.

Где та оппозиционная партия, которую ее противники, стоящие у власти, не ославили бы коммунистической? Где та оппозиционная партия, которая в свою очередь не бросала бы клеймящего обвинения в коммунизме как более передовым представителям оппозиции, так и своим реакционным противникам?

Два вывода вытекают из этого факта.

Коммунизм признается уже силой всеми европейскими силами.

Пора уже коммунистам перед всем миром открыто изложить свои взгляды, свои цели, свои стремления и сказкам о призраке коммунизма противопоставить манифест самой партии.

С этой целью в Лондоне собрались коммунисты самых различных национальностей и составили следующий «Манифест», который публикуется на английском, французском, немецком, итальянском, фламандском и датском языках.

Ukrainisch – Маніфест

Карл Маркс, Фрідріх Енгельс – Маніфест комуністичної партії[6]

Привид бродить по Європі – привид комунизму. Всі сили старої Європи об'єдналися для священного цькування цього привида: папа і цар, Меттерніх і Гізо, французькі радикали і німецькі поліцаї.

Де та опозиційна партія, яку не ославили б комуністичною її противники, що стоять при владі? Де та опозиційна партія, яка в свою чергу не кидала б плямуючого обвинувачення в комунизмі як передовішим представникам опозиції, так і своїм реакційним противникам?

Два висновки випливають з цього факту.

Комунізм уже визнається за силу всіма європейськими силами.

Пора вже комуністам перед усім світом відкрито викласти свої погляди, свої цілі, свої прагнення і байкам про привид комунизму протипоставити маніфест самої партії.

З цією метою в Лондоні зібрались комуністи найрізніших національностей і склали оцей «Маніфест», який публікується англійською, французькою, німецькою, італійською, фламандською і датською мовами.

---

5 Aus: Викитека: http://ru.wikisource.org/wiki (4.2.2009)

6 Aus: Marks, K./ Engel's, F. (1979), *Manifest komunistyčnoji partiji.* Kyjiv, 50.

Aufgabe 2: Übersetzen Sie den ersten Satz.

Aufgabe 3: Wie gehen Oppositionelle und Regierende mit dem Begriff „Kommunismus“ um?

Aufgabe 4: Welche zwei Schlussfolgerungen ergeben sich daraus?

Aufgabe 5: In welchen Sprachen soll das Manifest veröffentlicht werden?

Aufgabe 6: Markieren Sie alle Internationalismen.

Aufgabe 7: Das Manifest enthält im weiteren (hier nicht abgedruckten) Text den berühmten Aufruf *Proletarier aller Länder, vereinigt euch!* Finden Sie für „Ihre“ Lesekurs-Slavine die Übersetzung dieses Satzes – zum Beispiel über das Internet.

X Zum Schluss

Wir wollen nicht verhehlen, dass Interkomprehension auch gründlich schiefgehen kann – und dann einen guten Stoff bietet für multilinguale Witze und Anekdoten wie die folgenden. Von einer Ausnahme abgesehen, sind die russisch-ukrainischen Sprachverwirrungen transliteriert. Hinweise zur „Auflösung" der Pointen stehen in den Fußnoten.

Polnisch – Tschechisch

Kurzes Date

Polka (Agnieszka), Czech (Petr)

A: O, jak pachniesz! Kupiłeś sobie nową wodę kolońską?
P: Tak, była bardzo droga. Myślałem, że ci się spodoba. Naprawdę aż tak źle?
A: Nie wiem, o co ci chodzi. Dzisiaj jest tak pięknie, usiądźmy i popatrzmy sobie na zachód nad jeziorem.
P: Chyba żartujesz! I to ma być romantyczna randka? Przecież dzisiaj nie jest pierwszy kwietnia?
A: Nie, pierwszy maja. I tak cieszyłam sie na miła majówkę. A ty wszystko psujesz![1]

Polnisch – Russisch

Einfach geradeaus

Russkij vozmuščaetsja v krugu druzej:
- Poljaki nas za idiotov deržat!
- Počemu? – sprašivajut druz'ja.
- Echal ja v Germaniju, dorogu sprašival, tak mne vse tam rukoj machali i govorili „Ėto prosto!"[2]

---

1 Text von Agata Przyborowska-Stolz. Hier kommen sich folgende Wörter ins Gehege: **poln.** *zapach* ‚Duft' (= **tsch.** *vůně*), **tsch.** *zápach* ‚Gestank' (= **poln.** *smród*), **poln.** *zachód* ‚Westen; Sonnenuntergang' (= **tsch.** *západ*), **tsch.** *záchod* ‚Toilette' (= **poln.** *toaleta*). Ferner **poln.** *kwiecień* ‚April' (= **tsch.** *duben*) und **tsch.** *květen* ‚Mai' (= **poln.** *maj*).

2 Aus: Razdoburdin, I., *Interkomprehension in Anekdoten.* Unveröff. Ms., Bochum 2008. **Poln.** *prosto* bedeutet auch ‚geradeaus', **russ.** *prósto* dagegen nur ‚einfach'.

Ukrainisch – Russisch

Geschäfte

V ėpochu zastoja priezžaet mužik iz Kieva v Rossiju obaldevšij. Vse k nemu: «Čto? Kak?»

On: «Bratcy! Da u nich tam polnyj zarubež. Nalevo posmotriš' – ital'janskij magazin „Tkanini", napravo – japonskij magazin „Gudziki", i čego ne sprosiš' – vezde po francuzski otvečajut: „Vže nema"».[3]

Salz

Sidjat gruzin i chochol, pišču prinimajut. Gruzin govorit:

– Podaj sol.

– Ne sol, a sil', čurka nerusskaja![4]

Bier

– Mykolo, bačiv jak moskali klyčut' naše pivo?
– Jak?
– Py-yvo *(izdevatel'ski)*.
– Povbyvav by ...[5]

Schnaps

– Papa, čto takoe „gorilka"?
– Ėto, synok, na Ukraine tak vodku nazyvajut.
– A vot i net! Ėto malen'kaja obez'janka![6]

Haltestelle

Priechal moskal' na Zapadenščinu, nužno emu s vokzala do aėroporta na avtobuse proechat'sja. Podchodit on k dedku i sprašivaet:

– Ded, a gde zdis' ostanivka?

– Ne ostanivka, a zupynka, a ty moskaliku vže pryïchav ...[7]

---

3 Aus: Razdoburdin, I., *Interkomprehension in Anekdoten*. Unveröff. Ms., Bochum 2008.

4 Aus: Belov, N. V. (2003), *5000 Anekdotov so vsego mira*. Minsk, 8. Zit. nach Razdoburdin, I., *Interkomprehension in Anekdoten*. Unveröff. Ms., Bochum 2008. Der Ausdruck *chochól* ist ein → *blason populaire* und bedeutet ‚Ukrainer'.

5 Aus: Belov, N. V. (2003), *5000 Anekdotov so vsego mira*. Minsk, 9. Zit. nach Razdoburdin, I., *Interkomprehension in Anekdoten*. Unveröff. Ms., Bochum 2008. Der Ausdruck *moskál'* ist ein → *blason populaire* und bedeutet ‚Russe'.

6 Aus: Belov, N. V. (2003), *5000 Anekdotov so vsego mira*. Minsk, 9. Zit. nach Razdoburdin, I., *Interkomprehension in Anekdoten*. Unveröff. Ms., Bochum 2008.

7 Aus: Belov, N. V. (2003), *5000 Anekdotov so vsego mira*. Minsk, 11. Zit. nach Razdoburdin, I., *Interkomprehension in Anekdoten*. Unveröff. Ms., Bochum 2008. Für eine Übersetzung vom **Russischen** ins **Ukrainische** reicht es nicht aus, alle **russ.** *o* durch **ukr.** *i* zu ersetzen. ‚Haltestelle' ist **russ.** *ostanóvka*, aber **ukr.** *zupýnka*. Der Ausdruck *moskál'* ist ein → *blason populaire* und bedeutet ‚Russe'.

Zement

Dva mužika v Kieve. Idut po ulice.
– O, šo ce za mašina?
– Cementovoz!
– Jak cementovoz? Tam že ljudy!
– Ce razve ž ljudy? Ce menty![8]

Bar-Geschäft

Vstrečajutsja chochol s kacapom. Kacap i govorit: «Och i čudnoj u vas jazyk ukrainskij! Nezabarom – ėto kak, za barom ili net»? Chochol otvečaet: «A vaša moskal'ska mova? SRAVNI – čy srav čy ni»?[9]

Tierisch

Tak vot sprašivaju: «Kak po-ukrainski *kot*»? On otvečaet *kit*». Sprašivaju: «A kak *kit*?» A on ostanovilsja, vytaraščil glaza i molčit. I teper' ne klanjaetsja.[10]

Sprachkurs

Хіппі на хвилю замовк; вочевидь, побачив там щось таке, що варто зберігати у темному прохолодному місці подалі від прямого сонячого проміння.

– Ну добре, полишмо слонів. Як, скажи мені, по-українськи буде «стол», га?

– Стіл.

– А «стул»?

– Кал, – відповів я й копнув по м'ячу.

– Та нє, «стул» в розумінні мебелі. Стілець. А тоді, згідно з логікою розмитих множин, має бути не «слон», а як? «Слін»!

– А «Польща» як? «Пільща», я правий?

Хіппі розреготався.

– Маємо таку ж аналогію з москальською «носоглоткою»...

– Ага, правильно тре' казати «нісоглітка». Хоча ні... Правильно «гортань», чи то пак «гіртань».

– Безумовно, пане Михайле...

– Та, і тре' казати не «які в тебе сині очі», а «які сині ічі»?!!

---

8 Aus: Belov, N. V. (2003), *5000 Anekdotov so vsego mira*. Minsk, 56. Zit. nach Razdoburdin, I., *Interkomprehension in Anekdoten*. Unveröff. Ms., Bochum 2008. Der Ausdruck *menty* entspricht dt. *Bullen* ‚Polizisten' (zu *milicija*).

9 Aus: Razdoburdin, I., *Interkomprehension in Anekdoten*. Unveröff. Ms., Bochum 2008. **Ukr.** *nezabárom* bedeutet ‚bald', **russ.** *sravní* ist der Imperativ Sg. zu *sravnít'* ‚vergleichen'. Daneben gibt es noch eine Wurzel *sra-* ‚scheißen' (z. B. russ. *srat'*); **ukr.** *srav* wäre also ‚er hat geschissen'. Die Ausdrücke *kacap* ‚Russe', *moskál'* ‚Russe' und *chochól* ‚Ukrainer' sind → *blasons populaires*.

10 Berühmte Anekdote aus M. Bulgakovs Roman *Weiße Garde* (*Belaja gvardija*) von 1923-24. **Russ.** *кот* (*kot*) bedeutet ‚Katze', ebenso **ukr.** *кіт* (*kit*). **Russ.** *кит* (*kit*) dagegen ist der ‚Wal', was im **Ukr.** wiederum *кит* (*kyt*) heißt. **Russ.** *кит* und **ukr.** *кіт* werden gleich gesprochen, während **ukr.** *кит* mit [ɪ] gesprochen wird. Siehe auch Jessen, J. (2004), Kiew 1918, in: *Die Zeit*, 9.12.2004. http://www.zeit.de/2004/51/Lesefrucht (7.8.2008).

– Ну... ну так, а як? – на мить завагався Хіппі, відчувши немалу долю абсурду. Проте майже відразу просяяв:

– Так говорили наші предки задовго до приходу москалів на галицькі землі, які зрусифікували все, що лиш піддавалось русифікації. Навіть півні, і ті вже піють: ку-ка-РЄ-ку![11]

[11] Любко Дереш: *Поклоніння ящірці*. Львів 2004. http://chtyvo.org.ua/authors/Deresh/Pokloninnya_yaschirtsi.txt (1.3.2009). Auch diese Geschichte spielt mit den Ergebnissen jener Lautwandelprozesse, die zur Entstehung des **ukr.** *i* führten (siehe Kapitel *V Lautentsprechungen*, Abschnitt 8) – und zu dem Irrglauben, dass es ausreiche, alle **russ.** Vokale durch *i* zu ersetzen, um einen **russ.** Text in einen **ukr.** zu verwandeln. Bei den hier durch zwei Jugendliche „getesteten" Wörtern funktioniert das „Verfahren" jedenfalls nicht: ‚Stuhl' im **Ukrainischen** ist (wie im **Russischen**) *стул*. *Кал* ist eine Übertragung dieses Wortes in der Bedeutung ‚Stuhlgang' ins Ukrainische. Der ‚Elefant' ist auch **ukr.** *слон*, ‚Polen' ist *Пóльща*, die ‚Augen' sind *óчі*, ‚Kehle' ist *гортáнь*. Mit *нісоглітка* für ‚Nasenrachenraum' hätte der Vokalaustausch im ersten Teil fast funktioniert – aber eben nur fast: **ukr.** ‚Nase' lautet tatsächlich *ніс* mit *i*, doch taucht das *o* dann in Flexion und Wortbildung wieder auf, weshalb hier **Ukrainisch** und **Russisch** *носоглóтка* verwenden. Im letzten Absatz machen sich die Jugendlichen darüber lustig, dass selbst die Hähne dem **russischen** Einfluss erlegen seien und jetzt das *r* wie in **russ.** *кукарекý* (dt. *kikeriki*) palatalisieren (die (nicht vorkommende) Abfolge weiches *r* (*r'*) vor *e* müsste im Ukrainischen *рє* (*rje*) geschrieben werden; das **ukr.** Graphem *e* markiert nicht die Weichheit des vorausgehenden Konsonanten). Die hier beschriebene Situation bildet sehr treffend den Konflikt zwischen der **russischen** und der **ukrainischen** Sprache auf dem Gebiet der heutigen Ukraine ab.

Anhang

1 Lesekurs Weitere Slavine (Programmvorschlag)

Unser Programmvorschlag bezieht auch die Wünsche ein, die Bochumer Studierende in einer (nicht-repräsentativen) Befragung im Wintersemester 2007/08 zu Aufbau und Ablauf eines Lesekurses geäußert haben. Die einzelnen Wortarten und Grammatikbereiche können natürlich auch in einer anderen Reihenfolge behandelt werden.

	Thema	
1	Die neue Slavine	Zahlen, Fakten, Alphabet, Aussprache *Lese- und Ausspracheübungen*
2	Lautsystem	Vokale, Konsonanten *Lese- und Ausspracheübungen*
3	Wortschatz	Internationalismen; Panslavischer Wortschatz (Grundwortschatz); Falsche Freunde; Präpositionen, Konjunktionen
4	Lautentsprechungen	Historische Linguistik
5	Substantiv	Kategorien (allgemein); Deklination; Wortbildung
6	Adjektiv	Kategorien (allgemein); Deklination / Komparation; Wortbildung
7	Numeralia	Kardinal- und Ordinalzahlen
8	Pronomen	Die wichtigsten Pronomen
9	Verb	Kategorien (allgemein); Konjugation; Wortbildung
10		Tempussystem; Aspekt / Aktionsarten; Modus; Wortbildung Verben der Bewegung Prädikative
11		Partizipien / Passiv
12	Wortbildung	Wortbildungsmuster; Affixe (Wiederholung und Zusammenfassung)
13	Syntax	Einfacher Satz; Zusammengesetzter Satz
14		Zusammengesetzter Satz Wiederholung: Konjunktionen
15	Text / Stilistik	Text / Stilistik Hörverstehen (Audio, Video)

Übungstexte

Als Übungstexte bieten sich für den Anfang (kürzere) Gebrauchstexte, d. h. Textsorten wie Zeitungsmeldungen zum aktuellen Tagesgeschehen, Kochrezepte, Wetterberichte, Horoskope, Enzyklopädie-Artikel (wenn möglich illustriert) u. ä. an. Später können dann (adaptierte) literarische (Märchen, Kurzgeschichten, ggf. auch Gedichte) oder wissenschaftliche Texte (z. B. mit philologischem Inhalt) gelesen werden. Der *Abschlusstest* – mündlich und/oder schriftlich, mit Hilfsmitteln oder ohne – sollte dagegen einen Originaltext mit „durchschnittlichem Schwierigkeitsgrad" zum Gegenstand haben.

Übungen

Neben (auch spielerischen) Übungen zu Wortschatz, Lautentsprechungen, Grammatik und Syntax sollten begleitend Routineformeln, Anreden und kurze kommunikative Standardsituationen trainiert werden. Denn auch bei einem „Lesekurs" ist erfahrungsgemäß der Wunsch der Studierenden, die neue Sprache auch zu sprechen, vergleichsweise hoch. Entsprechend geschätzt werden gezielte Ausspracheübungen (anhand von Internationalismen, Zungenbrechern, Kinderreimen). Zur Vorbereitung auf den Abschlusstest empfehlen sich zudem kleinere semesterbegleitende Erfolgskontrollen (z. B. durch Multiple-Choice-Übungen, ggf. über eine E-Learning-Plattform zum Selbststudium).

2 Fragebogen zur Datenerhebung (Sprachkenntnisse)

1. Studiengänge:	1. ____________ 2. ____________
2. Fachsemester (im __Se 20__):	________
3. geplanter Abschluss:	☐ BA ☐ anderer: ____________
4. Geschlecht:	☐ w ☐ m
5. Geburtsjahr:	____________
6. Geburtsland:	☐ Deutschland ☐ anderes: ____________
7. Muttersprache (nach eigener Einschätzung):	☐ Deutsch ☐ Russisch ☐ Polnisch ☐ Tschechisch ☐ Ukrainisch ☐ Weißrussisch ☐ Bosnisch/Kroatisch/Serbisch (bitte ggf. Variante unterstreichen) ☐ andere: ____________ ggf. Kommentar: ____________
8. Wo haben Sie die Schule besucht?	☐ nur in Deutschland ☐ ____________ ____________ ____________

9. Sprechen Sie eine 2. Sprache, die *nicht als Fremdsprache* (in der Schule etc.), sondern in der Familie bzw. in Ihrem Geburtsland erworben wurde?	☐ nein (→ weiter mit Frage **12.**) ☐ ja: ____________ ggf. Kommentar: ____________ ____________ ____________ ____________
10. Wie gut beherrschen Sie diese Sprache?	☐ perfekt (schriftlich und mündlich) ☐ ich habe gewisse Defizite: ____________ ____________
11. In welcher Sprache/ welchen Sprachen sprechen Sie zuhause mit Ihrer Familie / einzelnen Familienmitgliedern?	____________ ____________ ____________

12. Welche ***Fremd*-sprachen** (als *Fremd*-sprachen erlernte Sprachen) kennen / beherrschen Sie?	Sprache	wo gelernt?	seit wann?	wie lange?
	1. Engl.	☐ Schule ☐ Uni ☐ …	☐ 5. Klasse ☐ ________	☐ ich lerne noch ☐__Jahre
	2.			
	3.			

Vielen Dank für Ihre Mitarbeit!

Glossar

Altkirchenslavisch

Altkirchenslavisch (eher irreführend sind die Bezeichnungen Altbulgarisch, Altslavisch oder Altmakedonisch) ist die älteste slavische Schriftsprache – eine auf der Grundlage eines bulgarisch-makedonischen Dialektes zum Zwecke der Slavenmission im Großmährischen Reich von den Brüdern Kyrill (Konstantin) und Method geschaffene Sprache, die von 862 oder 863 (Beginn der Mission) bis zur Mitte des 11. Jahrhunderts existierte. Danach spricht man von „Kirchenslavisch mit lokalen (z. B. russischen, bulgarischen, serbischen) Redaktionen".

Der Umfang dieser südslavischen Einzelsprache ist mit rund 30 (überwiegend kirchlich-religiösen) Texten überschaubar. Diese Texte stehen der Sprache Kyrills und Methods am nächsten (weisen also bestimmte sprachliche Merkmale auf) und bilden den so genannten „Kanon des Altkirchenslavischen". Erhalten sind allerdings fast ausschließlich Abschriften, die ca. hundert bis zweihundert Jahre nach der kyrillo-methodianischen Mission in Mähren und Pannonien datiert werden.

Das Altkirchenslavische darf nicht – wie etwa das (Vulgär-)Lateinische für die romanischen Sprachen – als „Mutter" der heutigen slavischen Sprachen angesehen werden. Diese Rolle fällt dem Urslavischen zu. Dennoch waren (alt-)kirchenslavische Einflüsse sehr wichtig für die Herausbildung slavischer Schriftsprachen.

Baltoslavische Spracheinheit

Hiermit ist die (nicht unumstrittene) Annahme gemeint, dass Balten und Slaven nach der Auseinanderentwicklung der indogermanischen Sprachen / Dialekte eine Zeit lang eine Sprachgemeinschaft bildeten, die um etwa 500 v. Chr. endete. Grund für diese Annahme sind auffällige Ähnlichkeiten und Gemeinsamkeiten, die zwischen den slavischen und baltischen Sprachen bestehen (die aber auch Folge der räumlichen Nähe und entsprechender Entlehnungsprozesse sein könnten).

Blasons populaires

Verbale ethnische Stereotype, die auf unterschiedliche Arten versprachlicht werden (z. B. in Form von Einzelwörtern, Phraseologismen, Sprichwörtern u. a. m.) und (in der Regel positive) Selbstbilder, also Autostereotypen, und (meist negative) Fremdbilder, Heterostereotypen, vermitteln. Beispiele wären engl. *krauts* für ‚Deutsche', dt. *Tommy* für ‚Engländer', *der deutsche Michel* oder auch *Otto Normalverbraucher*.[1]

[1] Vgl. Grzybek, P. (1994), Blason populaire, in: Koch, W. A. (ed.), *Simple Forms*. An Encyclopaedia of Simple Text-Types in Lore and Literature. Bochum, 19-25.

Diphthong

Ein Diphthong ist eine Vokalsequenz, eine Folge von zwei Vokalen, die mit gleitendem Übergang artikuliert werden und eine Silbe bilden (isosyllabisch). Sie sind zeitlich nicht voneinander abgrenzbar, d. h., man kann nicht wirklich sagen, wo der eine Vokal „aufhört" und der nächste „anfängt". Diphthonge im Deutschen sind *au, ei/ai, eu/äu* wie in *Maus, Meise / Mai, Meute / Mäuse*. Im Slavischen wurden die indogermanischen Diphthonge zu → Monophthongen umgewandelt.

Grammatische Kategorie

Eine grammatische Kategorie wird in der Regel definiert als eine Menge grammatischer Bedeutungen (so genannte → Grammeme), die an bestimmten (grammatischen) Morphemen festgemacht sind. Diese Morpheme verbinden sich obligatorisch mit bestimmten Lexemen, wenn diese in der Kommunikation in Form von Wortformen aktualisiert werden. Grammatische Kategorien sind zum Beispiel Numerus, Kasus, Tempus, Aspekt usw.

Mithilfe grammatischer Kategorien können die Wörter einer Sprache in Wortarten einsortiert werden: (slavische) Substantive werden u. a. nach Kasus verändert, Verben nach Tempus etc. Grammatische Kategorien sind einzelsprachlich zu betrachten.

Grammem

Grammeme sind grammatische Bedeutungen wie beispielsweise ‹Singular› und ‹Plural›, die zusammen die → grammatische Kategorie NUMERUS konstituieren, oder ‹Perfektivität› und ‹Imperfektivität› für die Kategorie ASPEKT usw.

Grapheme

Grapheme sind visuell wahrnehmbare (aber trotzdem abstrakte) zweidimensionale Zeichen für sprachliche Laute. Unterschieden werden Monographe (einfache Grapheme) und Mehrgraphe (zusammengesetzte Grapheme, z. B. Di-, Trigraphe). Monographe im Deutschen wären **s**, **c**, **h**, ein (nicht ganz unumstrittener) Mehrgraph **sch**.

Jat'

Jat' (**russ.** *ять*) ist der Name eines Lautes und eines Buchstabens (kyrillisch Ѣѣ, transliteriert *ě*). Dieser Laut war offener als *e*, möglicherweise eine Art *ä*, vielleicht auch leicht diphthongoid mit einem *j*- oder *i*-Vorschlag.

Liquida

Als Liquiden werden „Fließlaute" bezeichnet. Hier sind die Laute /l/ und /r/ gemeint.

Monophthong

Im Gegensatz zum → Diphthong ein „einfacher Vokal" (zum Beispiel *a, e, i, o, u*).

Movierung

Mit Movierung ist die Ableitung (Derivation) weiblicher (femininer) Personen- und Tierbezeichnungen aus männlichen (maskulinen) gemeint – nach dem Muster *Lehrer* + *in* (*Lehrerin* ‚weiblicher Lehrer‘) oder *Hund* + *in* (*Hündin* ‚weiblicher Hund‘). Die Derivation von Maskulina aus Feminina ist dagegen selten (z. B. *Witwer* < *Witwe*).

Palatalisation / Palatalisierung

Eine Palatalisation ist eine Lautangleichung, ein Assimilationsprozess: eine Veränderung eines Konsonanten unter Einwirkung eines neben ihm (davor oder dahinter) stehenden Lautes, meist eines Vokals (möglicherweise auch einer silbischen Liquida) der vorderen Reihe oder eines *j* (in der Literatur wird die Erweichung von Konsonanten durch nachfolgendes *j* teils unter „Palatalisation“ behandelt (Aitzetmüller 1978, 13), teils unter „Wirkung von *j*“ (z. B. Trunte)). Der Konsonant wird von seiner ursprünglichen Artikulationsstelle weg und näher an die Artikulationsstelle des betreffenden Vokals, an den harten Gaumen (Palatum) verschoben.

In der Geschichte der slavischen Sprachen werden in der Regel drei Palatalisationen unterschieden, die die Velare **g, k, ch** betrafen. Die 1. und die 2. Palatalisation waren regressiv, d. h., die drei Velare wurden verändert unter dem Einfluss des nachfolgenden Lautes (K←V). Die 3. Palatalisation war progressiv: hier bewirkte der dem Konsonanten vorausgehende Laut die Veränderung (V→K). Die 1. Palatalisation fiel wohl noch in die urslavische Epoche (um 500 n. Chr.), weshalb wir dieselben Ergebnisse in allen slavischen Sprachen finden (**g** > **ž**, **k** > **č**, **ch** > **š**). Die **2. Palatalisation** bewirkte den Wandel **g** > **z** (bzw. heute **dz** im **Polnischen**), **k** > **c**, **ch** > **s** bzw. **š** im **Westslavischen**. Die **3. Palatalisation** ähnelt in ihren Ergebnissen der 2., zeigt aber dennoch unterschiedliche Ergebnisse in den slavischen Einzelsprachen. Sie fand unter noch nicht vollständig geklärten Bedingungen statt und wird auch in der Literatur uneinheitlich beschrieben. Alle drei Palatalisationen waren um etwa 650, vielleicht auch erst um 900 abgeschlossen.

Von der Palatalisation zu unterscheiden ist die **Palatalisierung** von Konsonanten, die – als „palatalisierte Konsonanten“ – nicht gleichzusetzen sind mit „**Palatalen**“. Die Artikulationsstelle der Palatalen (z. B. *ч* (*č’*) im **Russischen**) ist der harte Gaumen (Palatum), während palatalisierte Konsonanten (z. B. *p* vor *e* oder *t’* wie in **russ.** *pet’* ‚singen’: /p’/, /t’/) an anderen Artikulationsstellen gebildet werden: zum Beispiel ist *p* (bi)labial, *t* dental. In bestimmten Umgebungen werden diese Laute palatalisiert, indem sich bei der Artikulation der Zungenrücken zum Palatum hebt. Vereinfacht ausgedrückt: palatalisierte Laute bleiben labial, dental, nasal usw., werden aber von einer Art „*j*-Element“ begleitet. Der Unterschied wird deutlich, wenn man laut *k* und *č* bzw. *p* und *p’* spricht und auf die Artikulationsstelle bzw. die Hebung des Zungenrückens achtet. Vgl. Panzer (1991, 181f.).

Referenz

Referenz meint den Bezug einer Äußerung auf ein „Objekt“ (im allerweitesten Sinne) der außersprachlichen „Welt“ bzw. der „Wirklichkeit“ (ebenfalls im allerweitesten Sinne). Das „Objekt“, auf das sich der Sprecher bezieht, nennt man den **Referenten**. Durch die vom Sprecher verwendeten sprachlichen Ausdrucksmittel kann dieses Objekt in der jeweiligen Situation identifiziert werden (z. B. *Venus – Abendstern – Morgenstern – mein Lieblingsplanet* – ... mit Bezug auf ein und dasselbe „Objekt“).

Standardsprache

Als Standardsprache gilt eine Sprache, die in ihrer schriftlichen, ggf. auch in ihrer mündlichen Variante durch anerkannte Grammatiken und Wörterbücher normiert und kodifiziert wird, die überregional, polyfunktional, stilistisch differenziert und in dieser Form von den SprecherInnen akzeptiert ist. Sie sollte allen Schichten institutionell (z. B. in Schulen) vermittelt werden (institutionelle Distribution – als unterrichtete Sprache und Unterrichtssprache). Eine Standardsprache weist ein hohes Prestige auf.

Thema-Rhema-Gliederung

Wir kommunizieren, um neue Informationen mitzuteilen. Nach dieser Annahme lassen sich Sätze gliedern in einen Teil, der eine für den Rezipienten bekannte Information enthält, und einen Teil, der eine für den Rezipienten unbekannte, d. h. neue Information transportiert. Die bekannte Information, also das, worüber etwas (Neues) ausgesagt wird, nennt man **Thema**, die neue Information – das, was über das Thema mitgeteilt wird – bezeichnet man als **Rhema**. Diese Art der Gliederung, deren Konzeption zurückgeht auf die Prager Schule (Mathesius, Firbas, Beneš), bezeichnet man als Thema-Rhema-Gliederung, als Funktionale Satzperspektive oder auch als Aktuelle Satzgliederung.

Die Gliederung ist kontextabhängig, d. h. nur in einem bestimmten Kontext aktuell. Einen Hinweis auf die Identifikation von Thema und Rhema liefert oft die Wortstellung: In der neutralen, nichtemphatischen Rede steht das Thema regelmäßig am Satzanfang, das Rhema eher am Satzende. Das Rhema trägt den Satzakzent.

Bibliografie

Da sich die Literaturangaben auf so verschiedene Bereiche wie *Interkomprehension / Mehrsprachigkeit / Didaktik* einerseits und *Arbeiten zu slavischen Sprachen* (Historisches, Zeitgenössisches, Theoretisches, Lehr- und Nachschlagewerke) andererseits verteilen, haben wir uns gegen eine Vermischung in rein alphabetischer Ordnung und für eine thematische Untergliederung entschieden:

1. Interkomprehension
2. Methoden / Mehrsprachigkeitsdidaktik
3. EuroCom (EuroCom*Germ*, EuroCom*Rom*, EuroCom*Slav*)
4. Internationalismen
5. Slavische Sprachen: Vergleichende Darstellungen und Sprachgeschichte
6. Fünf Slavinen: Bosnisch, Kroatisch, Serbisch, Serbokroatisch, Montenegrinisch, Polnisch, Tschechisch, Russisch, Ukrainisch
7. Web-Sites

1 Interkomprehension

Doyé, P. (2005), *Intercomprehension.* Guide for the development of language education policies in Europe: from linguistic diversity to plurilingual education. Reference study. Manuskript, Strasbourg.

Kischel, G. (ed.) (2002), *Eurocom.* Mehrsprachiges Europa durch Interkomprehension in Sprachfamilien. Tagungsband des Internationalen Fachkongresses im Europäischen Jahr der Sprachen 2001. Hagen, 9.-10. November 2001. Hagen.

Klein, H. G. (2002a), Entwicklungsstand der Eurocomprehensionsforschung, in: Kischel, G. (ed.), *Eurocom.* Mehrsprachiges Europa durch Interkomprehension in Sprachfamilien. Tagungsband des Internationalen Fachkongresses im Europäischen Jahr der Sprachen 2001. Hagen, 9.-10. November 2001. Hagen, 40-50.

Klein, H. G. (2002b), EuroCom – Europäische Interkomprehension, in: Rutke, D. (ed.), *Europäische Mehrsprachigkeit*: Analysen – Konzepte – Dokumente. Aachen, 29-44.

Klein, H. G. (2004), FAQs zur Romanischen Interkomprehension, in: ders./ Rutke, D. (eds.), *Neuere Forschungen zur Europäischen Interkomprehension.* Aachen, 15-37.

Klein, H. G./ Rutke, D. (eds.) (2004), *Neuere Forschungen zur Europäischen Interkomprehension.* Aachen.

Klein, H. G./ Stegmann, T. D. (2000), *EuroCom*Rom – *Die sieben Siebe*: Romanische Sprachen sofort lesen können. Aachen.

Pencheva, M./ Shopov, T. (2003), *Understanding Babel.* An Essay in Intercomprehension Analysis. Sofia.

Rutke, D. (ed.) (2002), *Europäische Mehrsprachigkeit*: Analysen – Konzepte – Dokumente. Aachen.

Scherfer, P. (2002), Was ist und wie erlernt man Interkomprehension?, in: Kischel, G. (ed.), *Eurocom.* Mehrsprachiges Europa durch Interkomprehension in Sprachfamilien. Tagungsband des Internationalen Fachkongresses im Europäischen Jahr der Sprachen 2001. Hagen, 9.-10. November 2001. Hagen, 87-101.

2 Methoden / Mehrsprachigkeitsdidaktik

Behr, U. (2005), Sprachenübergreifendes Lernen im Russischunterricht – wie geht das?, in: *Praxis Fremdsprachenunterricht* 5, 43-48.

Beier, K.-H. (2000), Skizzierung eines Kompaktkurses Russisch für die Schule – ein Beitrag zur rezeptiven Mehrsprachigkeit, in: Helbig, B. et al. (eds.), *Sprachlehrforschung im Wandel*. Beiträge zur Erforschung des Lehrens und Lernens von Fremdsprachen. Tübingen, 61-71.

Duke, J. et al. (2004), Die sieben Siebe des EuroCom für den multilingualen Einstieg in die Welt der germanischen Sprachen, in: Klein, H. G./ Rutke, D. (eds.), *Neuere Forschungen zur Europäischen Interkomprehension*. Aachen, 109-134.

Hufeisen, B. (2003), L1, L2, L3, L4, Lx – alle gleich? Linguistische, lernerinterne und lernerexterne Faktoren in Modellen zum multiplen Spracherwerb, in: *Zeitschrift für Interkulturellen Fremdsprachenunterricht* [online], 8 (2/3), 1-13.

Lutjeharms, M. (2004), Verarbeitungsebenen beim Lesen in Fremdsprachen, in: Klein, H. G./ Rutke, D. (eds.), *Neuere Forschungen zur Europäischen Interkomprehension*. Aachen, 67-82.

Mahlmeister, S. (2004), Empirische Untersuchung zum Erfolg eines EuroComRom-Kurses, in: Klein, H. G./ Rutke, D. (eds.), *Neuere Forschungen zur Europäischen Interkomprehension*. Aachen, 155-163.

Meißner, F.-J. (2002), EuroCom*Didact*, in: Rutke, D. (ed.), *Europäische Mehrsprachigkeit*: Analysen – Konzepte – Dokumente. Aachen, 45-64.

Meißner, F.-J. (2004), Transfer und Transferieren. Anleitungen zum Interkomprehensionsunterricht, in: Klein, H. G./ Rutke, D. (eds.), *Neuere Forschungen zur Europäischen Interkomprehension*. Aachen, 39-66.

Reissner, C. (2004), Fachsprachen und Interkomprehension, in: Klein, H. G./ Rutke, D. (eds.), *Neuere Forschungen zur Europäischen Interkomprehension*. Aachen, 135-154.

Timmermann, W. (2000), Transfer: ein altbekanntes Konzept im Kontext neuerer kognitiver Sprach(erwerbs)theorie, in: Riemer, C. (ed.), *Kognitive Aspekte des Lehrens und Lernens von Fremdsprachen*. Tübingen, 171-185.

3 EuroCom (EuroCom*Germ*, EuroCom*Rom*, EuroCom*Slav*)

Angelov, A. G. (2002), Some Slavic Grammatical Prototypes in Contrast, in: Kischel, G. (ed.), *Eurocom*. Mehrsprachiges Europa durch Interkomprehension in Sprachfamilien. Tagungsband des Internationalen Fachkongresses im Europäischen Jahr der Sprachen 2001. Hagen, 9.-10. November 2001. Hagen, 408-415.

Besters-Dilger, J. (2002), Spontane Interkomprehension in den slawischen Sprachen, in: Kischel, G. (ed.), *Eurocom*. Mehrsprachiges Europa durch Interkomprehension in Sprachfamilien. Tagungsband des Internationalen Fachkongresses im Europäischen Jahr der Sprachen 2001. Hagen, 9.-10. November 2001. Hagen, 385-393.

Heuel, E. (2002), Neue Medien und Fremdsprachenlernen. Mediendidaktische Aspekte von Sprachanwendungen am Beispiel des Programms „Sieben Siebe“, in: Kischel, G. (ed.), *Eurocom*. Mehrsprachiges Europa durch Interkomprehension in Sprachfamilien. Tagungsband des Internationalen Fachkongresses im Europäischen Jahr der Sprachen 2001. Hagen, 9.-10. November 2001. Hagen, 64-83.

Hufeisen, B./ Marx, N. (eds.) (2007), *EuroComGerm: Die Sieben Siebe*. Germanische Sprachen lesen lernen. Aachen.

Kischel, G. (ed.) (2002), *Eurocom*. Mehrsprachiges Europa durch Interkomprehension in Sprachfamilien. Tagungsband des Internationalen Fachkongresses im Europäischen Jahr der Sprachen 2001. Hagen, 9.-10. November 2001. Hagen.

Klein, H. G./ Reissner, C. (2002), *EuroComRom*: Historische Grundlagen der romanischen Interkomprehension. Aachen.

Klein, H. G./ Stegmann, T. D. ([3]2000), *EuroComRom – Die sieben Siebe*: Romanische Sprachen sofort lesen können. 3., korr. Auflage. Aachen.

Kus'ko, K. (2002), Die sprachliche Interferenz im Rahmen der Interkomprehensionsproblematik, in: Kischel, G. (ed.), *Eurocom*. Mehrsprachiges Europa durch Interkomprehension in Sprachfamilien. Tagungsband des Internationalen Fachkongresses im Europäischen Jahr der Sprachen 2001. Hagen, 9.-10. November 2001. Hagen, 463-466.

Likomanova, I. (2002), Typological Interrelationship between Slavonic Languages, in: Kischel, G. (ed.), *Eurocom*. Mehrsprachiges Europa durch Interkomprehension in Sprachfamilien. Tagungsband des Internationalen Fachkongresses im Europäischen Jahr der Sprachen 2001. Hagen, 9.-10. November 2001. Hagen, 416-421.

Lutjeharms, M. (2002), Lesestrategien und Interkomprehension in Sprachfamilien, in: Kischel, G. (ed.), *Eurocom*. Mehrsprachiges Europa durch Interkomprehension in Sprachfamilien. Tagungsband des Internationalen Fachkongresses im Europäischen Jahr der Sprachen 2001. Hagen, 9.-10. November 2001. Hagen, 124-140.

Mehlhorn, G. (2008), Russisch nach Englisch, Polnisch nach Russisch. Überlegungen zu einer Mehrsprachigkeitsdidaktik der slavischen Sprachen aus phonetischer Sicht, in: Geist, L./ dies. (eds.), *Linguistische Beiträge zur Slavistik*. XIV. JungslavistInnen-Treffen in Stuttgart, 15.-18. September 2005. München, 117-145.

Ohnheiser, I. (2002), Die Wortbildung im Projekt EuroComSlav, in: Kischel, G. (ed.), *Eurocom*. Mehrsprachiges Europa durch Interkomprehension in Sprachfamilien. Tagungsband des Internationalen Fachkongresses im Europäischen Jahr der Sprachen 2001. Hagen, 9.-10. November 2001. Hagen, 372-384.

Stoye, S. (2000), *Eurocomprehension*: Der romanistische Beitrag für eine europäische Mehrsprachigkeit. Aachen.

Teyssier, P. (2004), *Comprendre les langues romanes*. Du français à l'espagnol, au portugais, à l'italien & au roumain. Méthode d'intercompréhension. Paris.

Zybatow, L. (1999), Die Interkomprehension am Beispiel der slawischen Sprachen. Zur Übertragbarkeit des EuroCom-Konzepts romanischer Mehrsprachigkeit auf die slawischen Sprachen, in: Kischel, G./ Gothsch, E. (eds.), *Wege zur Mehrsprachigkeit im Fernstudium*. Hagen, 67-88.

Zybatow, L. (2002a), Die slawistische Interkomprehensionsforschung und Eurocomslav, in: Kischel, G. (ed.), *Eurocom*. Mehrsprachiges Europa durch Interkomprehension in Sprachfamilien. Tagungsband des Internationalen Fachkongresses im Europäischen Jahr der Sprachen 2001. Hagen, 9.-10. November 2001. Hagen, 313-327.

Zybatow, L. (2002b), Sektion 4: Mehrsprachigkeitskonzepte am Beispiel der slawischen Sprachen, in: Kischel, G. (ed.), *Eurocom*. Mehrsprachiges Europa durch Interkomprehension in Sprachfamilien. Tagungsband des Internationalen Fachkongresses im Europäischen Jahr der Sprachen 2001. Hagen, 9.-10. November 2001. Hagen, 477-479.

Zybatow, L. (2002c), Slawistische Interkomprehensionsforschung und EuroComSlav, in: Kischel, G. (ed.), *Eurocom*. Mehrsprachiges Europa durch Interkomprehension in Sprachfamilien. Tagungsband des Internationalen Fachkongresses im Europäischen Jahr der Sprachen 2001. Hagen, 9.-10. November 2001. Hagen, 357-371.

Zybatow, L. (ed.) (2003), *Sprachkompetenz – Mehrsprachigkeit – Translation*. Akten des 35. Linguistischen Kolloquiums, Innsbruck, 20.-22. Semptember 2000. Frankfurt/M.

Zybatow, L. N./ Zybatow, G. (2002), Die EuroCom-Strategie als Weg zur europäischen Mehrsprachigkeit: EuroCom*Slav*, in: Rutke, D. (ed.), *Europäische Mehrsprachigkeit*: Analysen – Konzepte – Dokumente. Aachen, 65-96.

Zybatow, L. N./ Zybatow, G. (in Vorb.), *EuroComSlav – Die sieben Siebe*. Slavische Sprachen sofort lesen können.

4 Internationalismen

Braun, P. (2003), Wo und wie kann man Internationalismen (kennen) lernen? Einige sprachpädagogische Vorschläge, in: ders. et al. (eds.), *Internationalismen* II. Studien zur interlingualen Lexikologie und Lexikographie. Tübingen, 237-244.

Braun, P. et al. (eds.) (2003), *Internationalismen* II. Studien zur interlingualen Lexikologie und Lexikographie (Reihe Germanistische Linguistik. Band 246). Tübingen.

Geppert, N, (2002), *Internationalismen in der Sprache des Wirtschaftsjournalismus*: am Beispiel des Deutschen, Englischen, Französischen und Russischen. Bochum.

Grzega, J. (2006), Europäische Internationalismen: Manchmal 'falsche Freunde' ... auch bei Nationen 'gleicher' Sprache", in: ders. (ed.), *EuroLinguistischer Parcours:* Kernwissen zur europäischen Sprachkultur, Frankfurt/M., 115-138.

Jabłonski, M. (1990), *Regularität und Variabilität in der Rezeption englischer Internationalismen im modernen Deutsch, Französisch und Polnisch*: aufgezeigt in den Bereichen Sport, Musik und Mode. Tübingen.

Kolwa, A. (2001), *Internationalismen im Wortschatz der Politik*: interlexikologische Studien zum Wortschatz der Politik in neun EU-Amtssprachen sowie im Russischen und Türkischen. Frankfurt am Main et al.

Kolwa, A. (2003a), Zur Geschichte der Internationalismen-Forschung, in: Braun, P. et al. (eds.), *Internationalismen* II. Studien zur interlingualen Lexikologie und Lexikographie. Tübingen, 13-21.

Kolwa, A. (2003b), Probleme der Bestimmung von Internationalismen im Bereich der Politik, in: Braun, J. et al. (eds.), *Internationalismen* II. Studien zur interlingualen Lexikologie und Lexikographie. Tübingen, 51-70.

Panzer, B. (ed.) (1993), *Aufbau, Entwicklung und Struktur des Wortschatzes in den europäischen Sprachen.* Motive, Tendenzen, Strömungen und ihre Folgen. Beiträge zum lexikologischen Symposion in Heidelberg vom 7. bis 10. Oktober 1991. Frankfurt/M. et al.

Schaeder, B. (2003), Neuerlicher Versuch einer theoretischen und methodischen Grundlegung der Internationalismen-Forschung, in: Braun, J. et al. (eds.), *Internationalismen* II. Studien zur interlingualen Lexikologie und Lexikographie. Tübingen, 71-107.

Skrabbe, A. E. (1942), *Internacionalizmy v nemeckom jazyke i germanskij purizm.* Suchumi.

Vollmert-Spiesky, S. (1996), *Vergleichende Untersuchung der Lexik des Fußballspiels im Russischen, Polnischen und Deutschen*: ein Beitrag zur Eurolinguistik. Wiesbaden.

Volmert, J. (2003), Internationalismen und die Rolle des Lateins als „Muttersprache Europas", in: Braun, P. et al. (eds.), *Internationalismen* II. Studien zur interlingualen Lexikologie und Lexikographie. Tübingen, 23-50.

Volmert, J. (2003), Überlegungen zur Konzeption eines Internationalismen-Wörterbuchs in zehn Sprachen, in: Braun, P. et al. (eds.), *Internationalismen* II. Studien zur interlingualen Lexikologie und Lexikographie. Tübingen, 245-268.

Zimmer, D. E. (1997), Neuanglodeutsch. Über die Pidgisierung der Sprache. Hundert Computerbegriffe in zehn Sprachen, in: ders., *Deutsch und anders.* Die Sprache im Modernisierungsfieber. Reinbek bei Hamburg, 86-104.

5 Slavische Sprachen: Vergleichende Darstellungen und Sprachgeschichte

Aitzetmüller, R. (1978), *Altbulgarische Grammatik* als Einführung in die slavische Sprachwissenschaft. Freiburg i. Br.

Aitzetmüller, R./ Sadnik, L. (1963ff.), *Vergleichendes Wörterbuch der slavischen Sprachen.* Wiesbaden.

Anstatt, T. (2008), Der slavische Vokativ im europäischen Kontext, in: Geist, L./ Mehlhorn, G. (eds.), *Linguistische Beiträge zur Slavistik.* XIV. JungslavistInnen-Treffen in Stuttgart, 15.-18. September 2005. (Specimina Philologiae Slavicae; Bd. 150). München, 9-26.

Arumaa, P. (1964), *Urslavische Grammatik.* Einführung in das vergleichende Studium der slavischen Spachen. Heidelberg.

Bielfeldt, H. H. (1961), *Altslavische Grammatik.* Halle/Saale.

Carius, D./ Eichler, E. (2002), Fallstudie VI : Die slavischen Sprachen, in: Cruse, D. A. et al. (eds.), *Lexikologie*: ein internationales Handbuch zur Natur und Struktur von Wörtern und Wortschätzen. Berlin/ New York, 847-855.

Comrie, B./ Corbett, G. G. (1993), *The Slavonic Languages.* London/ New York.

Dickey, St. M. (2000), *Parameters of Slavic Aspect.* A Cognitive Approach. Stanford, Calif.

Herman, L. J. (1975), *A Dictionary of Slavic Word Families.* New York.

Keipert, H. (2005), Die große Ähnlichkeit der slavischen Sprachen als Stereotyp der Slavischen Philologie, in: Berwanger, K./ Kosta, P. (eds.), *Stereotyp und Geschichtsmythos in Kunst und Sprache.* Die Kultur Ostmitteleuropas in Beiträgen zur Potsdamer Tagung, 16.-18. Januar 2003, 39-49.

Kiparsky, V. (1934), *Die gemeinslavischen Lehnwörter aus dem Germanischen.* Helsinki.

Kuße, H./ gem. m. Heinz, Ch. (i. V.), *Vergleichende Grammatik des Slavischen für die Praxis* (Russisch, Tschechisch, Polnisch, Bosnisch-Kroatisch-Serbisch, Bulgarisch).

Lehr-Spławiński, T. (1938), Element prasłowiański w dzisiejszym słownictwie polskim, in: *Studia historyczne ku czci St. Kutrzeby.* Bd. 2. Kraków, 469-484.

Leskien, A. ([10]1990), *Handbuch der altbulgarischen (altkirchenslawischen) Sprache* / von A. Leskien. 10., von J. Schröpfer mit Verb. und Erg. vers. Auflage. Heidelberg.

Mazur, J. (1993), *Geschichte der polnischen Sprache.* Frankfurt/M. et al.

Meillet, A. ([2]1961), *Études sur l'étymologie et le vocabulaire du vieux slave.* Seconde partie: Formation des noms. Paris. (1. Aufl. 1905)

Mel'nyčuk, O. S. (ed.) (1966), *Vstup do porivnjal'no-istoryčnoho vyvčennja slov'jans'kych mov.* Kyjiv.

Miklosich, F. (1867), *Die slavischen Monatsnamen.* Wien.

Nepokupnyj, A. P. et al. (eds.) (1989), *Obščaja leksika germanskich i balto-slavjanskich jazykov.* Kiev.

Panzer, B. (1991), *Die slavischen Sprachen in Gegenwart und Geschichte.* Sprachstrukturen und Verwandtschaft. Frankfurt/M. et al.

Panzer, B. ([2]1996), *Die slavischen Sprachen in Gegenwart und Geschichte.* Sprachstrukturen und Verwandtschaft. 2., erw. u. verb. Auflage. Frankfurt/M.

Rehder, P. (ed.) ([3]1998), *Einführung in die slavischen Sprachen.* 3., verb. u. erw. Auflage. Darmstadt.

Sawicka, I. (2001), *An outline of the phonetic typlogy of the Slavic languages.* Toruń.

Schelesniker, H. (1987), Die Schichten des urslavischen Wortschatzes, in: Meid, W. (ed.), *Studien zum indogermanischen Wortschatz.* Innsbruck.

Scholz, F. (1966), *Slavische Etymologie.* Wiesbaden.

Stang, Ch. S. (1971), *Lexikalische Sonderübereinstimmungen zwischen dem Slavischen, Baltischen und Germanischen.* Oslo et al.

Stender-Petersen, A. (1927), *Slavisch-germanische Lehnwortkunde.* Göteborg.

Sussex, R./ Cubberley, P. (2006), *The Slavic Languages.* Cambridge.

Townsend, Ch. E./ Janda, L. A. (2002), *Gemeinslavisch und Slavisch im Vergleich.* Einführung in die Entwicklung von Phonologie und Flexion. München.

Trautmann, R. (1923), *Baltisch-slavisches Wörterbuch.* Göttingen. (2. Aufl. 1970)

Trubačev, O. N. (1959), *Istorija slavjanskich terminov rodstva i nekotorych drevnejšich terminov obščestvennogo stroja.* Moskva.

Trubačev, O. N. (1960), *Proizchoždenie nazvanij domašnich životnych v slavjanskich jazykach.* Moskva.

Trubačev, O. N. (1967), Iz slavjano-iranskich leksičeskich otnošenij, in: *Ėtimologija* 1965. Moskva, 3-81.

Trubačev, O. N. (ed.), *Ėtimologičeskij slovar' slavjanskich jazykov*. Praslavjanskij leksičeskij fond. Moskva 1974ff. Bd.e 1 (1974) – 28 (2001).

6 Fünf Slavinen

BKMS

Durić, R. (i. Dr.), Kroatizmi, srbizmi, bosnizmi i crnogorizmi na neutralnoj razini.

Bosnisch

Bulić, R. (1999), *Bosanski jezik u praksi i normi*. Tuzla.

Čedić, I. (2007), *Rječnik bosanskog jezika*. Sarajevo.

Jahić, Dž. (2000), *Školski rječnik bosanskog jezika*. Zenica.

Rehder, P. (1998a), Das Bosnische, in: ders. (ed.), *Einführung in die slavischen Sprachen*. 3., verb. u. erw. Auflage. Darmstadt, 296-299.

Völkl, S. D. (2002), Bosnisch, in: Okuka, M. (ed.), *Lexikon der Sprachen des europäischen Ostens*. Klagenfurt, 209-218. (= Enzyklopädie des Europäischen Ostens 10) http://www.uni-klu.ac.at/eeo/Bosnisch.pdf (17.3.2009)

Kroatisch

Babić, St. (1995), *Hrvatski jučer i danas*. Zagreb.

Kunzmann-Müller, B. ([3]2002), *Grammatikhandbuch des Kroatischen* unter Einschluss des Serbischen. 3., durchges. u. erg. Auflage. Frankfurt/M.

Rehder, P. (1998b), Das Kroatische, in: ders. (ed.), *Einführung in die slavischen Sprachen*. 3., verb. u. erw. Auflage. Darmstadt, 250-267.

Samardžija, M./ Selak, A. (2001), *Leksikon hrvatskoga jezika i književnosti*. Zagreb.

Wingender, M. (2002), Kroatisch, in: Okuka, M. (ed.), *Lexikon der Sprachen des europäischen Ostens*. Klagenfurt, 275-286. (= Enzyklopädie des Europäischen Ostens 10) http://www.uni-klu.ac.at/eeo/Kroatisch.pdf (17.3.2009)

Montenegrinisch

Nikčević, P. V. (1997), *Pravopis crnogorskog jezika*. Cetinje.

Schubert, G. (2002), Montenegrinisch, in: Okuka, M. (ed.), *Lexikon der Sprachen des europäischen Ostens*. Klagenfurt, 319-321. (= Enzyklopädie des Europäischen Ostens 10) http://www.uni-klu.ac.at/eeo/Montenegrinisch.pdf (17.3.2009)

Serbisch

Rehder, P. (1998c), Das Serbische, in: ders. (ed.), *Einführung in die slavischen Sprachen*. 3., verb. u. erw. Auflage. Darmstadt, 279-295.

Neweklowsky, G. (2002), Serbisch, in: Okuka, M. (ed.), *Lexikon der Sprachen des europäischen Ostens*. Klagenfurt, 443-460. (= Enzyklopädie des Europäischen Ostens 10) http://www.uni-klu.ac.at/eeo/Serbisch.pdf (17.3.2009)

Serbokroatisch

Engel, U./ Mrazović (eds.) (1986), *Kontrastive Grammatik Deutsch – Serbokroatisch*. München.

Rehder, P. (1998d), Das Serbokroatische, in: ders. (ed.), *Einführung in die slavischen Sprachen*. 3., verb. u. erw. Auflage. Darmstadt, 300-309.

Rehder, P. (2002), Serbokroatisch, in: Okuka, M. (ed.), *Lexikon der Sprachen des europäischen Ostens*. Klagenfurt, 461-472. (= Enzyklopädie des Europäischen Ostens 10) http://www.uni-klu.ac.at/eeo/Serbokroatisch.pdf (17.3.2009)

Polnisch

Bartnicka, B. et al. (2004), *Grammatik des Polnischen*. München

Birnbaum, H./ Molas, J. (1998), Das Polnische, in: Rehder, P. (ed.), *Einführung in die slavischen Sprachen*. 3., verb. u. erw. Auflage. Darmstadt, 145-164.

Dąbrowska, A. (2005), *Język polski*. Wrocław.

Derwojedowa, M. et al. (eds.) (2005), *Język polski*. Kompendium. Warszawa.

Kotyczka, J. ([5]2004), *Kurze polnische Sprachlehre*. Berlin.

Lewicki, R. (2002), *Grammatik Polnisch kurz & bündig*. Stuttgart et al.

Lubaś, W./ Molas, J. (2002), Polnisch, in: Okuka, M. (ed.), *Lexikon der Sprachen des europäischen Ostens*. Klagenfurt, 367-390. (= Enzyklopädie des Europäischen Ostens 10). http://www.uni-klu.ac.at/eeo/Polnisch.pdf (17.3.2009)

Polański, K. (ed.) (1993), *Encyklopedia językoznawstwa ogólnego*. Wrocław.

Tschechisch

Čechová, M. et al. (1996), *Čeština – řeč a jazyk*. Praha.

Karlík, P. et al. (eds.) (2002), *Encyklopedický Slovník Češtiny*. Praha.

Maidlová, J./ Nekula, M. (2007), *Tschechisch kommunikativ* 1. Stuttgart.

Šlosar, D. (2002), Tschechisch, in: Okuka, M. (ed.), *Lexikon der Sprachen des europäischen Ostens*. Klagenfurt, 513-534. (= Enzyklopädie des Europäischen Ostens 10) http://www.uni-klu.ac.at/eeo/Tschechisch.pdf (17.3.2009)

Vintr, J. (1998), *Das Tschechische*, in: Rehder, P. (ed.), Einführung in die slavischen Sprachen. 3., verb. u. erw. Auflage. Darmstadt, 194-213.

Vintr, J. (2001), *Das Tschechische*. Hauptzüge seiner Sprachstruktur in Gegenwart und Geschichte. München.

Russisch

Berger, T. (1998), Das Russische, in: Rehder, P. (ed.), *Einführung in die slavischen Sprachen*. 3., verb. u. erw. Auflage. Darmstadt, 49-93.

Jachnow, H. (ed.) (1999), *Handbuch der sprachwissenschaftlichen Russistik und ihrer Grenzdisziplinen*. Wiesbaden.

Karaulov, Ju. N. (ed.) ([2]1997), *Russkij jazyk*. Ėnciklopedija. 2., überarb. u. erg. Auflage. Moskva.

Kasatkin, L. L. et al. (1991), *Kratkij spravočnik po sovremennomu russkomu jazyku*. Moskva.

Kirschbaum, E.-G. (2001), *Grammatik der russischen Sprache*. Berlin.

Kirschbaum, E.-G. (2006), *Russische Grammatik rundum verständlich*. Nachschlagewerk (Lernmaterialien). Berlin.

Panzer, B. (1995), *Das Russische*. München.

PONS Russische Grammatik im Griff. Das Wichtigste zum Lernen und Nachschlagen von J. Schmidt. Stuttgart.

Tošović, B. (2002), Russisch, in: Okuka, M. (ed.), *Lexikon der Sprachen des europäischen Ostens*. Klagenfurt, 409-436. (= Enzyklopädie des Europäischen Ostens 10) http://www.uni-klu.ac.at/eeo/Russisch.pdf (17.3.2009)

Ukrainisch

Brycyn, M. Ja. et al. (1978), *Porivnjal'na hramatika ukrajins'koji i rosijs'koji mov*. Kyjiv.

Gryščenko, A. P. et al. (eds.) (1997), *Sučasna ukrajins'ka literaturna mova*. Kyjiv.

Krüger, K./ Žirkova, I. (2007), *Materialien zum Seminar „Ukrainische Sprache der Gegenwart"*. Universität Leipzig, Institut für Slavistik, SS 2007. http://www.uni-leipzig.de/~krueger/lehress/ukrain/ (17.3.2009)

Olshevska, A. (2008), *Lesekurs Ukrainisch*. Unveröff. Ms. Bochum.

Pidručnyk z sučasnoji ukrajins'koji movy. http://vesna.org.ua/txt/grm/pidruchn/index.html (17.3.2009)

Pljušč, M. Ja. (ed.) (2000), *Sučasna ukrajins'ka literaturna mova*. Kyjiv.

Pljušč, M. Ja./ Hrynpas, N. Ja. (2004), *Gramatika ukrajins'koji movy v tablycjach*. Kyjiv.

Ponomarev, O. D. (ed.) (2005), *Sučasna ukrajins'ka mova*. Kyjiv.

Schubert, L. (2005), *Ukrainisch für Anfänger und Fortgeschrittene*. Wiesbaden.

Schweier, U. (1998), Das Ukrainische, in: Rehder, P. (ed.), *Einführung in die slavischen Sprachen*. 3., verb. u. erw. Auflage. Darmstadt, 94-109.

Schweier, U. (2002), Ukrainisch, in: Okuka, M. (ed.), *Lexikon der Sprachen des europäischen Ostens*. Klagenfurt, 535-550. (= Enzyklopädie des Europäischen Ostens 10) http://www.uni-klu.ac.at/eeo/Ukrainisch.pdf (17.3.2009)

Shevelov, G. Y. (1966), *Die ukrainische Schriftsprache 1798-1965*. Ihre Entwicklung unter dem Einfluß der Dialekte. Wiesbaden.

Ukrajins'ka Mova. Encyklopedija. Kyjiv 2000.

Žovtobrjuch, M. A. (1984), *Ukrajins'ka literaturna mova*. Kyjiv.

Zubkov, M. (2005), *Ukrajins'ka mova*. Universal'nyj dovidnyk. Charkiv.

7 Web-Sites[1]

EuroCom

EuroCom	http://www.eurocomcenter.com
	http://www.eurocomresearch.net
	http://www.eurocomprehension.de
	http://www.hgklein.de/eurocom
EuroCom*Didact*	http://www.eurocomresearch.net
EuroCom*Rom*	http://www.eurocomrom.de
EuroCom*Slav*	http://www.eurocomslav.de
	http://www.eurocomslav.de/kurs/text_seite_1468.htm

Falsche Freunde

http://de.wikibooks.org/wiki/Falsche_Freunde_des_Slavisten (deutschsprachige Startseite des mehrsprachigen, internationalen Wikibooks *False Friends of the Slavist*.) (17.3.2009)

[1] Alle angegebenen URL waren am 17.3.2009 aufrufbar.

Projekte

Westslawische Sprachen im vergleichenden Überblick:
http://de.wikibooks.org/wiki/Westslawische_Sprachen_im_vergleichenden_Überblick (17.3.2009)

Lese-Übung

Der kleine Prinz in 100 Sprachen:
http://www3.germanistik.uni-halle.de/prinz/sprachfamilien/slavisch.htm (17.3.2009)

Slavische online-Zeitungen (Auswahl)

Informationen über (fast) alle Zeitungen der Welt unter http://www.onlinenewspapers.com/

1. Bosnisch-Kroatisch-Serbisch

Bosnien und Herzegowina

Dnevni avaz – http://www.dnevniavaz.ba (Sarajevo, in bosnischer Sprache, Latinica)

Weitere Informationen zur bosnischen Medienlandschaft über http://de.wikipedia.org.

Kroatien

Vjesnik – http://www.vjesnik.hr
Večernji list – http://www.vecernji.hr/home/index.do

Eine Übersicht über die kroatische Medienlandschaft findet sich unter http://de.wikipedia.org/wiki/Medien_in_Kroatien.

Serbien

Политика – http://www.politika.co.yu
Вечерње новости – http://www.novosti.co.yu/code/navigate.php?Id=2

2. Polnisch

Dziennik – http://www.dziennik.pl
Gazeta – http://www.gazeta.pl
Gazeta Wyborcza – http://www.wyborcza.pl
Rzeczpospolita – http://www.rp.pl
Fakt – http://efakt.pl

Eine sehr gute Übersicht über die polnische Medienlandschaft findet sich unter http://www.polish-online.com/polen/zeitungen/polnische-tageszeitungen.php.

3. Tschechisch

Lidové noviny – http://www.lidovky.cz
iDnes.cz – http://www.idnes.cz (Dnes online)
PRÁVO – http://pravo.novinky.cz
deník – http://www.denik.cz

Eine gute Übersicht über die tschechische Medienlandschaft findet sich unter http://www.tschechien-portal.info („Medien & Presse").

4. Russisch

Gazeta.ru – http://www.gazeta.ru
Российская газета – http://www.rg.ru
Правда – http://www.pravda.ru
Известия – http://www.izvestia.ru
Аргументы и факты – http://www.aif.ru

Weitere Informationen z. B. unter http://de.wikipedia.org/wiki/Medien_in_Russland oder http://www.kulturportal-russland.de/nuetzliches.jsp?kategorie=1.

5. Ukrainisch

День – http://www.day.kiev.ua
Українська Правда – http://www2.pravda.com.ua
Експрес / expres.ua – http://www.expres.ua
Високий Замок – http://www.wz.lviv.ua
Інститут Масової Інформації – http://imi.org.ua
Обозреватель – http://oglyadach.com

Viele der ukrainischen Zeitungen und Zeitschriften (Print und online) erscheinen in *russischer* Sprache. Eine Übersicht über die ukrainische Medienlandschaft findet sich unter http://www.ssm-seminar.de/2004/msys_ukr.htm.

Slavische online-Wörterbücher (Auswahl)

1. Bosnisch-Kroatisch-Serbisch

http://www.rijecnik.org
http://www.onlinerjecnik.com

2. Polnisch

http://portalwiedzy.onet.pl/tlumacz.html (onet.pl)
http://www.rub.de/wwwoerterbuch

3. Tschechisch

http://slovnik.seznam.cz
http://slovniky.sms.cz
http://www.slovnik.cz

4. Russisch

http://www.gramota.ru
http://www.multitran.ru
http://www.rub.de/wwwoerterbuch

5. Ukrainisch

http://www.slovnyk.net. Busel, V. T. et al. (eds.), *Velikyj tlumačnyj slovnyk sučasnoji ukrajins'koji movy*. Irpin' 2005.

http://www.slovnyk.org.ua/cgi-bin/dic.cgi?if=uk-ua. Slovnyk. Mnogojazyčnyj slovar'. © 2000-2008, Kyjiv. Valentyn Solomko.